COMPRENDRE ET ACCOMPAGNER LES ADOLESCENTS :

Un guide pour parents, éducateurs
et animateurs de groupes de jeunes

COMPRENDRE ET ACCOMPAGNER LES ADOLESCENTS :

Un guide pour parents, éducateurs et animateurs de groupes de jeunes

Collection Sentier

les éditions
LA CLAIRIÈRE
« Je changerai devant eux les ténèbres en lumière. » (És. 42.16)
215, rue Caron, bureau 203
Québec (Québec) CANADA G1K 5V6

Édition originale publiée en langue anglaise chez NavPress USA sous le titre :
Parenting Adolescents

Édition la Clairière, Inc.
215, rue Caron, bureau 203
Québec (Québec) CANADA G1K 5V6
Téléphone : (418) 649-1166
Télécopieur : (418) 525-4007
Courrier électronique : edclair@qbc.clic.net
Site Web : www.qbc.clic.net/~edclair

Traduction : Antoine Doriath, Wettolsheim, France
Photos de la couverture : Suzanne Lajoie, Québec, Qc.
Conception graphique : Richard Ouellette, *Infographie Au Bord du Ruisseau*
Impression : Imprimerie d'Édition Marquis, Montmagny, Qc.
Sauf mention contraire, les citations bibliques sont extraites de la Nouvelle version Segond revisée (la Colombe).

Diffuseurs :
Excelsis SARL (France)
B.P. 11, 26450 Cléon d'Andran
Édition Emmaüs (Suisse)
Route de Fenil 40, 1806 St-Légier
Le Bon Livre (Belgique)
Rue du moniteur 7, B-1000 Bruxelles
Les Éditions la Clairière (Canada)
215, rue Caron, bureau 203, Québec (Québec) G1K 5V6

Dépôt légal : 4e trimestre 1996
Bibliothèque nationale du Québec
Bibliothèque nationale du Canada

ISBN 2-921840-12-X

Aux parents d'adolescents,
aux éducateurs et animateurs de groupes de jeunes
qui ont le courage d'affronter la vie telle qu'elle est.

L'AUTEUR

Au cours des dix dernières années, Kevin Huggins a organisé de nombreux séminaires aux États-Unis et dans plusieurs autres pays, pour les parents et les éducateurs. Il a longtemps animé un programme de formation, échelonné sur deux ans, pour parents et adolescents, à Akron, dans l'Ohio. Plus de 200 parents d'adolescents s'y retrouvaient chaque semaine. Il a également suivi de nombreux adolescents en difficulté.

Il enseigne la relation d'aide au Philadelphia College of the Bible. Il s'investit beaucoup dans la formation d'éducateurs chrétiens qui visent un ministère de relation d'aide au sein de l'Église locale. Il dirige un cabinet d'aide à Langhorne, en Pennsylvanie, pour les adolescents en difficulté et pour leurs parents.

Kevin est l'auteur de deux ouvrages en anglais : *Parenting Adolescents* (NavPress, 1989) (le présent ouvrage) et *Making Peace with Your Teenager* (Discovery House, 1993). Il est diplômé du Grace Theological Seminary. Au cours des vingt-deux dernières années, il a travaillé comme pasteur auprès des jeunes, comme aumônier dans les universités et les prisons, comme conseiller familial et comme auteur de canevas d'études à l'intention des lycéens.

REMERCIEMENTS

Je suis redevable à de nombreuses personnes des idées et du matériau contenus dans ce livre. Si je n'avais pas bénéficié pendant des années des réflexions, de l'amour et de l'encouragement personnel de Larry Crabb et Dan Allender, je suis sûr que ma vie et mon ministère auraient pris une direction tout à fait différente, et que cet ouvrage n'aurait jamais vu le jour. Leur vie et leur enseignement ont profondément marqué ma compréhension de Dieu, de la famille, de l'Église et de la vie chrétienne.

Je dois également beaucoup aux parents et aux étudiants de La Chapelle où j'exerce mon ministère pastoral et celui·de conseiller. En acceptant de m'ouvrir leur vie et leur cœur, ils m'ont donné l'occasion d'apprendre et de croître avec eux. Plusieurs des idées élaborées dans ce livre sont le résultat d'un effort commun pour en comprendre les enjeux, tandis qu'ils me donnaient le privilège de partager les luttes auxquelles ils faisaient face.

Mes trois filles Alexis, Jessica et Christie ont joué un grand rôle dans ma compréhension de moi-même, à la fois en tant que père et en tant qu'homme. Christie, en particulier, m'a d'autant plus aidé à saisir comment un adolescent voit son univers et ses parents, qu'elle entrait dans l'adolescence au moment où j'écrivais ce livre.

J'aimerais de tout cœur associer ma femme Tina à la rédaction de cet ouvrage. En effet, même si elle n'a rien écrit de son contenu, pendant dix-huit ans, elle a été à mes côtés dans mon ministère auprès des jeunes et des parents. Grâce aux centaines d'heures passées ensemble à discuter, à prier et à conseiller les adolescents et leurs familles, elle a exercé sur ma vie et sur ma pensée une influence incommensurable. Je ne peux imaginer que Dieu ait eu à l'esprit autre chose que ce qu'elle a été pour moi, quand il créa la femme pour l'homme – une aide et une partenaire dans le travail.

PRÉFACE

Au cours des dernières vingt-quatre heures, deux couples différents – qui sont aussi des amis intimes – m'ont fait part des difficultés qu'ils rencontrent actuellement avec leurs adolescents. Le fils d'une des familles est en prison. Ses parents doivent décider s'ils vont payer une caution pour qu'il puisse sortir, ou le laisser croupir dans sa cellule. Décision difficile entre toutes ; elle entraîne une véritable souffrance émotionnelle.

Dans l'autre famille, une adolescente a été pour ses parents la source de soucis continuels depuis de nombreuses années. Tout récemment, sa vie a connu un changement radical lorsqu'elle a rencontré le Seigneur. Elle est devenue une fille délicieuse. Mais avant-hier, ses parents ont découvert qu'elle leur avait menti à propos de choses graves et qu'elle retombait dans ses anciennes habitudes.

En tant que père de deux garçons, l'un âgé de vingt et un ans, l'autre de dix-huit, je sais à quel point on se sent désemparé devant des situations que l'on n'a pas le pouvoir de changer. Le dépit entraîne souvent la colère qui, à son tour, provoque parfois des réactions excessives ; et celles-ci laissent un sentiment d'échec qui vous pousse à baisser les bras et à vouloir tout abandonner. Le livre des Proverbes mentionne fréquemment la tristesse que les enfants peuvent occasionner à leurs parents. Mais l'Écriture souligne tout aussi clairement la joie liée aux enfants, dans des versets qui parlent de carquois bien remplis et de fils sages.

Le parent qui aime ses adolescents aspire à connaître une telle joie. Quand ce bonheur est là, rien ne donne un meilleur avant-goût du ciel ici-bas. Mais lorsqu'il fait défaut, la souffrance (pour ceux qui sont prêts à admettre qu'ils restent attachés à leur enfant et préoccupés de son bien-être) est indescriptible.

Nous, parents d'adolescents, avons besoin d'être encouragés à faire plus que de simplement nous « accrocher ». Nous devons savoir que faire. Mes amis doivent-ils verser la caution exigée ou non ? L'autre couple doit-il clairement mettre la jeune fille en face de sa tromperie ? Ou doivent-ils attendre qu'une occasion se présente pour lui en parler ? Peut-être qu'une meilleure communication entre les différentes parties résoudrait bien des problèmes et supprimerait le besoin d'une confrontation potentiellement explosive.

Les parents ont besoin qu'on réponde à leurs questions du genre : « Que va-t-il se passer ? » et « Que dois-je faire ? ». Seulement, ils ne se contentent pas de formules toutes faites. Il doit bien exister une façon de concevoir le rôle de parents qui ne se réduise pas à quelques conseils simplistes.

Il y a une quinzaine d'années, le rôle de père était plutôt facile à tenir – il comportait certes des défis, mais ce n'était pas très compliqué. Il suffisait de pratiquer le culte de famille le plus régulièrement possible, d'obliger l'enfant à terminer ses épinards pour avoir droit au dessert, de se rouler par terre sur le tapis du salon avec les bambins, de distribuer quelques fessées pour des infractions précises à des interdictions clairement posées, de faire à l'occasion des promenades en famille et de posséder une bonne dose de patience.

Toutefois, en quinze ans, les enjeux ont considérablement évolué. Ce qui était considéré comme inconduite autrefois, c'était par exemple de ne pas faire son lit ou de sortir de ses gonds. Aujourd'hui, on parle plutôt de surconsommation de drogue, d'anorexie ou d'un mode de vie caractérisé par l'agressivité et le repli sur soi. Les décisions que les parents doivent prendre de nos jours sont beaucoup plus complexes.

Je bous intérieurement lorsque j'entends un spécialiste présenter « Six mesures à prendre pour faire de vos adolescents des êtres responsables ». N'importe quel parent honnête qui voit au-delà des apparences sait que les formules toutes faites ne marchent pas. Elles ne tiennent pas compte des nombreux facteurs qui interviennent. Les instructions détaillées sont valables pour assembler un jouet ; elles sont inopérantes pour éduquer des enfants.

Je ne veux pas non plus de platitudes. Formulées à contretemps, elles peuvent se révéler très nuisibles. Lorsque votre fille vous annonce qu'elle est enceinte, les conseils du genre : « Laisse le Seigneur agir ; tu n'as qu'à faire ton possible, et lui céder la place » ne sont pas d'un grand secours. Je reconnais que la plupart des clichés comportent des éléments de vérité, mais le ton condescendant sur lequel ils sont donnés m'irritent à tel point que je ne suis pas prêt à écouter le bien qu'ils renferment. Les banalités se cantonnent aux choses superficielles, mais les humains, et en particulier les jeunes, ne vivent pas à ce niveau.

La période qui s'échelonne entre douze et vingt ans offre d'extraordinaires possibilités de choix qui conditionnent le cours de la vie. Ces choix résultent d'innombrables influences qu'on ne peut pas toujours clairement définir. Je veux d'une aide qui prenne au sérieux la complexité de l'univers de mon enfant, aussi bien son monde intérieur que son environnement extérieur, et qui me donne l'assurance que je n'oublie pas un facteur important dans mes efforts pour répondre à ses besoins. Je ne veux pas prescrire au malade de garder le lit s'il a besoin d'une intervention chirurgicale, mais je ne tiens pas non plus à pratiquer une incision si un léger pansement suffit.

Par-dessus tout, je veux que l'aide apportée me permette de me détendre un peu. La plupart des parents sont trop tendus. Nous aimerions ne pas devoir peser chaque mot prononcé ou chaque décision prise. C'est bon de rester naturel, pas complètement bien sûr – en attendant le ciel, la spontanéité n'est pas toujours ce qu'il y a de meilleur –, mais nous souhaitons quand même simplement jouir de nos enfants sans nous faire du mauvais sang. Et quand à l'horizon se profilent les temps difficiles, il est bon de savoir où trouver de verts pâturages et des eaux paisibles. Personnellement, je n'ai rien à faire d'une aide qui m'amène à remettre en question tout ce que j'ai fait en tant que parent et qui exige de moi que je sois prudent à l'avenir. Je veux reconnaître mes manquements et les combattre, mais pas au prix de la dépression ou d'ulcères d'estomac.

Ce que les parents attendent, c'est une aide :

1. spécifique, mais qui ne se laisse pas enfermer dans des formules,
2. bibliquement fondée, mais qui ne verse pas dans une piété sans rapport avec la réalité,
3. détaillée et riche, mais qui ne provoque pas un désarroi qui porte à se décourager,
4. qui aborde le problème en communiquant espoir et repos, plutôt que crispation et sentiment d'inadéquation.

De plus, j'aimerais tout cela dans un seul volume.

Kevin Huggins n'a pas écrit un tel volume, mais personne ne s'en est approché à ce point. Une fois qu'on a lu le meilleur ouvrage traitant de n'importe quel sujet en rapport avec les relations humaines, on doit néanmoins faire face à des situations exigeant un courage et une confiance qui ne peuvent procéder que d'une relation personnelle étroite avec Dieu. C'est ce qui me plaît le plus dans le livre de Kevin. Il démontre clairement la vérité centrale qui sous-tend son enseignement : *pour devenir un meilleur parent, il faut d'abord devenir plus spirituel.*

Mais l'auteur ne s'arrête pas là. C'eût été réduire une vérité haute en couleur en un cliché terne. Kevin Huggins examine en profondeur ce qu'est la piété chez un parent qui lutte pour comprendre, pour aimer et pour guider sa fille ou son fils adolescent. Il met en relief les données de ce combat. Voici ce qui se passe peut-être dans la tête de votre enfant quand ses résultats scolaires baissent tout à coup. Voilà ce que cela peut vouloir dire de l'aimer. Pourquoi vous est-il si difficile de ne pas vous mettre en colère lorsque vous abordez avec lui le sujet de son travail scolaire ? C'est donc une approche pratique, biblique, claire et passionnante.

Je dois cependant reconnaître qu'après la lecture de ce livre, je me suis senti un peu fatigué. Il est trop dense pour être lu d'un seul trait. Il faut y revenir deux fois, et même trois fois. Je vous conseille de le lire dans un esprit de prière et en ayant votre Bible ouverte à côté de vous. Autrement, vous risquez de perdre de vue les vérités simples sur lesquelles Kevin assied sa réflexion.

J'aimerais que la vie soit plus simple, ou pour l'exprimer autrement, je préférerais qu'elle me mette moins à contribution. Que ma tondeuse à gazon démarre au quart de tour, que la mauvaise herbe ne repousse pas, qu'il ne pleuve jamais lorsque j'ai projeté de faire des travaux extérieurs. Si seulement je n'avais qu'à prier avant les repas, à travailler honnêtement et à fréquenter assidûment l'Église pour avoir l'assurance que mes enfants ne dévieront pas du droit sentier, qu'ils seront reconnaissants à Dieu pour la vie qu'il leur donne et qu'ils apprécieront mes efforts.

Le livre de Kevin me rappelle constamment que je souhaite ce qui est impossible, en raison du péché qui a introduit dans ce monde un gâchis monstre. La mauvaise herbe envahit la pelouse, les enfants oublient de dire merci, et je boude lorsque mes efforts ne sont pas appréciés à leur juste valeur.

Nous vivons dans un monde déchu. Toutefois, Dieu nous a révélé ce que nous devions savoir pour entretenir avec lui des relations d'adoration et d'amour, et avec les autres, y compris nos enfants, des relations de service et d'amour. Sachons que tout ce que Dieu enseigne est de la plus haute importance. Ses conseils ne manquent jamais leur but. Ils vont au fond des choses aussi loin qu'il le faut sans jamais devenir inutilement compliqués. Ils soulignent nos carences avec une douceur rédemptrice qui nous encourage à déployer joyeusement des efforts accrus pour mieux faire.

J'estime que c'est un privilège pour moi d'avoir préfacé le présent ouvrage, et cela pour deux raisons. La première, c'est que Kevin s'appuie sur le modèle que j'ai développé pour comprendre l'être humain. Il a accompli le travail remarquable de s'inspirer d'un schéma simple destiné à faciliter la réflexion sur l'être intérieur, pour élaborer une discussion en profondeur sur l'adolescence, qui sonne juste à mes oreilles de conseiller et de père.

Deuxièmement, je connais très bien Kevin. C'est un homme qui force le respect en tant que conseiller, travailleur parmi les jeunes, enseignant, mais plus encore en tant que mari, père et ami.

Rares sont les ouvrages comme celui-ci, qui nous amènent à réfléchir de manière profitable aux rapports que nous entretenons avec les adolescents. Je souhaite qu'il devienne un classique sur ce sujet particulièrement important.

LARRY CRABB

INTRODUCTION

J'écris ce livre, parce que j'aime les adolescents. Depuis dix-sept ans, je consacre l'essentiel de mon temps à travailler parmi des jeunes avec un objectif prioritaire : susciter chez eux une foi personnelle en Jésus-Christ qui devienne le principe moteur de leur vie. À en juger d'après certains critères de succès, la réussite de mon investissement de plusieurs années peut sembler relativement modeste. Bien qu'il soit impossible de connaître l'impact à long terme de mon engagement auprès des adolescents, je ne peux à ce jour présenter qu'une poignée de jeunes et de jeunes adultes dont je me suis occupé et dont la vie est visiblement contrôlée par une authentique foi personnelle en Jésus-Christ. Même si le travail parmi ces jeunes me procure une joie immense et si je le trouve extrêmement gratifiant, il m'a appris au moins une chose : la foi personnelle au Christ ne peut être produite en série dans le cœur des adolescents.

Lorsque vers la fin de sa vie l'apôtre Paul rédigea ses trois dernières lettres et les fit parvenir à Timothée et à Tite, une grave question le préoccupait par-dessus tout. Qu'est-ce qui pourrait empêcher l'Évangile de disparaître avec le dernier apôtre ? Comment entretenir une foi personnelle en Christ dans le cœur des générations successives jusqu'au retour du Christ ? C'est ce souci que devraient partager les parents et les éducateurs aujourd'hui.

Cela ne fait aucun doute : en révélant son ambition dans ses lettres à Timothée et à Tite, Paul reconnaissait qu'amener des jeunes à adopter la vie du disciple était une tâche ardue qui obligeait à payer de sa personne. Le but de Paul était de présenter aux Églises sa relation avec Timothée comme le modèle de relation nécessaire à la transmission de la foi personnelle d'une génération à la suivante. Le meilleur et peut-être le seul contexte favorable à la transmission de la foi vivante est celui d'une relation étroite comme celle qui unissait l'apôtre à Timothée.

Juste avant de me mettre à écrire ce livre, j'ai passé trois semaines à visiter l'Ouest des États-Unis en caravane avec ma famille. Ma femme Tina et moi-même avions décidé de passer ce temps fort de vacances avec nos enfants. Ce voyage de plusieurs milliers de kilomètres ensemble et la découverte de quelques-uns des sites les plus admirables que Dieu ait créés semblaient certainement le meilleur remède pour nous cinq.

Les deux mois qui avaient précédé ce grand tour n'avaient été qu'un tourbillon d'activités pour nous tous. Activités au sein de l'Église, visites de parents, compétitions sportives et travail quotidien avaient tellement rempli nos journées et nos semaines que nous commencions à perdre contact les uns avec les autres. Bien qu'aucune difficulté majeure ne semblât pointer à l'horizon avec nos trois enfants, Tina et moi avions hâte de passer ce temps avec eux afin de resserrer nos liens avant le début d'une nouvelle année scolaire qui s'annonçait bien chargée.

Contrairement à de nombreux autres voyages que nous avions déjà effectués, celui-ci sembla au début se dérouler sans la moindre anicroche. Nous suivions l'itinéraire prévu et admirions tous les sites que nous avions décidé de voir. Pourtant, il se produisit insensiblement quelque chose que Tina et moi n'avions pas prévu. En fait, nous aurions pu et dû le prévoir, parce que cela arrive chaque fois que l'on consacre du temps ou de l'énergie à l'amélioration des relations avec autrui. C'est un certain malaise, une sorte de désespoir qui s'empare de nous lorsque nous apercevons ce qui se trouve sous la surface de notre vie et de celle de nos enfants.

Il y a plus de vingt-cinq siècles, le prophète Jérémie avait constaté, sous l'inspiration de Dieu, que le cœur de l'homme est désespérément mauvais. Il n'existe pas de contexte plus propice pour observer – et combattre – cette perversion du cœur humain que celui des relations intimes, comme celles qui s'établissent dans une famille. C'est très probablement l'expérience faite par Salomon lorsqu'il écrivit, à propos de l'homme : « Sa haine (le manque de véritable amour) peut se cacher sous la dissimulation, sa méchanceté se révélera dans l'assemblée » (Pr 26.26).

Tandis que nous passions de nombreuses heures tous ensemble, et le plus souvent de manière fort agréable, nous avons découvert, ma femme et moi, que nous avions encore beaucoup de progrès à faire en tant que famille. À la maison, comme chacun était occupé à ses propres affaires, le temps consacré aux interactions était limité ; nous pouvions sincèrement croire que nous formions une famille chrétienne idéale, même si de temps à autre une crise éclatait et nous ramenait les pieds sur terre. Lorsque les conflits étaient résolus, nous pouvions alors de nouveau nous réfugier dans l'illusion que tout allait pour le mieux dans la famille Huggins.

En réalité, une espèce de cancer ronge chacun des membres de notre famille (et de la vôtre également). C'est le cancer de la méchanceté que Jérémie a diagnostiqué dans le cœur humain. Si on le laisse se développer librement, et s'il n'est pas stoppé, il s'étend au point de compromettre dans l'individu qui en est atteint tout amour véritable et toute possibilité de servir le Christ. Il est difficile à déceler, même à un stade avancé, sauf dans les relations interpersonnelles. Il explique la nature à la fois indispensable et douloureuse des relations familiales dans le plan divin pour la croissance spirituelle. Dieu se sert des liens familiaux – ou d'autres liens de ce type – pour mettre en lumière les obstacles à l'amour véritable (ce que l'Écriture appelle la méchanceté) et pour donner l'occasion de les reconnaître et de les combattre.

Pendant nos vacances, les longues heures passées dans l'espace restreint de l'auto-caravane ou dans les chambres de motels ont mis en évidence que notre amour les uns pour les autres était incomplet à bien des égards. Tina et moi l'ayant constaté dans le comportement de nos enfants et dans certaines de nos réactions, nous avons d'abord essayé de minimiser les frictions par des commentaires du genre : « Les enfants en ont assez d'être dans la voiture » ou « Nous sommes tous excédés » ou « Nous avons tous besoin d'un bon repas et d'une bonne nuit de sommeil. » À la fin de notre première semaine, Tina et moi étions très déçus et même irrités de voir que nos vacances ne semblaient pas se dérouler comme nous l'avions imaginé.

J'ai remarqué que la plupart des familles, si elles sont honnêtes, vivent les mêmes expériences de désillusion et d'irritation lorsque leurs membres passent beaucoup de temps à se frotter les uns aux autres. Elles connaissent le même malaise lié à la prise de conscience lucide qu'il existe en nous une forte dose d'égoïsme et de manque d'amour.

Trop souvent, les parents réagissent à ces révélations déplaisantes en s'efforçant de modifier les circonstances ou l'environnement. Ils disent : « Nous avons besoin de prendre un peu de distance les uns par rapport aux autres », « Sortir un peu de la maison nous ferait le plus grand bien » ou « Il nous faudrait un nouveau jeu qui permette à toute la famille de se retrouver et de s'apprécier plus. » Ils supposent ainsi que le coupable, c'est le temps prolongé passé ensemble, ou certains sujets de conversation ou de mésentente. La solution devient alors la dérobade. Pour que les liens familiaux soient solides et sains, il faut alors esquiver tous les sujets épineux, tous les conflits, toutes les discussions de fond. En fin de compte, cette stratégie affaiblit encore plus les relations familiales et aveugle davantage les membres de la famille au réel problème, le « cancer » qui ronge leur cœur.

Récemment, j'ai entendu un couple fraîchement marié faire l'aveu suivant : « Notre mariage est un échec. Depuis que nous sommes revenus de notre lune de miel, nous ne faisons que nous lancer nos défauts respectifs à la figure. C'est comme si le mariage avait mis en lumière les traits de caractère les plus vils de chacun de nous. »

Je me suis dit : « Le mariage remplit parfaitement sa fonction chez eux. Il révèle les pires défauts de chacun des conjoints pour que ceux-ci puissent les reconnaître et les combattre. » C'est exactement ce qui doit se passer dans la relation parent-enfant.

Lors des séances de relation d'aide, je demande souvent aux familles d'enregistrer plusieurs heures de conversations spontanées dans la maison. Lorsque nous réécoutons ces enregistrements ensemble, la plupart des familles sont scandalisées par la manière dont les membres se traitent entre eux. L'étude du comportement dans la famille apporte un nouvel éclairage et permet de reconnaître honnêtement des éléments qui n'avaient pas été détectés auparavant dans le cœur de chacun.

La vie en famille et l'honnêteté face aux expériences qu'on y réalise (surtout en soi-même) sont toujours une source de souffrance. Mais c'est une souffrance qui, si elle est bien gérée, peut devenir l'un des meilleurs outils dont les parents se serviront pour créer un environnement familial empreint de piété pour leurs enfants. L'un des principaux objectifs de ce livre est d'aider les parents d'adolescents à apprendre à se servir de cet outil.

Quand ma femme et moi avons analysé attentivement la déception que nous éprouvions pendant nos vacances, nous avons dû reconnaître qu'il n'y avait rien de particulier qui n'allait pas dans ce temps passé ensemble. Notre famille s'était comportée selon l'intention divine, et comme nous l'avions projeté. *Notre objectif était de resserrer les liens d'affection entre nous. L'objectif de Dieu était de développer en nous les qualités pures qui génèrent l'amour.*

L'amour ne peut s'approfondir s'il n'y a pas d'abord une prise de conscience de ce que nous sommes vraiment. La pureté ne peut se développer s'il n'y a pas au préalable une mise au jour de l'impureté, du refus de l'individu de faire confiance au Christ. Ces deux choses se sont opérées dans notre famille parce que nous avons passé du temps ensemble et que nous étions honnêtes à propos des expériences que nous faisions. Elles nous ont fourni l'occasion et la motivation, vers le milieu de nos vacances, de focaliser notre attention sur les problèmes réels dans notre cœur qui nous empêchaient d'aimer vraiment.

Les enfants ont besoin d'aide pour être capables de reconnaître et de résoudre les problèmes qui surgissent dans leur cœur, notamment les opinions et les attitudes destructrices qui ont tendance à se former et à se développer au cours de l'adolescence. L'aide ne peut leur venir que de ceux qui sont en mesure de leur proposer la même relation étroite que celle offerte par Paul à Timothée. Ce sont les parents des adolescents qui sont naturellement le mieux placés pour cela, et qui doivent par conséquent assumer cette responsabilité.

Mais pour que des parents soient en mesure d'offrir cette forme d'aide à leurs fils et à leurs filles, il faut d'abord qu'ils soient aidés eux-mêmes. Tout comme Tina et moi. Nos craintes et nos suppositions mal fondées nous empêchent très souvent d'aimer nos enfants et de détecter les réels problèmes qui se posent à eux et à nous. Nous avons besoin d'aide pour utiliser nos relations avec nos enfants comme des outils permettant de jeter un regard en nous-mêmes et en eux, et pour comprendre ce que nous voyons. Nous avons besoin d'aide pour savoir ce qu'il convient de faire avec ce que nous avons découvert en nous d'abord et en eux ensuite. Nous avons besoin d'aide pour savoir comment établir des rapports différents avec nos enfants, des rapports qui augmentent leur chance de cultiver une foi personnelle au Christ et de poser ainsi un solide fondement pour leur vie.

De nombreux parents liront peut-être ce livre avec l'espoir d'y trouver des conseils précis à suivre ou des formules qui offrent la garantie que leur adolescent(e) deviendra un(e) chrétien(ne) fidèle. Je crains fort qu'ils ne soient rapidement déçus. J'ai intentionnellement évité de donner des formules ou de livrer des recettes pour trois raisons.

D'abord parce que Dieu semble réticent à donner ce genre de formules toutes faites aux parents. Dans l'Écriture, il a tracé les grandes lignes qui doivent inspirer la conduite parentale, et il a laissé beaucoup de choses à la discrétion des parents pour leur permettre d'exercer leur jugement personnel. On a l'impression que le Seigneur a voulu que les parents atteignent un niveau de maturité spirituelle et relationnelle où ils puissent commencer à se fier à leur instinct parental, ce qui nécessite auparavant de leur part une confiance en Dieu. Le fait de fournir des formules aux parents risque de compromettre cette démarche et de susciter chez eux une dépendance envers les conseillers qui les leur ont données – à moins que ce ne soit envers les formules elles-mêmes – au lieu qu'ils dépendent de Dieu.

Ensuite, parce que les formules peuvent se révéler très nuisibles pour les enfants. Indiquer aux parents la marche qu'ils doivent suivre avec n'importe quel enfant qui présente un problème équivaut à prescrire le même médicament à tous ceux qui se plaignent de maux de tête, sans chercher à en connaître la cause. Les mêmes difficultés comportementales chez les adolescents (par exemple les idées suicidaires) peuvent être le résultat de facteurs internes et externes très différents. Il existe quelques principes de base pour guider les parents aux prises avec un adolescent qui nourrit des idées noires (par exemple bannir toute arme à feu de la maison), mais en fin de compte la manière dont les adultes devraient intervenir auprès d'un jeune aux idées morbides dépendra essentiellement de ce qui se passe à l'intérieur du jeune et de son environnement particulier. Au lieu de submerger des parents de centaines de formules leur permettant de faire face à n'importe quelle situation, ce livre s'efforce d'enseigner aux parents à réfléchir par eux-mêmes suivant le cas qu'ils rencontrent et à se forger leurs propres opinions concernant ce qui est le mieux pour l'adolescent. Lorsque des parents agissent ainsi, ils communiquent à leur enfant le sentiment d'être une personne qui est aimée et non un problème à résoudre.

Enfin, parce qu'à mon avis, les formules ont tendance à amener les parents à fixer leur attention sur l'« extérieur ». Lorsqu'un parent utilise sans réfléchir des techniques qui se sont révélées efficaces pour une autre famille, il s'attend toujours à ce qu'elles donnent des résultats immédiats et mesurables. Les adultes qui utilisent de telles techniques ont tendance à mettre l'accent sur ce qui saute aux yeux dans le comportement de leur enfant. Ce que ce comportement dénote, et les réalités plus subtiles qui s'agitent au plus profond du jeune passent trop souvent au second plan, voire dans l'oubli. *Les parents à qui on communique des formules pour élever un adolescent, sans qu'ils aient d'abord atteint une certaine maturité et appris à se servir de ces formules avec sagesse, ne réussiront généralement pas à cultiver une authentique piété chez leurs adolescents.*

Je garde l'espoir que les parents qui seront d'abord déçus de ne pas trouver de formules dans ce livre parviendront à découvrir quelque chose de bien meilleur : *un modèle d'éducation parentale dans lequel l'accent se déplace de l'élément qu'ils ne peuvent jamais vraiment contrôler (le type de personne que l'adolescent choisit d'être), vers celui qu'ils peuvent réellement maîtriser (le type de parents qu'ils choisissent d'être).* Je crois que ce changement de cap nous ramènera au modèle biblique, dans lequel les parents peuvent trouver une force et une espérance nouvelles, d'une manière insoupçonnée jusqu'alors.

PREMIÈRE PARTIE

LA SAGESSE

CE QUE TOUT PARENT D'ADOLESCENT DEVRAIT SAVOIR

CHAPITRE 1

Comprendre les points de ressemblance entre les parents et leurs adolescents

Si l'amour que je porte à mes enfants est aussi naturel que la respiration, en revanche les aimer comme Dieu le veut est le plus grand défi qui m'ait jamais été lancé. Récemment, tandis que nous étions en voiture, j'ai dû intervenir dans une querelle qui opposait mes deux filles aînées. J'ai alors décidé qu'elles méritaient toutes les deux d'avoir une leçon sur la maîtrise de leur langue lorsqu'elles sont en colère. Comme je le faisais généralement quand elles étaient plus petites, je leur signifiai calmement qu'elles n'auraient plus le droit de dire un seul mot pendant le quart d'heure suivant. Mais l'aînée, une adolescente, ne réagit pas du tout comme lorsqu'elle était plus jeune.

« Nous sommes dans un pays libre, lança Christie, et je parlerai quand j'en aurai envie ! »

Ses paroles provoquèrent en moi toutes sortes de sentiments. Je me sentais tout à la fois fâché, effrayé et honteux. Peu de personnes ont, comme ma fille, la faculté d'éveiller en moi des sentiments aussi vifs.

La colère qui grondait en moi voulait faire regretter ses propos à Christie. J'avais très envie d'arrêter la voiture et de lui faire découvrir ce que c'est que de rentrer à pied dans un pays libre. En somme, mon irritation m'inspirait une réaction propre à rétablir l'autorité ou le contrôle qui semblaient justement s'effilocher.

La crainte en moi souhaitait plutôt lui faire reprendre ses paroles et reconnaître qu'elles avaient dépassé sa pensée. J'éprouvais le besoin de m'assurer que ma fille ne contestait pas vraiment mon autorité. La peur révélait mon refus d'admettre la possibilité que de vrais problèmes soient en train de se développer chez mon enfant.

La honte m'incitait à réagir comme lorsque j'écopais un carton rouge pour mauvais comportement sportif, du temps où je jouais dans l'équipe des minimes. J'avais une folle envie de me replier sur moi-même et d'oublier l'incident. Les paroles blessantes de ma fille me prouvaient quel piètre père je devais être pour qu'on me traite avec si peu de respect. Bref, je me sentais prêt à renoncer. Un sentiment d'échec m'envahit.

À ce moment, ma responsabilité de père exigeait que malgré tout ce que je ressentais, je réponde par l'amour à l'attitude coupable de Christie. Je ne le fis pas. Je choisis plutôt de donner libre cours à ma colère et lançai à ma fille des paroles cinglantes. À peine étaient-elles sorties de ma bouche que je sus en moi-même qu'elles avaient été destructrices. En fait, si quelqu'un méritait une leçon à propos de la maîtrise de la langue, c'était bien moi !

L'« INCARNATION » DES PARENTS

Les adolescents ont une incroyable faculté de faire naître des émotions violentes chez leurs parents. Il ne s'agit pas là d'un phénomène typique de notre siècle. Les plus anciens écrits bibliques font déjà état du fait que des parents éprouvaient une gamme très variée de sentiments générés par le comportement de leurs enfants devenus jeunes adultes (Jg 14.1-3, 1 S 2.22-25, 2 S 13.21-22, Jb 1.5). Autrefois comme aujourd'hui, les parents sont confrontés au même défi : entretenir avec leurs adolescents une relation qui puisse les rapprocher de Dieu, en dépit des fortes pulsions qui incitent ces parents à agir autrement. L'étude attentive des exemples scripturaires ci-dessus (Manoah et sa femme, Éli, et David) révèlent la difficulté de la tâche qui incombe aux parents et combien ceux-ci, même les meilleurs, permettent parfois aux sentiments suscités par leurs enfants d'imposer la nature de leur réaction. La crainte qui animait Manoah et sa femme les a amenés à transgresser les recommandations divines pour faire plaisir à leur fils. Dans sa honte, Éli a refusé de faire subir à ses fils les justes conséquences publiques de leurs péchés. David a laissé sa colère contre ses enfants créer une distance entre eux et lui pour ne pas avoir à affronter les choses horribles que ceux-ci portaient dans leur cœur. Des réactions comme celles-là sont inéluctables dès lors que les parents se laissent dominer par les pressions intérieures dans leur façon de réagir envers leurs enfants.

Dans Éphésiens 4.29, l'apôtre Paul recommande sagement à ses lecteurs de respecter un principe fondamental pour contrôler ce qui sort de leurs lèvres. Ce principe devrait s'appliquer aussi aux réponses que donnent les parents. On pourrait paraphraser ce principe de la façon suivante :

> *Qu'il ne sorte de votre cœur aucune réaction qui soit motivée par un besoin personnel, mais que votre réponse ait pour objectif d'affermir votre adolescent selon ses besoins présents, de sorte qu'il en tire un profit pour sa relation avec le Christ.*

L'application de ce principe à l'éducation parentale exige au préalable que le parent ait à tout moment une connaissance personnelle des besoins de ses adolescents. Ce n'est possible que s'il entretient avec eux une relation étroite, s'il connaît leurs expériences et sait ce qu'ils ressentent dans leur cœur. C'est uniquement en contemplant le monde à travers le regard de leurs adolescents que les parents les comprendront suffisamment pour savoir quelle réponse sera constructive et laquelle sera destructive.

On pourrait qualifier cette manière d'éduquer les enfants d'« incarnée ». L'Écriture nous enseigne que le Christ est accessible aux siens et qu'il est capable de les secourir quand ils sont dans le besoin parce qu'il s'est incarné (Hé 4.14-16). Il s'est fait homme et a fait l'expérience de ce monde dans un corps humain. Sa façon de voir les gens témoigne de sa compréhension personnelle de tout ce qu'ils ont vécu. L'empathie et la grâce dont il fait preuve rendent la relation avec lui irrésistible.

Les parents ne peuvent évidemment pas redevenir des adolescents par la même incarnation qui a fait du Christ un homme. Si toutefois cela était possible, cette expérience serait utile à double titre. D'abord, les parents se souviendraient très vite de ce que c'est que d'être adolescent. Ensuite, comme le monde change rapidement, même entre deux générations, ils pourraient constater que les expériences de leurs adolescents sont différentes de celles qui ont marqué leur propre jeunesse.

Même sans redevenir des adolescents, les parents peuvent néanmoins arriver à comprendre comment leurs adolescents perçoivent leur monde et pourquoi ils réagissent à leur environnement comme ils le font. Pour cela, il leur faut se soumettre au processus pénible de comprendre ce qui se passe chez leurs enfants comme à l'intérieur d'eux-mêmes. Ce regard introspectif sur l'adolescent et le parent montre en quoi ils se ressemblent et en quoi ils diffèrent. Cette prise de conscience est un préalable à toute relation éducative efficace. Nous consacrerons la suite de ce chapitre à l'étude des ressemblances, et les chapitres 2 et 3 à celle des différences.

COMPRENDRE LA PERSONNALITE HUMAINE

Pour comprendre comment les adolescents et leurs parents envisagent leurs mondes respectifs, il faut d'abord savoir comment l'homme le fait en général. L'Écriture constitue le seul guide fiable qui propose un modèle de base nous permettant de comprendre la nature humaine et d'expliquer adéquatement pourquoi l'homme fonctionne comme il le fait. Ce que la Bible déclare à propos du cœur humain devrait donc nous servir de point de départ dans notre compréhension de l'homme.

Salomon s'est appliqué à l'étude du cœur humain, et il a consigné ses observations dans le livre des Proverbes. Écrits sous l'inspiration divine, les Proverbes contiennent quelques-unes des réflexions les plus perspicaces que les Écritures aient livrées à propos de la personnalité humaine. L'analyse de Salomon nous permet de tirer des conclusions bibliques au sujet de ce que les adolescents et leurs parents ont en commun dans leurs personnalités.

Salomon identifie quatre aspects de la personnalité humaine qui sont primordiaux dans la façon dont les gens (parents et adolescents) envisagent leur vie. Les êtres humains ont, selon ce qu'il affirme, la faculté donnée par Dieu de penser, de désirer, de choisir et de ressentir.[1]

Les projets inscrits au fond du cœur

> *Il y a dans le cœur de l'homme beaucoup de pensées, mais c'est le dessein de l'Éternel qui s'accomplira* (Pr 19.21).

Ici comme ailleurs, l'Écriture s'applique à montrer ce qu'il y a de commun entre Dieu et l'homme. Tous deux sont des êtres réfléchis qui poursuivent des objectifs volontairement choisis ; aucun n'agit de façon arbitraire. Tous deux ont dans le cœur des projets qui donnent un sens à leurs décisions, à leurs comportements et à leurs paroles. Les parents doivent savoir que chaque action de leur adolescent découle d'un plan. Même le comportement apparemment le plus incohérent d'un jeune, comme par exemple risquer de mourir en se privant de nourriture pour rester mince, prend un sens lorsque le plan sous-jacent est mis en évidence.

Cela ne signifie pas que les adolescents aient toujours une conscience claire des plans qu'ils ont établis pour eux-mêmes. Récemment, j'ai reçu pendant plusieurs mois en consultation un lycéen arrêté pour le vol d'environ 25 FF de marchandises dans un magasin. Au moment de son arrestation, il avait 200 FF dans son portefeuille. Il ne savait pas bien pourquoi il avait dérobé ces choses alors qu'il aurait facilement pu les payer. Il fallut d'abord mettre en lumière ce qu'il vivait à la maison et à l'école depuis plusieurs années pour comprendre ce que cet adolescent recherchait en dérobant, ou plus exactement en se faisant arrêter pour vol à l'étalage. Il devint évident que le jeune homme, inconsciemment, avait choisi de voler et de se faire prendre parce qu'il désirait plonger ses parents publiquement dans l'embarras. Il leur en voulait terriblement de ne pas lui permettre d'aller jouer au football. C'était pourtant là qu'il s'était senti pleinement accepté et respecté par un adulte pour la première fois. Quand ses parents lui avaient interdit ce sport, il décida de les faire souffrir autant qu'il avait souffert lui-même. Il voulait qu'ils perdent tout espoir en lui et qu'ils le laissent tranquille. Ses relations avec eux ne lui permettaient pas de donner libre cours à ses sentiments de colère. Il choisit donc de les exprimer de façon détournée.

En général, les adolescents ne sont pas très conscients des raisons qui les guident. Ils élaborent habituellement leurs plans quand ils sont aux prises avec des souffrances traumatisantes, ou d'amères déceptions impliquant souvent une perte ou une blessure subies dans une ou plusieurs relations personnelles importantes pendant l'enfance. C'est pourquoi une grande partie de la souffrance est associée aux plans eux-mêmes. Pour l'atténuer, les enfants bloquent souvent le souvenir conscient de l'événement en cause jusqu'à ce qu'ils soient plus âgés ou mieux équipés pour l'aborder. De même que les événements et la douleur qui les accompagne sont bannis hors du champ conscient, ainsi en est-il des stratégies mises au point pour éviter de futures déceptions. L'Écriture nous enseigne que « les desseins dans le cœur de l'homme sont des eaux profondes » (Pr 20.5, version Segond, nouvelle édition revue avec parallèles, 1978). Ils sont cachés sous la surface.

Il est certain également que les parents poursuivent des objectifs cachés par leurs actions et leurs propos. Leurs plans et leurs stratégies expliquent la manière dont ils choisissent d'entretenir des rapports non seulement avec leurs enfants, mais également avec d'autres adultes. Bien que les parents, en tant qu'adultes, soient nettement mieux équipés pour discerner les motifs qui les dominent, il n'est pas rare de les voir agir néanmoins avec peu ou pas de connaissance consciente de leurs buts intérieurs (Pr 14.8, 15 ; 16.2).

Je parlais récemment au père d'un garçon de seize ans. Richard, le père, était dans une grande détresse à cause de la dureté avec laquelle il traitait constamment son fils David. Il en était arrivé au point où il pensait qu'il devait consulter un spécialiste. Il me raconta combien il aimait David et combien il désirait être un bon père pour lui. Après chaque explosion de colère, ou après chaque remarque blessante, il demandait pardon à son fils et lui promettait de ne plus jamais recommencer. Promesse vaine, car il récidivait.

En l'écoutant, je me demandais quels objectifs cachés pouvaient bien pousser un père qui de toute évidence aimait son fils, à le maltraiter ainsi. En évoquant son enfance et son adolescence, Richard me raconta qu'une des plus grandes peurs de son enfance avait été d'être pris pour un homosexuel. À cette époque, son grand frère avait déjà été accusé d'homosexualité et il était la cible de railleries et de mépris à l'école. Richard se rappela que dès ses premières années au lycée, il avait décidé de ne donner à personne l'occasion de mettre en doute sa masculinité comme cela avait été le cas pour son frère. Il avait décidé de vivre de manière à constamment afficher sa virilité. Pour lui, être viril, c'était réaliser des exploits sportifs, être bon dans les domaines typiquement masculins et figurer parmi l'élite dans tout ce qu'il entreprenait.

Devenu parent, il exigea les mêmes performances de son fils. Mais en grandissant, David déçut de plus en plus les attentes de son père. Il n'était pas très athlétique, et il manifestait peu d'intérêt et d'aptitudes pour les activités masculines comme la chasse, le travail du bois ou la mécanique. Il était de constitution plus chétive que son père et avait parfois la démarche d'une fille. Richard fut effrayé à la pensée de découvrir d'autres traits féminins chez son fils. Il commença même à éprouver de la honte d'être aperçu en public avec lui. Rien que la vue de son garçon faisait naître en lui de la colère et des remarques cruelles. Le père croyait en quelque sorte que sa propre virilité dépendait de celle de son fils.

Quand ces éléments furent mis en lumière, le père, consterné, prit pour la première fois conscience des desseins de son propre cœur. Il fut bouleversé de voir d'où provenaient la pression et la colère qui l'animaient. Cette découverte de son for intérieur fut un premier pas qui lui permit d'évoluer vers la stature de père capable d'aimer vraiment.

Bien que la poursuite d'objectifs personnels soit une caractéristique que l'homme partage avec Dieu, il faut cependant noter une différence de taille : les desseins divins ne sont jamais déjoués. Le Seigneur exerce une maîtrise absolue sur toutes choses et ne dépend de personne pour atteindre ses objectifs. Ce n'est pas le cas de l'homme. Tous les parents et tous les adolescents sans exception voient un jour ou l'autre leurs projets contrecarrés ou modifiés, parce que les humains sont obligés de s'appuyer sur d'autres pour parvenir à leurs fins (Mi 7.5-6).

Les parents imaginent souvent des objectifs ou des plans dans leur cœur qui exigent que leurs adolescents soient ou agissent d'une certaine manière. De leur côté, les adolescents ont plus souvent qu'on ne le croit des projets dans leur cœur qui ne pourront aboutir que s'ils s'arrangent pour faire réagir leurs parents de telle ou telle façon. Lorsque parents et adolescents se rencontrent en ayant chacun ces intentions cachées, il se produit inévitablement des conflits et du ressentiment.

Je me souviens d'une mère et sa fille que j'ai reçues en consultation, et qui avaient toutes deux des objectifs diamétralement opposés. La mère avait besoin d'afficher constamment une certaine supériorité morale dans toutes ses relations. D'une manière ou d'une autre, il fallait que dans n'importe quel contexte (famille, Église, étude biblique pour dames) elle apparaisse comme plus préoccupée que toute autre personne de la conformité aux normes divines. Pour que cette stratégie opère dans son rôle de mère chrétienne, elle devait tout naturellement pouvoir présenter des enfants « parfaits ». Cela créait une ambiance dans laquelle les enfants vivaient sous tension constante pour que leur mère paraisse sans faille aux yeux d'autrui. Dès son plus jeune âge, l'adolescente avait appris que l'approbation de ses parents dépendait de ses performances. Mais plus elle grandissait – et plus sa mère exigeait d'elle –, moins elle était capable de gagner l'approbation maternelle. Bien que son objectif d'enfant pour mériter l'acceptation et l'amour impliquât de sa part l'obéissance à tout ce que sa mère attendait d'elle, devenue adolescente et voyant que ses efforts n'étaient pas couronnés de succès, elle changea son plan. Elle prit ses distances avec toutes les personnes qui avaient des exigences élevées et rechercha le contact de celles qui l'accepteraient telle qu'elle était. Ce nouveau plan se concrétisa par des comportements (par exemple ne plus fréquenter l'église, se faire des amies non chrétiennes et passer le plus de temps possible hors de la maison) qui menaçaient de réduire à néant les stratégies de sa mère. Celle-ci réagit en imposant à l'adolescente des restrictions et de nouvelles exigences. La fille interpréta l'attitude de la mère comme une tentative de la priver du peu d'acceptation qu'elle avait réussi à obtenir de ses amies. Elle réagit à son tour en faisant une fugue qui lui parut à l'époque comme le seul moyen de réaliser son nouveau plan.

Lorsque les gens voient leurs plans bloqués, ils commencent à redoubler d'efforts pour les faire aboutir malgré tout (Pr 21.22). Et même si ces plans ne fonctionnent qu'à moitié, ils peuvent y rester attachés durant toute leur vie. *En revanche, dans l'adolescence, cette période où l'on fait face à des changements intérieurs et extérieurs plus grands qu'à n'importe quelle autre période de la vie, les jeunes sont plutôt enclins à conclure que leurs anciens plans ne réussiront jamais.* Les années de l'adolescence sont donc propices à l'élaboration de nouveaux plans plus sains dans leur cœur. Ces années-là peuvent d'ailleurs se révéler tout aussi critiques pour les parents. *Rien ne les amène à se poser autant de questions sur la direction et le sens de leur vie que la présence d'adolescents dans la famille.* Comme dans le cas de la mère évoqué plus haut, la manière dont les parents réagissent et influencent leurs adolescents révèle clairement le véritable objectif qu'ils poursuivent.

Le désir de relations

> *Ce qu'un homme désire, c'est l'amour inconditionnel.*
> (Pr 19.22, traduction libre d'après la version anglaise)

Les gens ne renoncent pas facilement aux projets qu'ils ont conçus pour eux-mêmes. Il y a quelque chose qui inspire et alimente ces projets, de sorte qu'ils deviennent vraiment une question de vie ou de mort. Dans le livre des Proverbes, cette énergie est assimilée à des « désirs » ou à des « aspirations ». D'après Proverbes 19.21, le cœur de l'homme conçoit de nombreux projets. Proverbes 19.22 identifie l'énergie qui sous-tend ces projets à un désir ardent d'un certain type de relations, caractérisé par un amour inébranlable. *C'est ce désir que parents et adolescents partagent. C'est également ce désir que tous les plans qu'ils conçoivent cherchent à réaliser ou à occulter.*

Chaque être humain a été créé par Dieu en vue de relations (Gn 2.18). Dès que Dieu eut créé l'homme, il créa en même temps tout ce qui permettait de répondre à ses besoins essentiels. Dès le début, l'homme était par nature une créature dépendante. Il ne pouvait subsister sans les ressources que Dieu seul était en mesure de lui fournir. L'environnement créé par Dieu pour l'homme ne satisfaisait pas seulement ses besoins en nourriture, en eau et en air, mais également son besoin de relations. Au début, sa relation ne s'établissait qu'avec son Créateur, mais plus tard elle eut une composante horizontale, avec son semblable (Gn 2.20-24). C'était comme si l'homme et la femme ne pouvaient pas remplir correctement la fonction que Dieu leur avait assignée s'ils n'entretenaient pas un certain type de relation avec des êtres semblables à eux, doués de raison et de volonté.

Puis se produisit la chute de l'homme dans le péché (Gn 3.1-7), et les relations se dégradèrent. Adam commença à avoir peur dans sa relation avec Dieu et il se tourna vers Ève (3.12). La femme elle-même se sentit menacée et changea sa façon d'agir avec son mari (3.16). Leur fils Caïn, sans doute adolescent, devint jaloux de la relation que son frère Abel entretenait avec Dieu et le tua (Gn 4.3-8). Tout l'environnement que Dieu avait créé et qui offrait des relations pures à l'humanité se trouva pollué, au point que le prophète Jérémie décrivit ainsi la qualité des relations que nous expérimentons depuis lors :

> *Que chacun se garde de son ami,*
> *Et qu'on ne se fie à aucun de ses frères ;*
> *Car tout frère est un perfide supplanteur,*
> *Et tout ami répand des calomnies.*
> *Ils s'abusent les uns les autres*
> *Et ne disent pas la vérité ;*
> *Ils exercent leur langue à dire des choses fausses,*
> *Ils se fatiguent à commettre des fautes.*
> *Ton siège est au sein de la tromperie ;*
> *C'est par tromperie qu'ils refusent de me connaître,*
> *Oracle de l'Éternel.*
> (Jr 9.3-5)

Tel est le dilemme devant lequel se trouve tout être humain. Tout parent. Tout adolescent. Même si depuis la chute, il n'existe plus de relations pures (Pr 20.6), le besoin humain de ces relations n'a pas disparu pour autant (Pr 19.22). *Chacun continue d'éprouver le désir de nouer des relations inconditionnelles et inébranlables. Ce désir, chacun le place dans toutes ses relations.* D'une certaine manière, les comportements adoptés et les plans échafaudés que l'individu introduit dans ses relations reflètent son désir de voir les autres ne plus lui faire faux bond. Lorsqu'une personne découvre que ce désir ne sera jamais pleinement satisfait, elle éprouve peut-être la douleur la plus profonde que puisse connaître l'âme humaine. Pour ne pas devoir goûter à cette souffrance, beaucoup refusent d'admettre qu'ils ont vraiment été lâchés par autrui, ou nient éprouver la soif de nouer des relations. Ce déni atténue la souffrance consécutive aux désirs insatisfaits.

Souvent, en entrant dans l'adolescence, l'enfant a déjà appris à gérer ses désirs frustrés en les engourdissant. L'une des fonctions saines et naturelles de l'adolescence est d'aider le jeune à prendre conscience de ces désirs en lui. *Aussi longtemps que ses désirs de nouer des relations d'amour inconditionnel sommeillent en lui, l'adolescent n'éprouvera ni faim ni soif profonde pour quoi que ce soit.* Il connaîtra l'apathie et l'ennui. Devenu adulte, il ne sera pas motivé pour approfondir ses relations ni avec Dieu ni avec ses semblables, et ne sera pas capable de cultiver une intimité avec les autres.

Quand ces désirs s'éveillent chez un adolescent, les parents les interprètent souvent mal et réagissent de telle façon que le jeune les dissimule ou les niera. Ils font ainsi obstacle à l'accomplissement d'une des tâches les plus importantes de l'adolescent : *prendre conscience que ses désirs les plus profonds ne seront comblés que dans une relation avec le Christ.* Sans le vouloir, de nombreux parents deviennent l'obstacle majeur aux efforts de l'adolescent pour y parvenir. Comme les parents sont d'habitude la principale source de relations pour leurs enfants avant l'adolescence, les premières expressions des désirs non satisfaits prennent chez le jeune la forme de plainte contre ses parents. Cette accusation suscite chez ces derniers de fortes émotions. Elle peut même réveiller chez eux certains désirs insatisfaits de relations, surtout si leurs enfants ne leur témoignent pas d'appréciation ni d'affection. Cela amène parfois les parents à répondre de manière à faire comprendre aux adolescents que leur façon d'exprimer leurs désirs insatisfaits est inacceptable et malsaine. Cette réaction parentale décourage l'enfant dans sa recherche d'une relation d'amour solide. Si cette quête est sapée dans ses fondements, il en sera de même de la prise de conscience de ses aspirations profondes ; celles-ci étant engourdies, l'adolescent ne verra pas la nécessité de cultiver une relation vivante et personnelle avec le Christ.

Je me souviens de la façon dont mes désirs ont été éveillés dans mon adolescence et comment l'ouverture que cela a provoquée m'a permis d'envisager sérieusement de nouer une relation avec le Christ. C'était vers la fin de mes études secondaires. Comme mes parents étaient fonctionnaires, ils durent déménager plusieurs fois durant mes études au lycée. Lors de mon entrée en terminale, j'avais déjà fréquenté quatre établissements différents. Je venais d'entamer ma dernière année dans un lycée de Chicago quand mes parents m'apprirent que nous devions déménager à Washington. Après de longues discussions, ils acceptèrent de me laisser terminer ma scolarité dans l'établissement où j'avais commencé l'année scolaire. Ils s'arrangèrent pour que je puisse loger chez les parents d'un camarade d'école qui me louèrent une chambre.

Le jour vint, en octobre, où il me fallut dire adieu à mes parents. Je rentrais juste de l'école quand le camion de déménagement fut prêt à démarrer. Mes parents jetèrent un ultime coup d'œil partout. Je n'avais pas du tout appréhendé cet instant. J'envisageais avec sérénité l'aventure qui se trouvait devant moi : vivre en étant livré à moi-même.

Mes parents et moi entretenions des relations paisibles qui avaient rarement été assombries par des conflits dans les années passées. Aussi loin que remontent mes souvenirs, mon père et ma mère avaient toujours travaillé à l'extérieur. Mon frère et moi avions donc appris très jeunes à prendre notre vie en mains de façon responsable et n'avions pratiquement jamais fait quoi que ce soit qui eût pu alarmer nos parents. Ma mère m'avoua plus tard qu'elle regrettait de me voir venir si tôt à la conclusion que je pouvais me passer des autres. Adolescent, je pris vite l'habitude de me faire des amis sans jamais dépendre d'eux. Les déménagements m'avaient conduit à minimiser la souffrance des séparations en gardant une certaine distance avec tout le monde.

Ce jour-là, en revenant de l'école pour dire au revoir à mes parents, je ne me sentais pas peu fier. Je disposais d'un lieu à moi, j'avais une voiture et un travail, et deux parents qui avaient suffisamment confiance en moi pour partir à des milliers de kilomètres en me laissant me débrouiller seul. Le désir de quelque chose de plus, sur le plan de relations étroites avec quelqu'un, était bien loin de mes pensées.

Mes parents avaient un horaire chargé et durent donc rapidement se mettre en route. Alors que nous nous embrassions, je suis sûr qu'ils ont éprouvé plus de tristesse et de chagrin que moi. Posté devant l'entrée de la cour, je leur fis des signes d'adieu tandis que le camion s'éloignait peu à peu pour finir par disparaître à l'horizon. Je ne ressentais pas d'émotion particulière, sinon une petite tristesse d'avoir vu ma mère pleurer.

Après le départ de mes parents, je fis un dernier tour dans la maison pour m'assurer que les lumières étaient toutes éteintes. À ce moment, je me sentis profondément ému. Avant que je ne m'en rende compte, mes yeux furent inondés de larmes, je tombai à genoux dans le salon et me mis à sangloter. Je n'arrivais pas à chasser la pensée que mon existence me paraissait tout à coup aussi vide que la maison. Je n'avais personne que moi-même. Ce soudain sentiment de solitude fut le plus déprimant que j'eusse ressenti jusqu'alors. J'éprouvai à ce moment-là un désir ardent de rencontrer quelqu'un qui ne me quitterait jamais et que je n'aurais moi-même plus jamais à quitter.

Je suis convaincu que le désir profond et insatisfait expérimenté ce jour-là a orienté mon cœur vers la recherche d'une personne qui puisse m'aimer d'une manière inaltérable. *Les meilleurs parents auraient été incapables de combler cette profonde aspiration. En fait, ils ont plutôt tendance, durant l'adolescence, à provoquer le résultat contraire.* Par leur attitude, ils créent un contexte qui permet aux désirs insatisfaits de se révéler et de s'exprimer. Cela se produit généralement vers le milieu ou la fin de l'adolescence, lorsque le jeune a la possibilité de prendre un peu ses distances vis-à-vis de ses parents et qu'il mesure alors la pauvreté et la fragilité de ses relations – ce qui est une réalité normale dans un monde déchu. Beaucoup de jeunes n'en font l'expérience que pendant leurs premières années d'université, voire même au début de leur mariage.

Environ un mois après le départ de mes parents, un membre du centre sportif où je travaillais comme maître-nageur, dut s'apercevoir que quelque chose n'allait pas en moi. Après le travail, il m'invita ce soir-là à prendre une limonade. Pour la première fois, je pus dire à quelqu'un combien je me sentais seul et lui faire part de mes aspirations. Pendant les semaines qui suivirent, cet homme m'amena peu à peu à comprendre ce après quoi je soupirais intensément et m'expliqua que ce désir profond pouvait être parfaitement comblé par une relation avec le Christ. J'avais déjà maintes fois entendu parler de la nécessité d'accepter Jésus-Christ, mais cela n'évoquait rien de concret en moi, car j'étais satisfait (ma soif de relations n'avait pas encore été éveillée). Ma situation était maintenant différente ; je souffrais du manque de liens. Je sentais très nettement ces désirs au plus profond de moi. Dans ce contexte, une relation avec le Christ prenait un tout nouveau sens.

Il ne fait aucun doute qu'éveiller des désirs chez l'adolescent peut se révéler dangereux. J'ai toujours été frappé par la manière dont Samson avait réagi à l'appel du Seigneur. Samson se comportait certainement comme un adolescent de notre temps lorsque « l'Esprit du Seigneur commença à l'agiter » (Jg 13.25). Les versets qui suivent (14.1-2) présentent le jeune homme attiré par une jeune fille philistine et décidé à l'épouser malgré l'interdit de la culture hébraïque ambiante qui prohibait les unions avec les Cananéens.

À mon avis, le Seigneur agitait Samson pour qu'il devienne mécontent des conditions d'existence que ses concitoyens avaient acceptées. Le jeune homme savait qu'il espérait plus de la vie que l'assujettissement aux Philistins. Mais il ne savait pas exactement ce qui pourrait combler ses aspirations. Il se livra à des passions charnelles et à l'immoralité, comme de nombreux adolescents d'aujourd'hui. Mais rien de ce qu'il essayait ne semblait satisfaire son esprit agité. Chaque relation humaine se révélait décevante, y compris celle avec ses parents, qui se montrèrent trop timides pour lui imposer les directives dont il avait besoin.

Lorsque des désirs pointent chez l'adolescent, rien ne garantit qu'il ne va pas chercher à les réaliser lui-même en utilisant des moyens illégitimes, comme l'a fait Samson. Toutefois, plus on aide l'adolescent à clarifier ce que sont réellement ses désirs, moins il trouvera l'immoralité attrayante. *C'est lorsque les enfants sont livrés à eux-mêmes pour gérer le dépit et la confusion si fréquents dans l'adolescence qu'ils sont enclins à orienter leurs désirs vers ce qui est mal.*

Une fois ses désirs éveillés, l'adolescente commence inconsciemment à se poser les deux questions fondamentales suivantes : *« Quel type de personne dois-je devenir pour que quelqu'un me désire et m'aime ? »* et *« Quel type de personne dois-je devenir pour pouvoir réaliser des choses importantes que les autres apprécieront ? »* Ces questions révèlent ce que l'être humain recherche avant tout dans une relation. La première conduira l'adolescente à échafauder un plan qui lui gagnera l'amour de quelqu'un ; la seconde la poussera à rechercher comment laisser un impact sur son environnement. Dans leur nature, les questions aboutiront à des stratégies qui permettront à l'adolescente de cacher ce qu'elle est vraiment et de prétendre être le genre de personne qu'elle croit le mieux à même de lui faire obtenir ce qu'elle désire. *C'est lorsque les désirs relationnels d'une personne s'associent à des stratégies destinées à satisfaire ces aspirations en dehors du Christ que ces désirs la poussent de manière insensée vers le mal* (Pr 13.19).

Livrés à eux-mêmes, les adolescents concevront inévitablement leurs propres plans pervers pour réaliser leurs désirs insatisfaits. Étant donné que les désirs s'éveillent durant l'adolescence, il est donc impératif que les enfants soient encouragés à poser ouvertement les questions suivantes : « Quel type de personne dois-je devenir pour que quelqu'un m'aime ? » et « Quel type de personne dois-je devenir pour pouvoir accomplir quelque chose de significatif ? » Quels que soient les mots ou les comportements dont se servent les jeunes pour exprimer ces interrogations, les parents devraient s'efforcer de créer un environnement familial qui puisse les guider vers des réponses bibliques.

Il ne faut cependant pas oublier que les parents aussi ont des désirs insatisfaits. Ce n'est qu'après avoir fait face bibliquement à leurs propres désirs, en les reconnaissant et en les canalisant de façon saine, qu'ils seront en mesure de répondre selon l'Écriture aux désirs de leurs enfants. Les parents ont pour leur part répondu depuis fort longtemps aux deux questions que les jeunes se posent à cet âge. La réponse qu'ils ont trouvée en tant qu'adolescents a certainement grandement influencé leur comportement parental actuel. Si une mère a décidé, du temps de son adolescence, que pour susciter l'intérêt ou l'amour de quelqu'un elle devait se rendre utile, devenue parent, elle se posera toujours en « sauveur ». Elle craindra surtout le fait que les autres puissent ne pas avoir besoin d'elle. Lorsque ses enfants s'achemineront vers l'âge adulte et manifesteront leur désir d'indépendance, elle aura l'impression que son existence même est menacée. Elle ne sera évidemment pas à même de répondre bibliquement au désir de respect de ses enfants tant qu'elle n'aura pas fait face à ses propres désirs non satisfaits de « désirabilité ».

Si un père s'était persuadé dans sa propre adolescence que pour accomplir quelque chose de significatif il ne fallait jamais paraître faible ni se tromper aux yeux des autres, devenu parent il aura tendance à se comporter en tyran. Sa plus grande crainte est de passer pour incompétent. Au moment où ses enfants exprimeront leurs désirs insatisfaits d'implication chaleureuse et de compréhension de la part d'autrui, il aura le sentiment que son univers s'écroule. Il ne sera évidemment pas capable de répondre bibliquement aux désirs de ses enfants tant qu'il n'aura pas d'abord réussi à gérer les siens.

Les relations trompeuses

> *Des scories d'argent appliquées sur un vase de terre,*
> *Telles sont des lèvres ardentes et un cœur mauvais.*
> *Par ses lèvres, celui qui a de la haine se déguise,*
> *Et il met au-dedans de lui la tromperie.*
> *Lorsqu'il met de la grâce dans sa voix, ne le crois pas,*
> *Car il y a sept abominations dans son cœur.*
> *Sa haine peut se cacher sous la dissimulation,*
> *Sa méchanceté se révélera dans l'assemblée.*
> (Pr 26.23-26)

Comme les désirs insatisfaits des hommes se portent essentiellement sur un certain type de relations, les stratégies destinées à réaliser ces aspirations ou à les anesthésier viseront essentiellement à manipuler les relations. Pour exécuter leurs plans et obliger leurs interlocuteurs à réagir d'une certaine manière, les gens endossent de fausses identités ou nouent des relations faussées. Salomon n'est pas le seul auteur biblique à avoir constaté que l'homme se retranche spontanément derrière des relations trompeuses. Jérémie (Jr 9.4-6), Michée (Mi 7.5-6) et l'apôtre Paul (Ép 4.20-25), entre autres, ont également observé cette attitude.

Deux caractéristiques inhérentes à la nature humaine rendent les styles relationnels trompeurs. La première est la manière dont l'homme dissimule ce qu'il désire dans une relation. Au lieu de demander clairement à l'autre de combler tel désir insatisfait, l'être humain se sent poussé à l'obtenir d'autrui d'une manière ou d'une autre. Il raisonne ainsi : « Puisque personne ne se préoccupe vraiment de me donner ce après quoi je soupire, je trouverai le moyen de le soutirer quand même. » Ceci n'est rien d'autre que de la manipulation.

Les adolescents ont appris dès leur plus jeune âge à obtenir ce qu'ils convoitent en usant de tromperie. Tout petits, ils savaient s'y prendre même par de simples requêtes : « Maman, puis-je avoir un gâteau ? » Dans la bouche d'un bambin de trois ans qui commence à étonner ses parents par un vocabulaire qui s'étoffe de jour en jour, cette demande est rapidement exaucée. L'enfant de quatre ou cinq ans qui formule le même désir se verra imposer une condition : « Pas avant que tu n'aies ramassé tous tes jouets, comme je te l'ai déjà demandé. » L'enfant pourrait rapidement conclure : « Maman ne veut plus me donner de gâteaux. Il faut que je me les procure tout seul. » Cette décision peut se concrétiser de différentes façons : explosion de colère, vol quand la maman a le dos tourné, agir comme si personne au monde ne l'aimait – des comportements qui amènent l'enfant à revêtir une nouvelle identité vis-à-vis de sa maman. S'il réussit à obtenir de ses parents ce qu'il souhaite, l'enfant apprend que la séduction est le meilleur moyen d'obtenir la satisfaction de ses désirs.

Devenu adolescent, cet enfant découvre l'existence de désirs plus profonds, ceux d'aimer et de laisser un impact dans ses relations. À cet âge-là, il leur semble généralement impensable de formuler ces désirs sous forme de questions simples. Il est extrêmement rare qu'un adolescent aille trouver ses parents pour leur dire : « Papa et maman, vous m'indisposez et vous me décevez. Je n'ai pas du tout l'impression que mes paroles comptent pour vous. Vous ne cherchez pas vraiment à savoir ce que je ressens. Vous vous êtes déjà forgé votre opinion avant que je n'ouvre la bouche. Ne voudriez-vous pas commencer par vous montrer plus attentifs à mon besoin de savoir que j'ai un rôle important à jouer ? Merci de bien vouloir examiner ma requête. De toute façon, je vous aime très fort tous les deux. »

Exprimer aussi clairement une demande si fortement ressentie au plus profond de soi comporte des risques. Une telle supplique pourrait engendrer un sentiment accru de solitude, de rejet et même d'humiliation, surtout si les parents réagissent en se mettant sur la défensive ou en critiquant leur enfant. C'est plus sécurisant pour l'adolescent de manipuler ses parents pour anesthésier la peine qu'il ressent lorsqu'il est avec eux. Il peut choisir de ne pas faire connaître son opinion en présence de ses parents (il s'épargne ainsi le risque d'être méprisé en tant que personne), ou d'annoncer sa décision sur un ton de provocation et de prendre ensuite un air détaché et lointain s'ils élèvent des objections (c'est à eux maintenant de se sentir impuissants pour une fois). Bien sûr, les parents ont les mêmes combines pour camoufler ce qu'ils attendent de leurs relations. Beaucoup de parents ont le désir de connaître l'impact qu'ils ont sur leur progéniture.

Il arrive fréquemment que lors de leur entrée à l'université les adolescents quittent la famille et passent donc moins de temps avec leurs parents, ce qui peut conduire ces derniers à se sentir moins importants pour leurs enfants. Rares sont les parents qui disent alors à leur fils ou à leur fille : « Tu sais, je lutte beaucoup en ce moment contre un sentiment de solitude et d'insignifiance. Je découvre à quel point je dépends de notre relation. Je suis fier de la manière dont tu as choisi d'assumer tes propres responsabilités et d'agir comme une personne autonome. Mais je souffre d'être mis de côté. J'essaie de m'adapter à cette nouvelle situation, mais ce n'est pas facile. Pourrais-tu m'y aider en t'efforçant de me faire partager un peu plus ce qui se passe dans ta vie ? Je serais heureux si nous pouvions encore passer quelques heures ensemble chaque semaine. Réfléchis et tiens-moi au courant de ta décision. »

Au contraire, les parents cachent généralement cette sorte de sentiments (ce qui empêche leurs adolescents de connaître le type d'influence qu'ils ont sur eux). Père et mère peuvent alors choisir de gérer cette situation en affichant avec leurs jeunes un air décontracté ou distant. Peut-être se plairont-ils à jouer les martyrs et à culpabiliser leurs enfants pour les obliger à rester un peu plus longtemps sous le toit familial. Ils peuvent aussi décider de fermer les cordons de la bourse et supprimer certains privilèges en attendant que leurs enfants changent d'attitude (« Quand tu commenceras à me témoigner un peu plus de respect et d'estime, nous reparlerons de l'utilisation de ma voiture. ») *Les sanctions disciplinaires et la suppression de privilèges ne sont jamais des réactions appropriées lorsque l'intention des parents est de satisfaire ou d'anesthésier certains désirs non satisfaits. Exercée dans cette optique, la discipline peut devenir trompeuse et destructrice.*

La dissimulation est la deuxième carence humaine qui rend le style relationnel trompeur. Non seulement les gens dissimulent-ils ce qu'ils attendent d'une relation personnelle, mais ils dissimulent également ce qu'ils sont. Ils masquent le fait qu'ils sont blessés et perplexes. C'est comme si c'était honteux ou faible de voir ses désirs, en particulier les désirs insatisfaits, dévoilés à autrui. C'est pourquoi l'homme cache à ses semblables l'effet réel que le monde a sur lui. Même lorsqu'une personne le touche profondément en réalisant un de ses désirs, il est tenté de ne pas le lui faire savoir. Dès son plus jeune âge, l'être humain cultive un préjugé à l'égard de son entourage : « Si je permets aux autres de m'approcher de trop près et ainsi de découvrir l'impact qu'ils ont sur moi, ils se serviront de cette information pour me faire du mal. » Récemment, un adolescent victime de l'éclatement de sa famille commenta : « J'ai peur de laisser les autres découvrir ce que j'éprouve à leur égard. J'ai l'impression que chaque fois que je déclare les aimer, ils décident de me laisser tomber. »

Les styles relationnels qu'utilisent généralement les parents et les adolescents seront discutés aux chapitres 4 et 5. Ce qu'il faut retenir pour l'instant, c'est que les relations trompeuses cultivées aussi bien par les parents que par leurs enfants sont le fruit des plans et des désirs du cœur humain.

Déceptions dans les relations

> *Beaucoup de gens proclament chacun leur bienveillance,*
> *Mais un homme fidèle, qui le trouvera ?* (Pr 20.6).

Étant donné que les gens considèrent leurs relations avec autrui comme le principal moyen d'obtenir la satisfaction de leurs désirs, ils seront inévitablement déçus. Salomon a fait remarquer que les promesses formulées par les autres semblent parfois très alléchantes à première vue. Quel futur mari ou future épouse ne place pas d'immenses espoirs sur son mariage à cause des vœux que prononce son partenaire ? L'échange des promesses et la cérémonie ont pour but de responsabiliser les conjoints. Pourquoi est-ce nécessaire pour deux personnes qui déclarent s'aimer ? À cause de la nature de l'amour humain. Dieu compare cet amour – celui de son Épouse – à « la nuée du matin... à la rosée matinale qui disparaît » (Os 6.4). Tôt ou tard – et c'est généralement tôt ! – l'amour humain se fane. Le prophète Michée fait observer que les liens humains les plus sacrés (entre mari et femme, entre parents et enfants) ne sont pas suffisants pour empêcher la personne de décevoir et de blesser celui ou celle qu'elle est responsable d'aimer :

> *Ne croyez pas à un ami,*
> *Ne vous fiez pas à un intime ;*
> *Devant celle qui repose sur ton sein*
> *Garde les portes de ta bouche.*
> *Car le fils flétrit le père,*
> *La fille se soulève contre sa mère,*
> *La belle-fille contre sa belle-mère ;*

Chacun a pour ennemis les gens de sa maison.
(Mi 7.5-6)

Cette triste réalité fait des relations humaines souvent la principale source d'ennuis et de souffrances pour l'individu, au lieu de constituer un réservoir de joies.

Tous les parents et tous les adolescents ont donc ceci en commun : ils sont les victimes de relations décevantes. Qu'ils aient été beaucoup ou peu lésés, aucun d'eux n'a jamais trouvé de relation personnelle capable de donner autre chose qu'un avant-goût de l'amour et de l'impact auxquels ils aspiraient. Depuis la chute, personne n'a jamais réussi à se réaliser totalement dans l'amour d'autrui.

La relation parent-enfant est peut-être, entre toutes les relations humaines, celle qui réserve le plus de souffrance. Les enfants concentrent sur leurs parents toutes leurs soifs de relations. Jusqu'à l'adolescence, un enfant a du mal à reconnaître et à accepter la moindre défaillance dans l'amour parental. Leur dépendance à l'égard de leurs parents est si forte qu'elle ne permet pas au plus petit doute ou au plus petit ressentiment de se glisser dans la relation et de la menacer. Les enfants font tout pour rester naïfs devant les péchés de leurs parents et pour maintenir un sentiment de stabilité et de sécurité dans leur vie.

Toutefois, lorsqu'un enfant entre dans l'adolescence, ses yeux s'ouvrent peu à peu sur les manquements présents et passés de ses parents. Cette observation sert de premier catalyseur qui provoque en lui la prise de conscience d'un désir de relation avec quelqu'un qui ne le décevra pas comme papa et maman. Qu'il le reconnaisse lucidement ou non, il se sent victime et va dorénavant tout faire pour ne pas le redevenir. Cette réalité est déterminante en ce qui concerne le style relationnel qu'il (ou elle) va adopter dans ses fréquentations et dans son mariage.

De nombreux parents restent prisonniers d'un style parental très axé sur la protection personnelle ; c'est leur façon de réagir à la déception que leur ont causée leurs propres parents dans leur enfance ou dans leur adolescence. Le plus souvent, ils ne savent même pas comment ils ont développé ce type de relations avec leurs enfants ni comment cela les protège de nouvelles blessures. Toutefois, aussi longtemps que les parents ne prendront pas conscience de ce phénomène dans leur comportement vis-à-vis de leurs enfants, il est très probable qu'ils formeront une génération d'adolescents qui, à son tour, sera déçue de l'attitude et des manquements de ses parents.

Il est important de reconnaître les nombreuses façons dont les enfants peuvent être, intentionnellement ou non, les victimes de leurs parents. Il est évidemment plus facile de voir comme des victimes les enfants qui ont subi des violences sexuelles, des mauvais traitements, un abandon, les effets de l'alcoolisme ou du divorce des parents. Mais les enfants qui ont souffert d'un manque de discipline, d'un manque d'attentions, d'un manque de tendresse physique, d'un manque verbal de considération, ou qui ont été surprotégés, gâtés, prématurément confrontés aux tensions de l'âge adulte, sont aussi les victimes d'une mauvaise éducation parentale. L'auteur du livre des Proverbes souligne le penchant incroyable qu'ont les adultes à troubler leur famille et leurs enfants (Pr 11.29, 14.1, 15.27). Sous différentes formes, ce mal affecte tous les foyers.

Une seconde raison explique pourquoi les parents et les adolescents éprouvent de la souffrance dans leurs relations mutuelles. S'il est vrai qu'en général la souffrance que connaissent les gens dans leurs relations leur est infligée de façon injuste, il faut cependant savoir qu'ils en rajoutent eux-mêmes d'inutiles. La tactique qu'ils mettent au point pour éviter de futures blessures se retourne souvent contre eux et crée une atmosphère qui rend les relations encore plus décevantes.

Adolescent, j'avais conçu un plan destiné à me mettre à l'abri de toute nouvelle souffrance liée à la rupture de mes amitiés : « Tout ira bien aussi longtemps que je n'aurai pas besoin des autres. » Cela m'obligeait à me retrancher derrière une fausse identité dans mes relations. Personne ne devait découvrir le vrai Kevin, celui qui avait tellement besoin d'amis et qui aspirait à des relations profondes. Je fréquentais les autres en donnant l'impression de pouvoir choisir qui je voulais et me séparer quand je voulais. Je paraissais indifférent. Serein. Distant. Égocentrique. On aurait pu penser à tort que j'étais snob.

Quand mes parents se rendirent compte de mon attitude, ils furent perplexes ; ils se sentaient repoussés, peut-être même détestés par moi. Ils décidèrent de relâcher leur étreinte et de me laisser plus d'espace. À l'école comme au travail, les camarades et les collègues s'imaginèrent que je ne tenais pas du tout à leur amitié. Aussi m'ignorèrent-ils. La réaction naturelle que mon style relationnel suscita chez les autres ne fit qu'accentuer ma solitude et confirmer mon idée que je ne pouvais vraiment pas compter sur eux. Mon désespoir devint insupportable. *Dans son effort pour échapper à la persécution, la victime était devenue son propre persécuteur.*

L'auteur des Proverbes reconnaît que c'est là une des principales sources de souffrance dans les amitiés (Pr 26.27, 30.32-33). Celui qui cherche à fuir la douleur dans ses relations finira par s'en infliger davantage.

En tant que père, cette même stratégie inspire trop souvent ma réaction face à mes enfants. Récemment, je rentrai à la maison épuisé par une journée qui avait été longue et très décevante. Ses péripéties m'avaient donné d'amples raisons pour réactiver mon ancienne stratégie de jouer au martyr. Je suis à peu près certain qu'en rentrant chez moi ce soir-là, je nourrissais les mêmes pensées que dans mon enfance (« Je ne peux compter que sur moi. Personne ne s'intéresse vraiment à moi. »). Malgré la pluie fine qui tombait dehors, je décidai de faire un petit tour pour prendre l'air. Je me dis que ce serait bien d'être accompagné par quelqu'un à qui je puisse faire part de ce que je ressentais. Mais à la maison il n'y avait que Christie, ma fille adolescente, et elle était au téléphone.

Je décidai qu'en tant que père, j'avais le droit de lui demander d'abréger sa communication téléphonique. Je lui fis signe qu'il était temps de partir. Quand je lui expliquai que je lui avais demandé d'interrompre sa conversation pour pouvoir m'accompagner en promenade, elle me regarda comme si j'avais perdu la raison.

Sans tenir compte de ses objections, je lui passai un tricot sur les épaules et la poussai vers la porte. À chaque pas que nous faisions dans la rue, Christie trouvait une excuse pour ne pas avancer : « Je vais être trempée », « J'ai mal aux pieds », « J'ai des devoirs à faire. »

Soudain, mes yeux s'ouvrirent. *J'étais en train d'utiliser égoïstement ma fille pour atténuer ma souffrance.* Sans résultat. C'était même plutôt le contraire qui se produisait. L'avoir forcée à venir avec moi n'avait fait qu'ajouter à ma peine et érigé entre nous un mur de ressentiment qui empêchait toute relation saine.

Je m'arrêtai tout d'un coup et me tournai vers elle. « Christie, je ne t'en voudrai pas si tu retournes à la maison. C'est très égoïste de ma part d'avoir exigé que tu m'accompagnes dans cette promenade. » Mes paroles prirent Christie au dépourvu. Sur son visage se lisait un léger dépit. Je pense qu'elle commençait à jouir de sa lutte contre mon autorité, et je venais brusquement d'y mettre fin. Elle haussa les épaules et déclara : « D'accord, je retourne à la maison. » Elle m'adressa encore un regard surpris, fit demi-tour et rentra.

Je continuai à marcher seul et m'engageai enfin dans ce que j'aurais dû faire des heures plus tôt. Je confiai ma peine au Seigneur. J'avais souffert toute la journée de ne pas me sentir respecté dans mes relations avec ceux que j'avais côtoyés. Je souffrais également à cause de mon propre péché – l'égoïsme dont j'avais fait preuve à l'égard de ma fille. Je dis au Seigneur combien j'avais besoin de lui et reconnus devant lui qu'il était le seul à pouvoir combler mes désirs d'amour indéfectible. Tout en poursuivant ma promenade, je dialoguai ainsi silencieusement avec Dieu. Peu à peu mon cœur retrouva le calme et la paix.

Au moment où je tournais le dernier coin de rue avant de rentrer dans la cour de la maison, j'aperçus Christie qui courait précipitamment vers moi en tenant un parapluie. « Papa, où étais-tu passé ? demanda-t-elle d'une voix inquiète. Je t'ai cherché partout. À la réflexion, je me suis dit qu'il valait mieux que tu ne marches pas seul. C'est pourquoi je t'ai rejoint pour te tenir compagnie. » Ses paroles me touchèrent profondément. Je fis monter vers Dieu une prière de reconnaissance parce qu'il m'avait fait goûter à son amour aux travers des attentions de ma fille. Par moi-même, je n'aurais jamais été capable de susciter cette réaction en elle.

Si les parents et les adolescents peuvent exercer une si grande influence les uns sur les autres, en bien comme en mal, c'est parce qu'ils ont des personnalités complexes qui mettent en jeu des aspects profonds (pensées, aspirations, désirs et émotions) qui interviennent dans toutes leurs interactions. Lorsque les parents n'en tiennent pas compte, leurs relations avec les adolescents feront obstacle à l'œuvre du Christ dans leur cœur et dans celui des jeunes. Le désir de comprendre et de faire face à ces dimensions profondes de la personne humaine est la clé d'une éducation efficace des adolescents.

RÉSUMÉ

Vous pourriez conclure – prématurément – que je présente le rôle du parent vis-à-vis de l'adolescent comme une affaire compliquée. Je l'ai fait intentionnellement pour deux raisons. Premièrement, je crois vraiment que ce n'est pas une mission facile ! D'après la Bible, comprendre les gens et les aider à se développer sont des tâches ardues qui exigent une connaissance précise des éléments profonds dans la structure de la personnalité, éléments qui contrôlent ce que fait l'être humain.

Deuxièmement, je veux vous donner de l'espoir. La plupart des parents savent bien au fond d'eux-mêmes qu'il n'existe pas de réponses simples aux questions que pose l'éducation de leurs enfants. Si on leur donne des explications et des formules simples, on les prive d'une vision d'espérance. En effet, en constatant que ces solutions toutes faites sont inopérantes dans leur cas, ils pourraient en conclure que leur situation familiale est différente ou bizarre.

L'espérance commence à luire lorsque les parents reconnaissent combien il est difficile d'élever un adolescent normal, et combien tous les parents, comme eux-mêmes, sont déroutés et se demandent par où commencer. L'espérance se développe lorsqu'ils confient leur désarroi et leurs interrogations à l'Écriture et qu'ils y trouvent des directives. Voilà l'espérance que ce livre cherche à vous communiquer. Commençons donc par étudier ce qui rend si difficile et si complexe la tâche des parents à l'égard des adolescents.

Notes du chapitre 1

1. Pour une discussion plus détaillée de ces quatre aspects et une explication biblique plus complète du modèle destiné à faciliter la connaissance de l'être humain, voir *Se comprendre et comprendre les autres,* et *Identité et relations* (Éditions La Clairière), *Bouleversement intérieur* (Éditions Farel), de Larry Crabb.

CHAPITRE 2

Comment l'adolescent voit le monde

En quoi l'adolescence est-elle une phase douloureuse ? Cette question suscite de nombreux débats aujourd'hui. Après avoir étudié l'augmentation statistique des troubles qui frappent les adolescents (dépression, suicide, abus sexuel, désordre sexuel, angoisse, violence, crime, conflits familiaux, grossesses d'adolescentes...), certains ont conclu que l'adolescence était un cap que les intéressés ont de plus en plus de mal à franchir.

D'autres, qui ont fait l'analyse de groupes représentatifs de jeunes, rapportent que dans leur grande majorité, les jeunes eux-mêmes ne se reconnaissent pas comme étant troublés ou bousculés par la vie. Une étude récente parue dans *Psychology Today* indique que plus de la moitié des adolescents semblent n'avoir aucun problème.

Devant des résultats aussi contradictoires, quelle conclusion les parents doivent-ils tirer à propos de leurs grands enfants ? Pour comprendre l'adolescence, l'approche scientifique seule risque de conduire les parents dans des erreurs opposées dangereuses. À une certaine époque, les gens ont conclu d'après une approche scientifique, que les châtiments corporels infligés aux enfants étaient nuisibles. Des études poussées avaient alors montré que des enfants qui avaient reçu des corrections corporelles présentaient une tendance plus forte à l'agressivité. À la lumière de ces résultats, les parents étaient exhortés à ne pas infliger de tels châtiments à leur progéniture.

Ce conseil allait évidemment à l'encontre de la recommandation que donne Salomon aux parents : « Le bâton et la réprimande donnent la sagesse, mais le garçon livré à lui-même fait honte à sa mère » (Pr 29.15). Si l'injonction biblique est vraie, à savoir que des coups de bâton inculquent la sagesse, comment les parents doivent-ils considérer l'affirmation scientifique qui prétend le contraire ? Ceux qui ont procédé à l'étude auraient-ils mal interprété, voire volontairement faussé leurs résultats ? La contradiction peut s'expliquer autrement.

L'Écriture affirme que tout ce qu'un parent accomplit par colère ne peut qu'entraîner des conséquences destructrices (Pr 18.1 ; 29.11, 22 ; 30.33). Les chercheurs n'auraient-ils étudié que les effets des châtiments corporels infligés à mauvais escient, lorsque le parent avait perdu la maîtrise de lui-même ou lorsqu'il était animé de mauvais mobiles ? D'après l'Écriture, les sanctions corporelles qui seraient appliquées dans ces cas-là favoriseraient certainement l'agressivité des enfants. Autrement dit, la punition corporelle doit être infligée dans les mêmes conditions qu'un médicament dangereux, c'est-à-dire avec beaucoup de précautions et par un adulte mûr qui l'emploie à bon escient. Les parents doivent donc être encouragés non à renoncer à tout châtiment physique, mais à apprendre à les appliquer correctement.

Les parents qui prenaient les scientifiques pour seuls guides avaient assimilé le développement de l'enfant à la maturation d'un fruit. Ils devaient donc se retenir et ne pas maltraiter ce fruit. Ils étaient incités à la passivité. Le martinet – et autres châtiments corporels – ne ferait que meurtrir le fruit et compromettre la récolte. En cas de comportement tout à fait anormal de l'enfant, les parents devaient faire appel à un spécialiste, seul habilité à intervenir sans risquer de perturber le processus de maturation. Comme leurs informations scientifiques étaient limitées et ne concernaient que les symptômes des troubles, les parents en vinrent à des attitudes extrêmes dans leurs relations avec leurs enfants.

Des années plus tard, d'autres études menées par des spécialistes du comportement jetèrent de nouvelles lumières sur le sujet. Ces savants constatèrent que les enfants qui n'avaient jamais reçu de correction corporelle de leurs parents ne se sentaient pas aimés d'eux ; de plus, ils étaient incapables de contrôler leurs propres pulsions. Des données scientifiques de ce genre peuvent se révéler utiles, à condition que les parents ne les considèrent que comme de simples éléments, incapables de fournir une vue complète sur la question.

Il en est de même à propos de l'adolescence. Pour comprendre comment cette période affecte leurs enfants, les parents devront considérer toutes les informations à la lumière de la Bible. Qu'ils se souviennent de tout ce que la Parole de Dieu affirme sur la manière dont les gens réagissent à leur environnement : par des plans qui seront inévitablement la cause de frustrations ; par des désirs insatisfaits ; par des relations trompeuses ; en faisant l'expérience de la souffrance et de la déception. Éclairés par l'Écriture, nous allons examiner dans ce chapitre ce que signifie être adolescent. Que ressentent les adolescents au printemps de la vie en ce début de XXIe siècle ? En quoi leur expérience diffère-t-elle de celle de leurs parents ? En quoi lui ressemble-t-elle ?

CE QU'UN ADOLESCENT RESSENT DANS SON UNIVERS

L'adolescent perçoit son monde différemment de l'adulte pour deux raisons importantes. Premièrement, à cause des modifications physiologiques accélérées qui se produisent à la puberté, *le jeune constate un changement phénoménal dans la manière dont les autres le considèrent.* Deuxièmement, à cause de ses progrès intellectuels, *l'adolescent commence à jeter sur son environnement un regard tout nouveau.* On imagine sans peine que ces transformations qui s'opèrent en quelques mois à l'entrée dans la puberté vont poser au jeune une série de problèmes radicalement différents de ceux qu'il affrontait dans son enfance.

Nouvelles attentes de la part de l'entourage

Dieu a placé dans le corps humain une bombe à retardement. Lorsqu'elle explose, elle libère une onde de choc électrochimique qui se diffuse dans tout l'organisme, communiquant à chaque cellule une frénésie de croissance qui transforme le corps d'enfant en corps d'adulte en l'espace de quelques petites années. Cette frénésie de croissance s'appelle la puberté. Dans nos pays occidentaux, la plupart des garçons l'atteignent vers treize ou quatorze ans, les filles entre douze et treize ans.

À la puberté, les transformations physiologiques qui s'opèrent de façon interne et externe ne sont habituellement pas aussi traumatisantes que les changements qui se produisent dans la manière dont les autres commencent à percevoir l'adolescent et à le considérer. Comme son corps ressemble de jour en jour davantage à celui d'un adulte, l'adulte impose à l'adolescent de nouvelles exigences dans trois domaines principaux.

Il faut faire preuve dans tes pensées de la maturité que tu affiches dans ton corps ! Dans 1 Corinthiens 13.11, l'apôtre Paul déclare que lorsqu'il était enfant, il parlait, pensait et raisonnait comme un enfant. Mais devenu homme, il s'est dépouillé de ce qui caractérisait l'enfant. La plupart des parents sont impatients de voir ce phénomène se produire chez leurs adolescents. Or, à partir de quel moment un jeune est-il réellement capable de parler, penser et raisonner comme un adulte ?

Beaucoup de grandes personnes estiment que leurs enfants atteignent ce point au moment où ils commencent à ressembler à des adultes. Elles s'attendent alors à ce que le jeune assume des responsabilités d'adulte, analyse les informations d'adulte, comprenne les problèmes de l'adulte, et vive avec le même stress et les mêmes tensions que l'adulte. Les adolescents sont-ils vraiment capables de se comporter en adultes à ce point-là ?

De nombreuses études scientifiques sur les aptitudes intellectuelles de l'adolescent éclairent la question. Elles tendent à prouver qu'au moment où l'enfant atteint la puberté, il commence à jouir des mêmes aptitudes de raisonnement que l'adulte ; Jean Piaget, un psychologue suisse, déclare que le jeune accède aux « opérations formelles ». Il entend par là que l'adolescent est désormais en mesure de penser en symboles ou en principes abstraits et non plus seulement en termes d'expériences concrètes. Cet auteur qualifiait d'« opérations concrètes » le raisonnement caractéristique de l'enfant. Ce qui différencie vraiment l'« opération concrète » de l'« opération formelle » n'est pas l'absence, chez l'enfant, du raisonnement abstrait. Les enfants possèdent une certaine faculté abstraite d'observer le monde et ils s'en servent. Ils sont capables de se représenter des sujets qu'ils n'ont jamais vus (par exemple Jules Ferry, la molécule d'air, la Banque de France, Dieu) et ils se servent de cette faculté pour rattacher ces images à ce qu'ils vivent (la liberté de choisir telle ou telle école, le fait de respirer, le prix d'une sucette, le sentiment de tristesse puis de paix après la mort d'un grand-parent). Ils ont également la faculté de déceler leurs propres sentiments et désirs, et de les communiquer par symboles (mots et comportements) destinés à modifier les conditions de leur expérience présente (par exemple pleurer à l'heure du coucher, bouder après une fessée, s'appliquer en vue d'une récompense).

Les enfants sont cependant dépourvus de certaines aptitudes intellectuelles que possèdent en revanche les adolescents et les adultes. Elles permettent à ces derniers de réévaluer tout ce qui leur a été enseigné à propos de l'impact de l'« invisible » sur leur environnement. Ils sont capables d'établir des relations de cause à effet et de rattacher les événements de leur univers à des causes différentes de celles qui leur avaient été suggérées jusqu'alors. Ainsi, par exemple, l'adolescent peut faire retomber son impopularité en classe et l'isolement qui en résulte sur la décision prise par ses parents de déménager, ce qui l'a d'emblée exclu de l'équipe de football du lycée.

L'adulte et l'adolescent sont également mieux à même de percevoir l'univers intérieur de leurs désirs non satisfaits, de leurs plans, de leurs déceptions, d'y réfléchir et de choisir un style de relations destiné à donner une forme précise à certains événements. Ce style relationnel prend plus d'importance chez l'adulte ou l'adolescent que chez l'enfant, parce qu'il dépend beaucoup moins de ce que les autres disent ou font. Contrairement à l'enfant qui, à cause de sa nature souple, adapte son comportement en fonction de ce que son environnement exige ou récompense (Ép 4.14), l'adulte et l'adolescent peuvent définir leur attitude en fonction de leur évaluation et de leur conception personnelles de la vie. Ils sont donc libres de se lier aux autres comme ils le veulent, et de sélectionner les objectifs et les comportements les plus propres à leur faire récolter les récompenses de leur choix.

Cette capacité « formelle » de penser permet à l'être humain de se comporter avec les autres comme un agent actif et libre. Plus l'adulte ou l'adolescent réfléchissent honnêtement au comment et au pourquoi ils subissent l'influence de leur environnement et exercent une influence sur lui à leur tour, plus ils auront le sentiment d'avoir agi par décision et conviction personnelles. Cette faculté élargit évidemment sa capacité de se comporter de manière noble ou honteuse, en fonction de ses choix.

Malgré les avantages considérables qu'offre cette réflexion « formelle » à l'individu, les recherches ont montré que beaucoup de jeunes aujourd'hui choisissent de ne s'en servir qu'à la fin de leur adolescence, et certains même jamais. Il existe plusieurs explications possibles à cela.

L'une semble être le manque d'occasion. Il se peut que quelques-uns des contextes les plus favorables au développement du raisonnement formel fassent défaut aux enfants d'aujourd'hui. Par exemple, le facteur le plus décisif pour favoriser une réflexion mûre est la fréquentation des personnes qui pensent sainement. Les conditions et le style de vie actuels des familles occidentales limitent considérablement le temps que l'adolescent passe avec ses parents, eux qui sont les mieux placés pour façonner son aptitude à penser « formellement ». Quant à l'école, elle est structurée de telle façon que les adolescents ont peu d'occasions de fréquenter d'autres gens que leurs pairs qui raisonnent comme eux.

D'autres contextes offrent des activités qui favorisent la lecture, la recherche de solutions aux problèmes ou la mise à contribution des talents artistiques individuels. Des disciplines comme les mathématiques, la musique, l'écriture, l'art, la gymnastique ou les sciences expérimentales fournissent d'excellentes occasions pour l'adolescent de développer cette faculté. Malheureusement, dans de nombreuses écoles, certaines de ces matières sont facultatives ou extrascolaires.

Le manque de motivation est une autre raison. Deux grands facteurs motivants favorables au développement des opérations formelles sont la souffrance et les difficultés. Lorsqu'ils se trouvent dans des circonstances qui contrecarrent leurs projets et suscitent des désirs non satisfaits, de nombreux adolescents commencent à se servir de leur faculté de raisonner pour gérer leur situation. Or, aussi longtemps qu'ils évoluent dans un contexte qui ne les stimule pas mais qui accentue même leurs stratégies fausses, ils ne verront pas la nécessité de s'engager dans une réflexion approfondie. Ce n'est qu'au moment où l'environnement change, par exemple à l'entrée à l'université ou parfois lors du mariage, que les jeunes se sentent poussés à réfléchir sérieusement aux questions fondamentales de l'existence.

On a également remarqué que les adolescents sont peu enclins à dépenser de l'énergie mentale dans des environnements hautement structurés par les adultes. Le système scolaire classique qui met l'accent sur des exposés et des examens objectifs en est un bon exemple. En revanche, les enfants ont tendance à se concentrer et à se motiver dans des structures plus lâches, où ils peuvent recevoir l'assistance des adultes pour réfléchir par eux-mêmes et accomplir des tâches qui réclament d'eux le meilleur. Les disciplines artistiques et athlétiques sont peut-être les exemples les plus évidents de ce type d'arrangement qui laisse une plus grande liberté à l'enfant.

Le stress lié à l'anxiété explique aussi le développement intellectuel plus tardif de l'adolescent. On le constate très nettement chez les jeunes qui vivent des relations tourmentées et conflictuelles au sein de leur famille. Exposés au stress dans des relations qui devraient, au contraire, leur communiquer le sentiment de sécurité et l'énergie nécessaires pour faire face à la vie, de nombreux enfants fixent leur attention sur le concret afin de pouvoir survivre. Cette attitude leur permet de réduire le stress puisque leur esprit n'est occupé qu'à des circonstances immédiates et concrètes qui les entourent. Les enfants qui sont victimes d'abus sexuels ou de violences physiques se retranchent souvent derrière cette tactique.

Bien que les enfants aient de toute évidence la faculté de commencer à raisonner comme les adultes lors de la puberté, il ne faut cependant pas raisonnablement s'attendre à ce qu'ils le fassent, pour les raisons évoquées ci-dessus. En fait, la pression exercée sur l'enfant par cette attente risque d'accroître son stress et de freiner le développement de ses capacités à assumer un jour des responsabilités d'adulte.

J'ai reçu il y a quelque temps en consultation un père très inquiet parce qu'il s'était rendu compte que son fils portait parfois des sous-vêtements féminins. Horrifié, désespéré à la pensée que son fils puisse devenir homosexuel, il était venu solliciter mon aide.

En parlant au fils, je découvris que celui-ci vivait dans la crainte constante des critiques acerbes et des railleries de son père. Il avait le sentiment de ne jamais arriver à lui plaire. Son père lui lançait souvent des réflexions du genre : « Quand agiras-tu enfin comme un homme ? » ou « Pourquoi n'utilises-tu pas ta matière grise ? » ou « Tu te comportes comme une fille ! »

Avec le temps, le garçon fut persuadé qu'il n'avait pas ce qu'il fallait pour être le genre de personne dont son père aurait été fier. Il commença à se désengager de toute activité dans laquelle son père aurait pu constater ses lacunes. Il se mit à rechercher davantage le soutien et la protection de sa mère. Plusieurs fois, il exprima son regret de ne pas être une fille. « Parce que les filles ont la vie plus facile », soupirait-il. Il est vrai que sa plus jeune sœur faisait les délices de son père.

Pour aider son fils à faire face à ses responsabilités d'adulte, le père conçut un plan qui ne fit qu'empirer les choses. Il terrorisait tellement l'adolescent que celui-ci esquivait non seulement toutes les responsabilités de l'adulte, mais également celles qui lui semblaient trop « masculines ». L'effroi qui s'était emparé du garçon orientait toute son énergie mentale vers la recherche de moyens pour éviter les propos blessants et le regard courroucé de son père. La seule solution concrète qu'il trouva fut d'adopter l'identité féminine. Il commença donc à se comporter comme une fille.

Tout adolescent est confronté à des gens qui s'attendent à ce qu'il raisonne comme un adulte. Ils ne se rendent pas compte à quel point il a besoin de leur aide pour développer ses capacités intellectuelles. Toutefois, si ces adultes montrent des signes de frustration ou d'impatience à son égard, il cherchera à s'esquiver et se privera de leur aide. Il gardera ses pensées pour lui-même et ne fournira pas aux adultes l'occasion de former sa réflexion. Il peut aussi cultiver un complexe d'infériorité intellectuelle et demander aux autres de penser à sa place.

Fais preuve, en amour, de la maturité que tu affiches dans ton corps ! On s'attend non seulement à ce que les adolescents réfléchissent comme les adultes à partir du moment où ils leur ressemblent physiquement, mais également à ce qu'ils se comportent comme eux dans leurs relations.

En matière de relations, il existe deux attitudes de base. Il y a ceux qui « fournissent » et ceux qui « pompent ». Il est tout à fait normal que les enfants soient surtout de ceux qui « pompent », alors que les adultes devraient se compter à juste titre parmi ceux qui « fournissent », en particulier dans la relation parent-enfant.

Notre foyer comporte la plupart du temps deux « fournisseurs » et trois « pompes ». Ma femme et moi-même avons pour rôle d'alimenter nos trois filles. J'aime beaucoup la comparaison de Ross Campbell qui assimile les enfants à des réservoirs émotionnels, au même titre que les voitures ont des réservoirs d'essence. D'après le Dr Campbell, les enfants et les adolescents ont besoin d'un combustible émotionnel pour se comporter sainement[1]. Il incombe aux parents de veiller à ce que le réservoir soit suffisamment plein grâce à une relation d'amour, en attendant que leurs enfants soient assez mûrs pour puiser leur énergie dans une relation personnelle vivante avec le Christ.

Certains jours, quand je rentre du travail, j'ai l'impression d'entendre le gargouillement d'une baignoire qui se vide : mais dès que je vois ma femme, je constate que c'est elle qu'on draine ! Voilà ce que font les enfants vis-à-vis de leurs parents. Ils les « pompent » littéralement.

Les adolescents aussi pompent ! Ils n'ont pas encore atteint la maturité qui leur permettrait de devenir déjà des fournisseurs. Or, les parents l'oublient un peu trop facilement, surtout quand ils voient leurs grands enfants aussi forts et pleins d'énergie que n'importe quel adulte. Même dans ce cas, c'est une erreur de leur part de s'attendre à ce que leurs adolescents jouent le rôle de « fournisseur » auprès des autres.

Le domaine dans lequel les jeunes sont appelés prématurément à jouer le rôle de « fournisseurs » d'énergie émotionnelle est celui des fréquentations sentimentales. Imaginez un jeune homme qui tous les matins quitte la maison pour se rendre au lycée, son réservoir émotionnel vide. Il aperçoit un beau jour dans les couloirs votre fille de seize ans, l'air enjouée et insouciante. Les quelques paroles échangées avec elle le font se sentir tout à coup plein d'énergie, important, apprécié, ce que ses parents ont peu pris le temps de lui communiquer, ces derniers jours. Il décide donc de faire de votre fille la source principale de son énergie émotionnelle. Elle accepte. Ils appellent cela « sortir ensemble ».

Mais bientôt, à force de « pomper », le garçon épuise votre fille. Et il exige toujours davantage. L'adolescente devient maussade et demande à être alimentée elle-même sur le plan émotionnel. Les relations avec le garçon se détériorent ; elles deviennent épuisantes pour les deux adolescents. Le garçon décide d'abandonner et de trouver une autre source où puiser son énergie émotionnelle nécessaire. Étant lui-même « vide », il ne peut rien offrir à votre fille.

Celle-ci est blessée. Elle se sent humiliée et coupable dans cette première tentative de jouer le rôle de fournisseur. En réfléchissant à son expérience, elle sera peut-être amenée à conclure qu'elle ne possède pas ce qu'il faut pour répondre aux besoins émotionnels d'un homme. Elle se dit qu'une « vraie femme » peut rendre un homme heureux et satisfait. De ses premières fréquentations, elle va tirer la leçon suivante : elle sera désormais moins vulnérable devant les hommes parce qu'elle ne veut plus être « découverte » et être rejetée une nouvelle fois. Peut-être décidera-t-elle de chercher à être le fournisseur de tout le monde dorénavant, ou de personne. Quoi qu'il en soit, une expérience comme celle-là risque de l'amener à se demander si elle est une vraie femme.

Il y a beaucoup de choses que les parents peuvent faire pour aider une jeune fille dans ce cas, même lorsqu'elle a été meurtrie. Toutefois, il est infiniment préférable qu'ils prennent, autant que possible, des mesures pour empêcher leurs adolescents d'être prématurément engagés dans des rôles où ils doivent répondre aux besoins émotionnels d'autrui (par exemple interdire à leurs jeunes des fréquentations sentimentales trop prenantes avant la fin des études secondaires).

De nombreux parents sont coupables d'utiliser leurs adolescents pour alimenter leur propre réservoir émotionnel. C'est souvent le cas lors d'une crise familiale ou d'un divorce. L'un des parents, voire même les deux, recherchent la sympathie, la compréhension et le soutien de l'adolescent. Les parents ne pourront éviter l'épuisement émotionnel de leur grands enfants s'ils les impliquent dans leurs propres difficultés conjugales ou affectives. Cela peut parfois entraîner de graves dommages pour le développement de l'identité sexuelle de l'adolescent, surtout s'il ne parvient pas à « regonfler » émotionnellement papa ou maman, ce qui est généralement le cas. Quand ils parlent à leurs enfants de leurs propres luttes, les parents devraient respecter le principe énoncé dans Éphésiens 4.29, c'est-à-dire ne prononcer que des paroles qui servent à l'édification de leurs grands enfants, en fonction des besoins de ces derniers, et non à répondre à leurs propres besoins.

Pendant l'adolescence, les enfants doivent être aidés à se préparer à devenir des fournisseurs. On apprend à nourrir sainement les autres dans ce domaine comme on apprend à nager. *Celui qui est plongé dans une situation où il doit répondre aux besoins des autres sans avoir appris à le faire, sans pratique préalable et sans surveillance, finira par se noyer.* Les jeunes à qui on demande de but en blanc de faire fonction de fournisseurs rencontreront de sérieux problèmes.

Aie le plus possible une apparence qui te permet de te démarquer ! Les adolescents sont également exposés à des difficultés en raison d'une dernière sorte d'exigence qui leur est imposée. Au moment où les enfants font l'expérience d'une rapide croissance physique lors de la puberté, deux choses commencent à se produire. D'abord, on note une accentuation des différences physiologiques entre eux. Les différences de taille et de poids augmentent. Les traits caractéristiques du visage se font plus prononcés, les changements au niveau des organes sexuels (seins, pénis, etc.) également. Les différences dans les performances athlétiques s'accentuent. Lorsque la puberté a laissé son empreinte, les adolescents sont plus enclins à être comparés à d'autres et dénigrés à cause de leur apparence physique.

Ensuite, les jeunes découvrent que les critères qui déterminent les proportions physiques jugées belles ou enviables pour un corps d'adulte (contrairement au corps d'enfant) sont très étroits. Certains estiment que moins de 5% des femmes américaines présentent les caractéristiques physiques des mannequins ou des actrices à la une des médias ces dix dernières années.

Cela amène de nombreuses jeunes filles à conclure que leur corps est loin d'être parfait et qu'il doit être considéré comme sujet de honte. L'augmentation endémique des désordres nutritionnels et la pratique excessive d'exercices physiques chez elles soulignent ce fait. Certains facteurs indiquent que les hommes aussi luttent contre une image dévalorisée de leur corps : absorption d'hormones, obsession de la musculature, souci du vêtement et de la coiffure.

Dès qu'ils peuvent se faire une idée de ce que sera leur enfant devenu adulte, les parents ont tendance à s'inquiéter à propos de sa croissance et de son aspect physique. Leur expérience personnelle leur a appris combien le monde pouvait être cruel à l'égard de ceux qui n'ont pas une apparence attrayante. Dans leur esprit, et parfois dans leurs propos, ils commencent à faire des comparaisons entre les traits physiques de leur enfant et ceux d'autres adolescents, en insistant principalement sur les aspects défavorables chez leur progéniture. Aussi bien intentionnées que soient ces remarques, elles augmentent souvent l'embarras de leur enfant et son désarroi devant son corps.

Par rapport à ce qu'ils ressentaient étant enfants, les jeunes réagissent aux attentes entourant leur apparence physique avec une extrême préoccupation. Ils font tout ce qu'ils peuvent pour répondre à ces attentes – en accordant parfois une attention excessive à leur tenue vestimentaire, à leur coiffure, à leur ligne, à leur musculature et au maquillage. Pour prouver ce dont leur corps est capable, certains se lanceront dans la pratique intensive du sport, d'autres dans des fréquentations sentimentales, voire dans une sexualité débridée. Le corps devient une source constante de problèmes auxquels ils n'ont jamais été confrontés en tant qu'enfants.

L'adolescent n'a pas seulement à répondre à ces trois sortes d'attentes de la part des adultes. Si les transformations physiques qui affectent l'adolescent à la puberté modifient l'attitude des adultes à son égard, les transformations intellectuelles, de leur côté, conduisent l'adolescent à modifier le regard qu'il jette sur les *autres*. D'où une nouvelle source de difficultés.

Une nouvelle vision du monde

Même si l'adolescent exploite peu son raisonnement formel avant ses premières années d'adulte, il en fait cependant un usage sporadique dès la puberté. Ces capacités intellectuelles lui révèlent six nouveaux aspects du monde où il évolue. En fait, pour l'adolescent, tout change. Imaginez combien cette vision peut être à la fois accablante et passionnante pour celui qui la découvre pour la première fois !

Les choses auraient pu être différentes. Les adolescents peuvent remonter le temps et réévaluer les événements passés, notamment ceux qui ont été pénibles pour eux. Ils sont capables d'identifier les causes responsables de leurs circonstances actuelles, et d'imaginer ce que serait devenue leur vie présente si certains incidents ne s'étaient pas produits. La jeune fille qui vit dans un foyer monoparental peut se rendre compte de ce que serait son existence si ses parents n'avaient pas divorcé. Elle peut même réfléchir à la séparation de ses parents, examiner à qui en incombe la responsabilité et comment cela aurait pu être évité. Elle découvre ainsi un monde plus décevant. En effet, le fait de vivre avec un seul parent ne la déprimait pas, jusqu'au jour où elle a essayé d'imaginer ce qu'aurait pu être sa jeunesse si elle avait été entourée de ses deux parents. Il lui était également sensiblement plus facile d'admirer sa mère et son père, tant qu'elle n'avait pas compris que leur incapacité à vivre ensemble lui nuisait réellement.

Avant de conclure que cette perception du monde est toujours négative et destructrice pour l'adolescent, les parents doivent se souvenir que c'est cette même faculté qui lui permet de découvrir l'existence de ses désirs insatisfaits. Et cette découverte des aspirations non comblées, surtout dans le domaine des relations, est une condition indispensable pour que l'adolescent soupire après une communion étroite avec le Christ.

Les choses devraient être différentes. Les jeunes commencent à acquérir la capacité de comparer le réel à l'idéal. Ils observent les actions et les attitudes de ceux qui les entourent – ainsi que les leurs – et découvrent en quoi elles devraient être différentes. Enfants, ils ne s'en apercevaient que lorsqu'un comportement transgressait une règle concrète qui leur avait été imposée. L'adolescent, lui, est en mesure de juger d'une action ou d'une attitude non seulement comme étant bonne ou mauvaise, mais également égoïste ou altruiste, juste ou fausse, arbitraire ou impartiale. Il dispose donc d'un nouvel outil pour cerner les problèmes.

Il n'est pas rare que des enfants de parents alcooliques ou incestueux considèrent ce qui se passe chez eux comme normal, jusqu'à leur entrée dans l'adolescence. À ce moment, ils peuvent s'apercevoir, sans qu'on le leur montre, que la vie dans leur foyer n'est pas normale. Leurs yeux s'ouvrent sur les injustices qui sont leur lot, et le monde peut soudain devenir pour eux un lieu plus laid et plus cruel. Une telle vision augmente alors la capacité qu'ont ces adolescents d'éprouver de la colère et de la honte, envers eux-mêmes et envers leurs familles.

Les choses pourraient être changées. Un médecin qui s'occupe de jeunes toxicomanes me fit part récemment des commentaires que lui avaient livrés des adolescents au terme de leur cure de désintoxication. Selon son habitude, il leur avait demandé : « À votre avis, qu'auraient dû faire vos parents pour empêcher que vous ne succombiez à la drogue ? » La réponse d'une jeune fille résumait ce que pensent en général les jeunes victimes de ce fléau : « Il devrait y avoir une loi qui oblige les parents à s'asseoir et à discuter avec leurs enfants une heure tous les soirs ! »

La réponse de l'adolescente indiquait qu'elle voyait comment les circonstances auraient pu être changées. Elle révélait également que cette jeune fille avait acquis une nouvelle faculté qui lui permettait d'envisager des solutions à son problème. Malheureusement, cette aptitude contribue à rendre le monde ambiant encore plus décevant pour les jeunes. Imaginez les sentiments que pourrait éprouver cette jeune fille si, rentrant chez elle et suggérant à ses parents de lui consacrer une heure chaque soir pour s'entretenir avec elle, elle devait constater qu'ils ne veulent absolument rien changer à leur style de vie caractérisé par une grande pauvreté de communication.

Lorsque les adolescents exercent leur aptitude nouvelle et proposent des solutions ingénieuses aux problèmes du monde, ils sont souvent amèrement déçus par l'attitude des adultes qui refusent de prendre en considération leurs idées. Malgré tout, cette faculté d'appréciation développe en eux le sentiment qu'ils ont eux aussi une volonté. Ils s'aperçoivent qu'ils disposent de plusieurs solutions à un problème donné. En choisissant l'une d'elles, ils commencent à assumer la responsabilité de leurs décisions.

Les choses ne sont pas telles qu'elles paraissent. Il est beaucoup plus facile pour les parents de berner un enfant qu'un adolescent. Ils peuvent aisément lui cacher leurs sentiments et leurs pensées. L'adolescent, lui, possède la faculté de deviner ce que les autres pensent et ressentent. Et il a souvent raison.

Je reçus un jour un appel téléphonique d'une maman inquiète. Elle voulait savoir pourquoi j'étais fâché contre sa fille. L'adolescente ne voulait plus venir à l'église parce qu'elle avait l'impression que je lui lançais des regards courroucés dans ma classe d'instruction religieuse. Je répondis à la mère que je n'avais pas du tout conscience d'éprouver la moindre colère contre sa fille et que je serais très heureux de la rencontrer pour mettre les choses au point. Après avoir vu la jeune fille, je compris d'où lui était venue l'idée que je pouvais être irrité contre elle. Elle avait récemment été invitée à des soirées où pour la première fois elle avait consommé de l'alcool avec quelques amies. Comme d'autres jeunes de l'Église avaient également assisté à l'une de ces soirées, l'adolescente croyait que j'avais appris qu'elle avait bu des boissons alcoolisées. Elle s'est alors imaginée comment j'avais réagi lorsque j'ai appris la chose, et lorsqu'elle m'a vu la fois suivante, elle a cru détecter chez moi ces sentiments à son égard. Or, je n'avais rien su du tout au sujet de sa consommation d'alcool. Si cela avait été le cas, j'aurais éprouvé des sentiments très différents de la colère, par exemple l'inquiétude, la déception ou la tristesse.

Comme la plupart des adolescents, cette jeune fille exerçait sa nouvelle aptitude à décoder ce qu'il y a derrière les apparences dans le domaine relationnel. Plus elle utilisera cette faculté, plus elle deviendra capable non seulement de deviner avec justesse ce que les autres pensent et éprouvent, mais aussi de prévoir leurs pensées et leurs sentiments dans différentes situations. En découvrant l'influence de leurs actions sur les pensées et les sentiments des autres, les jeunes apprennent en même temps à manipuler efficacement les gens.

Cette nouvelle faculté fait apparaître le monde comme un lieu de grande solitude pour les adolescents. À mesure qu'ils découvrent les sentiments qu'il y a dans le cœur des autres, les jeunes se sentiront moins aimés et moins appréciés. Et à mesure qu'ils découvrent mieux ce que renferme leur propre cœur, ils auront l'impression que personne ne les comprend.

L'acquisition de cette aptitude à appréhender ce qui se passe dans le cœur humain est un élément absolument essentiel au développement d'un amour authentique chez l'adolescent. Ce n'est qu'à partir du moment où il prendra conscience de ses besoins et de ses motivations, ainsi que des besoins profonds d'autrui, qu'il sera capable de comprendre ce que signifie « renoncer à soi-même » et « donner sa vie » pour les autres.

Les choses pourraient aller de mal en pis. À partir du moment où les adolescents sont en mesure d'imaginer l'avenir, le monde devient un lieu très dangereux pour eux. Un préadolescent peut se faire une petite idée des conséquences de ses actes. Il peut deviner les réactions de ses parents s'il ramène un mauvais bulletin à la maison. Il conçoit sans peine ce qui arrivera le lendemain en cours d'éducation physique s'il est le seul de toute sa classe à ne pas savoir effectuer un certain exercice. Il peut même présenter des symptômes physiques d'angoisse à la pensée des conséquences qu'il devra assumer. Pourtant, l'aptitude que possède le préadolescent à prévoir ce qui arrivera est beaucoup plus limitée que celle de l'adolescent. Il est rare qu'un préadolescent voie suffisamment loin dans le temps pour concevoir un plan qui le mettra à l'abri du danger. Chez l'adolescent, par contre, cette pensée draine une grande partie de son énergie mentale. *L'adolescent se développe une nouvelle capacité qui lui permet de visualiser l'avenir et de prévoir les événements pénibles qui se profileront à l'horizon.* Il est capable de mobiliser une énergie incroyable pendant des semaines et des mois pour empêcher l'événement de se produire.

Je me souviens d'une lycéenne, Sabine, qui faisait partie du groupe de jeunes dont j'avais la charge. Sa présence à l'église et aux activités du groupe semblait suivre une loi cyclique. On ne la voyait pratiquement pas pendant tout l'été et l'automne ; elle réapparaissait en hiver, à la fin janvier, et se montrait très active pendant tout le printemps. Après trois ans de ce manège, je commençais à me poser des questions. Un jour, je la rencontrai pour aborder le sujet avec elle. L'air plutôt embarrassé, elle reconnut que j'avais vu juste. Elle m'expliqua que chaque année, deux ou trois mois avant les épreuves de sélection pour le groupe de majorettes de l'école, elle commençait à se préoccuper de sa communion avec Dieu. Faire partie des majorettes lui tenait à cœur plus que toute autre chose, et elle craignait que Dieu la fasse rater son enchaînement ou trébucher durant son exécution. Elle imaginait pouvoir éviter pareille mésaventure en mettant sa vie spirituelle en règle avant la période de qualification.

La vision que Sabine avait de la tournure éventuelle des événements exigeait beaucoup de perspicacité et d'ingéniosité de sa part, même si sa théologie laissait beaucoup à désirer. À cause de cette vision, la capacité de Sabine de s'inquiéter s'était considérablement accrue. Elle redoutait l'avenir et les milliers d'événements potentiellement pénibles qu'elle lui associait.

Bien que cette faculté nouvelle entraîne des perspectives troublantes pour l'adolescent, c'est pourtant celle-ci qui stimule chez une adolescente comme Sabine le désir d'apprendre à se discipliner et la capacité de différer sa propre gratification. C'est uniquement lorsque le jeune est capable de voir comment certaines récompenses peuvent être obtenues dans l'avenir qu'il jugera si elles valent la peine d'endurer la souffrance et les privations dans le présent.

Les choses peuvent être cachées. Les enfants croient souvent que les parents sont capables de lire dans leurs pensées. Cette crainte les empêche parfois de mal agir. Ils se disent « Pourquoi essayer ? » puisqu'ils ont la certitude que les parents finiront par savoir ce qu'ils ont fait. Cette illusion se dissipe rapidement lorsque l'adolescent devient capable d'opération formelle.

À mesure que l'adolescent prend conscience de ses pensées et de ses sentiments propres, il constate en même temps à quel point il est facile de les dissimuler aux autres. Les jeunes le découvrent habituellement quand on leur défend d'avoir tel sentiment ou telle pensée. Mais cela leur est impossible. Alors, pour obéir, ils apprennent à dissimuler ce qui se passe vraiment dans leur cœur, et à adopter l'attitude que les autres désirent voir chez eux. L'enfant peut tellement bien réussir cet exercice, que lorsqu'il veut désespérément mettre un terme à la comédie et partager sa douleur avec ses parents, ceux-ci ont du mal à croire qu'il s'agit bien là du « vrai » lui. Ils ne tiendront pas compte des appels au secours qu'il leur lance, s'imaginant qu'il fait semblant ou qu'il cherche simplement à attirer leur attention.

Ce fut le cas pour un lycéen dont j'eus à m'occuper après qu'il eut tenté de se suicider. Étrangement, ses parents insistèrent sur le fait qu'ils n'avaient pas eu la moindre idée du désespoir de leur fils, bien que j'aie relevé quatre façons dont il avait cherché à le leur communiquer. Trois ans plus tôt, leur fils aîné était mort tragiquement dans un accident de moto. À ce moment, le plus jeune fils refoula son chagrin et s'efforça de se montrer « fort » pour ses parents. Pour différentes raisons, il se sentait responsable de la mort de son frère, mais il ne l'avoua jamais. Pendant trois ans, il réussit à dissimuler sa peine et sa culpabilité à ses parents. Quand il n'y parvint plus, il adressa plusieurs S.O.S. à sa famille : il ne vint plus souper le soir, laissa traîner un peu partout dans la maison des poèmes lugubres, il abandonna ses activités préférées et, contrairement à son habitude, commença à négliger les travaux domestiques. Les parents n'y prêtèrent pas attention parce qu'ils avaient été bercés par sa passivité et sa docilité au point de croire qu'il n'avait aucun souci.

En découvrant combien il leur est facile de dissimuler leurs sentiments et leurs pensées, les jeunes deviennent plus enclins à tromper leur entourage. Ils sont capables de penser à des choses qui bouleverseraient leurs parents, et de les accomplir sans se trahir.

Lorsque les adolescents adoptent cela comme style de relations, ils s'exposent alors à de sérieux problèmes.

Mais cette faculté peut aussi être mise au service du bien, et avantager réellement l'adolescent dans ses relations. En effet, du fait qu'il sait comment l'être humain peut dissimuler les choses, il sera mieux à même de détecter la vérité et l'erreur chez les autres, et juger du caractère d'autrui avec perspicacité. Toutefois, au fur et à mesure que cette aptitude se développe, elle soumet l'adolescent à une nouvelle gamme de difficultés ; ainsi, il devra apprendre à gérer la ruse qu'il découvre chez les autres.

Le défi lancé aux parents ne se limite pas seulement à comprendre comment l'adolescent perçoit les changements du monde et les exigences qu'il leur impose. Ils doivent également chercher à comprendre les effets que ces changements et les problèmes qui en découlent laissent dans le cœur des adolescents.

CE QUE L'ADOLESCENT RESSENT DANS SON CŒUR

Les grandes transformations qui, à la puberté, commencent à affecter le corps, l'esprit, et finalement le monde de l'adolescent, déclenchent trois crises majeures en lui. *La recherche de solutions à chacune de ces crises devient la tâche la plus importante à laquelle l'adolescent doive s'atteler pour devenir adulte.* À ceux qui sortent de l'adolescence sans avoir accompli cette tâche, ou qui y sont parvenus sans le Christ, il manque les ressources pour véritablement aimer les autres.

Au chapitre premier, nous avons vu que l'adolescent s'engage dans le monde en ayant dans son cœur des désirs que seule une relation d'amour inébranlable peut combler. Au fur et à mesure que le jeune se développe physiquement et intellectuellement, il prend conscience que ce qu'il désire réellement, personne au monde ne peut le lui offrir. Comme nous l'avons expliqué au chapitre précédent, le monde a changé pour lui. Ces changements culminent dans le refus de la part de tous ceux qui l'entourent de satisfaire, ne serait-ce que partiellement, ses désirs comme ils semblaient pourtant le faire lorsqu'il était enfant. Cette découverte provoque une crise réelle. Le jeune est confronté au défi de retrouver ce qu'il a perdu. C'est une tâche excessivement difficile pour un adolescent, car, compte tenu de ses nouvelles aptitudes physiques et intellectuelles, il ne peut plus trouver le même plaisir dans les choses qui faisaient son bonheur lorsqu'il était enfant. Même s'il pouvait obtenir que le monde le traite comme lorsqu'il était enfant – parfois il y parvient pour une durée limitée –, son expérience serait vaine. Les désirs de l'adolescent sont trop profondément ressentis pour pouvoir être satisfaits par des expériences concrètes qui faisaient la joie de son enfance. *La tâche qui incombe à l'adolescent consiste à trouver un moyen de combler ses désirs d'adulte dans un monde d'adultes.* Mais il doit y parvenir généralement sans l'expérience et la maturité de l'adulte, et sans les opportunités offertes à ce dernier. Demandez-vous ce que l'adolescent peut éprouver en face de chacune des crises suivantes.

L'aspiration à la sécurité

Les changements auxquels est soumis l'adolescent menacent son sentiment de sécurité. Beaucoup d'éléments sur lesquels il se reposait auparavant pour se sentir sécurisé et confiant deviennent suspects. Les faiblesses et les limitations de ses parents lui sautent aux yeux. Il constate qu'ils exercent moins de contrôle sur le monde que ce qu'il lui semblait lorsqu'il était enfant. Désormais, pratiquement tout ce qu'il vit à l'extérieur de la maison, à savoir l'école, ses amitiés, son travail, le groupe de jeunes, échappe au contrôle de ses parents. Il a même le sentiment que ceux-ci ont aussi moins d'autorité à l'intérieur de la maison. Au milieu de ce bouleversement, *l'adolescent ne voit guère d'autre solution que de commencer à assumer lui-même la responsabilité de son propre sentiment de sécurité.* Dans cette entreprise, toutefois, il constatera qu'il est souvent son pire ennemi.

Tamara était une lycéenne de terminale quand je la vis en consultation pour sa dépression et un problème d'anorexie. Sa mère était très préoccupée par la perte de poids de sa fille et par son refus de mettre un terme à son régime amaigrissant bien qu'elle fût déjà maigre comme un clou. Je découvris que Tamara avait glissé dans la dépression et commencé à jeûner à peu près au moment où son petit ami avait rompu avec elle. Jusqu'alors, au dire de la mère, Tamara avait été une enfant équilibrée et enjouée. Le père de Tamara avait abandonné sa famille cinq ans plus tôt. Cela avait été un rude coup à l'époque, mais la fillette avait paru aussi bien réagir que n'importe quel enfant de douze ans. Pourtant, cinq ans plus tard, lorsque son ami l'abandonna, ce fut une tout autre histoire. La mère ne comprenait pas pourquoi Tamara, qui avait si bien su encaisser le départ de son père, prenait si mal le départ de son copain.

Ce que la mère de Tamara avait omis de considérer, c'est qu'entre-temps, la vision que Tamara avait du monde avait complètement changé. En tant que préadolescente, elle avait accepté l'explication que sa mère lui avait donnée du départ de son père. Celle-ci lui avait raconté que son père était un homme malade, et qu'il ne savait pas vraiment ce qu'il faisait. Grâce au soutien et aux soins prodigués par le reste de la famille, le sentiment de sécurité de la fillette n'avait pas été sérieusement ébranlé. Elle avait réussi à maintenir une certaine naïveté face à la nature hostile et imprévisible du monde dans lequel elle vivait.

Cinq ans plus tard, le rejet et la perte d'un petit ami eurent une tout autre portée sur l'adolescente. Cette fois, l'événement signifiait beaucoup plus pour elle, car elle avait acquis dans l'intervalle une nouvelle compréhension de ce qui se trame sous la surface. Elle était désormais capable de chercher par elle-même les raisons qui avaient poussé le garçon à la laisser tomber. Et cette fois, aucune explication du genre d'un possible désordre psychologique chez le garçon ne pouvait la consoler. Elle était convaincue que si elle avait été tout simplement une meilleure personne, elle aurait pu le retenir. Après tout, plusieurs de ses amies arrivaient sans peine à garder leur copain. « Quelque chose cloche en moi », s'inquiétait-elle. Elle se dit alors que si son père était parti, c'était probablement pour la même raison. Elle en était la cause ! Plus elle y pensait, plus elle se sentait abattue. Elle n'était plus du tout assurée que ses relations futures, en particulier avec un homme, se révéleraient durables tant qu'elle ne serait pas devenue le genre de femme que personne ne voudrait quitter. Plus elle tendait vers ce but, plus il semblait impossible à atteindre. Alors, la dépression s'installa. Tamara se fixa alors le but ultime de devenir aussi mince que possible, espérant ainsi contre toute espérance que cela suffirait. Mais au fond d'elle-même, elle savait que cela ne suffirait pas.

L'adolescent(e) a plus de mal à se sentir à l'aise dans son monde ou dans ses relations qu'un enfant. Il ne peut plus afficher bien longtemps la même naïveté qu'autrefois. Il lui faut rechercher de nouveaux moyens pour se sentir en sécurité. Il commence souvent par se créer l'illusion qu'il est responsable de l'hostilité ambiante envers lui. Cela lui permet de mieux prévoir l'avenir. S'il peut arriver à changer vraiment, son entourage sera très probablement moins hostile envers lui. Malheureusement, cette illusion vole en éclats lorsque le prétendu prévisible ne se réalise pas. *Quels que soient les efforts déployés pour s'améliorer, l'adolescent n'est jamais en mesure de créer un environnement qui lui procure la relation d'amour inébranlable après laquelle il soupire.* La crise se prolongera donc jusqu'à ce qu'il rencontre l'objet ou l'être qui le comblera.

L'aspiration à laisser sa marque

La seconde crise que l'adolescent affronte a trait à la marque qu'il laisse sur ceux qui l'entourent depuis son enfance. Au moment de la préadolescence, la plupart des enfants sont parvenus à maîtriser l'art de se faire remarquer. En général, cela veut dire devenir assez performant dans un domaine pour que les autres reconnaissent la valeur de leur action. Quelle que soit la méthode utilisée pour atteindre cet objectif dans l'enfance, elle se révèle maintenant inefficace pour susciter la même réaction dans l'adolescence. La raison en est tout simplement qu'on attend plus de la part du jeune.

J'ai reçu récemment en consultation un lycéen nommé Damien. Charles, son père, m'avait demandé de rencontrer son fils parce que celui-ci manquait de motivation dans plusieurs domaines. Il avait été un excellent élève jusqu'à la fin de son école primaire, et il était apparemment bien accepté par ses camarades. En entrant au lycée, cependant, ses résultats scolaires commencèrent à baisser. Il en fut de même de sa cote de popularité auprès de ses camarades de classe. La seule chose qui semblait encore le passionner, c'était l'activité au sein d'une troupe de scouts. En troisième année, son père l'obligea à quitter les scouts jusqu'à ce que ses résultats scolaires s'améliorent. Mais ceux-ci continuèrent à se dégrader.

Quand Damien eut seize ans, il exprima le désir de passer son permis de conduire. Son père donna son accord. Il prit son permis temporaire, mais après quelques leçons avec son père, le garçon perdit tout intérêt à la conduite, et négligea même de s'inscrire à temps pour bénéficier des cours de conduite dispensés au lycée. Ce fut la goutte qui fit déborder le vase. À ce moment, le père décida de faire appel à moi.

L'apathie ou le manque de motivation chez l'adolescent sont souvent le signe qu'il a perdu l'espoir de laisser sa marque sur son environnement. Dans le cas de Damien, la méthode utilisée pour avoir de l'importance en tant qu'enfant se révéla inefficace quand il fit son entrée au lycée. À sa petite école primaire, Damien avait gagné le respect de ses maîtres et de ses camarades en étant un élève brillant. Mais au secondaire, cette stratégie montra ses limites. À cause d'un nombre beaucoup plus important d'élèves, il devint plus difficile de se maintenir en tête de la classe pour gagner l'estime de ses pairs. De plus, le changement de local et de professeur à toutes les heures lui donnait peu d'occasions de cultiver des relations avec les enseignants qui auraient pu l'aider à se sentir valorisé par son travail scolaire. Et même parmi les amis de Damien, personne ne semblait plus se préoccuper de savoir qui obtenait les meilleurs résultats scolaires. Ils étaient plus attirés par ceux qui se démarquaient sur les plans sportif, musical ou social, talents qui faisaient défaut à Damien. Le seul endroit où il se sentait encore important et estimé, c'était parmi les scouts. Toutefois, cette avenue avait fini, elle aussi, par être bloquée.

Quand son père l'encouragea à apprendre à conduire, Damien vit cela comme une nouvelle occasion d'avoir de l'importance. Mais dès les premières leçons, le père s'irrita et décocha des paroles blessantes pour l'amour-propre de son fils. Damien commença alors à éviter les leçons pour échapper aux colères de son père. Le jeune homme estimait devoir à tout prix éviter la colère d'autrui pour conserver une petite chance de laisser sa marque.

Damien devait faire face à la tâche qui incombe à tout adolescent, sous une forme ou sous une autre : *trouver le moyen de laisser sa marque, alors qu'il n'est plus un enfant mais qu'il n'est pas encore vraiment un adulte.* Il n'était plus possible pour lui de revenir en arrière et de retrouver l'estime que le monde lui vouait lorsqu'il était enfant. Pour y parvenir en secondaire, il fallait posséder des facultés qui lui manquaient. Il ne pouvait pas non plus aller plus vite et maîtriser ce qui permet aux adultes de forcer le respect d'autrui. Chaque fois qu'il pénétrait dans un domaine d'adulte, comme l'apprentissage de la conduite, il se trouvait confronté à ses limitations et à son inadéquation. Damien faisait face à une crise dont il devait absolument sortir s'il voulait être capable d'entrer dans l'âge adulte avec confiance.

La quête d'amour

Lorsque l'adolescent commence à déceler, d'une manière qui lui était inconnue étant enfant, l'égoïsme et le manque d'amour qui sous-tendent les interactions humaines, il se sentira alors mal aimé, malgré les affirmations verbales du contraire. *Quand le jeune est déçu de ses relations au sein de la famille, il commence souvent à envisager des relations à l'extérieur, notamment avec ses pairs, en réponse à l'amour qu'il sent avoir perdu.* Mais, vers le milieu de l'adolescence, l'enfant souffre tellement de la trahison de ses amis que ses relations à l'extérieur du foyer le déçoivent encore plus que ses relations à l'intérieur. C'est une nouvelle crise que l'adolescent doit gérer : en face d'un océan de relations potentiellement chargées de dépit, de rejet et de chagrin, il doit trouver l'amour après lequel il soupire.

C'est la crise qu'a traversée Martine, une adolescente âgée de seize ans. La jeune fille avait grandi dans un foyer monoparental, n'ayant jamais connu son père, décédé alors qu'elle était encore toute petite. Elle avait été élevée par sa mère, Sandrine, qui n'avait que cette fille unique. Malgré l'absence d'un père, Martine gardait d'excellents souvenirs de son enfance. Elle entretenait avec sa mère une relation étroite. Quand Martine devint préadolescente, Sandrine et elle se considéraient chacune comme la meilleure amie de l'autre. Elles aimaient tout faire ensemble.

Lorsque la jeune fille entra au lycée et se mit à cultiver sa propre vie sociale, Sandrine se dit qu'il était temps qu'elle s'occupe un peu d'elle-même. Elle désirait se remarier et estimait que Martine était maintenant à un âge où elle n'avait plus tellement besoin de sa mère. Elle se sentit libre de reconstruire sa vie. Martine ne sembla pas avoir mal pris la décision de sa mère de fréquenter des hommes, jusqu'au jour où une relation sérieuse se noua avec l'un d'eux. À la grande surprise de la jeune fille, la mère devint amoureuse de cet homme et l'épousa en l'espace de quelques mois. Pour la première fois, Martine était obligée de partager la maison et sa mère avec un autre adulte. Tout en donnant l'impression d'être indépendante de sa mère et d'agir comme telle, intérieurement l'adolescente se sentait comme une petite fille. Le remariage de Sandrine l'affecta beaucoup, et elle décida d'exprimer son mécontentement en passant le plus de temps possible hors de la maison. Cette décision ne fit que confirmer l'idée de Sandrine que sa fille n'avait désormais plus besoin d'elle. La mère avait très mal interprété le comportement de sa fille.

Se sentant trahie et rejetée par sa mère, l'adolescente chercha à se consoler dans ses fréquentations scolaires. Elle entretint successivement plusieurs liaisons sentimentales sérieuses avec des garçons. Elle commença à se sentir épuisée. Finalement, lorsqu'un jeune homme qu'elle croyait vraiment aimer rompit avec elle et s'éprit d'une autre fille plus mince et plus aguichante, elle fut prise de panique. Elle envisagea la terrible possibilité de ne plus pouvoir nouer une relation solide avec un garçon. En désespoir de cause, elle se mit à suivre un régime draconien pour perdre du poids. Elle se disait que si elle devenait mince, elle pourrait éventuellement être désirée et aimée de quelqu'un. N'étant pas parvenue à maintenir son régime strict assez longtemps, elle décida alors de perdre du poids en se forçant à vomir chaque fois qu'elle mangeait trop.

Bien qu'elle n'eût pas réussi à perdre autant de poids qu'elle le voulait, elle commença à éprouver une certaine satisfaction lorsque les gens lui faisaient des compliments sur sa ligne. Cela suffit à la persuader, au moins provisoirement, que cette nouvelle stratégie lui permettrait de reconquérir l'amour qu'elle souhaitait tellement. En tant que lycéenne, elle décida que la boulimie était le plus sûr moyen de gagner l'amour des autres dans un monde composé de gens égoïstes.

Livrés à eux-mêmes, les adolescents finissent par trouver une façon d'accomplir les tâches auxquelles ils font face. Mais le plus souvent, les voies dans lesquelles ils s'engagent aboutissent à des relations malsaines et inefficaces à l'âge adulte. Songez à ce qui attend Martine ! C'est pourquoi, *dans l'adolescence, les jeunes ont terrible-*

ment besoin de l'aide d'adultes compréhensifs. Ils ont les yeux fixés sur leurs parents pour voir quel rôle ils vont jouer. Deviendront-ils leurs adversaires ? Ou leurs sauveteurs ? Ou des alliés qui les aideront à trouver les moyens de gérer correctement les crises de l'adolescence ? *Le rôle que les parents acceptent de jouer peut avoir un impact considérable sur le type d'adulte que leur adolescent décide d'être.*

RÉSUMÉ

Il est probablement trop tard maintenant pour vous mettre en garde. Considérer le monde à travers le regard de vos adolescents, et comprendre à quel point il les a marqués et blessés, peut être pour vous une expérience douloureuse. Cela peut être pénible parce que vous risquez de découvrir éventuellement des données qui ne vous avaient jamais frappés auparavant : la souffrance intérieure de votre enfant, ses efforts acharnés pour surmonter sa peine, la douleur supplémentaire que vous lui avez infligée par la manière dont vous avez réagi à son égard, votre tort de n'avoir pas reconnu sa souffrance plus tôt et de ne pas lui être venu davantage en aide.

De vous sentir encore plus coupables ne fera pas forcément de vous de meilleurs parents. En écrivant ce chapitre, je n'ai nullement eu l'intention de vous accabler davantage en découvrant peut-être la manière dont vous vous êtes comportés vis-à-vis de vos adolescents. J'ai plutôt cherché à vous montrer comment les aimer plus profondément.

Pour y parvenir, vous devez d'abord comprendre que votre enfant ne trouve pas le véritable amour dans son univers. Cette constatation est propre à faire naître des sentiments de culpabilité. Or, ceux-ci peuvent se révéler constructifs si vous leur permettez de dévoiler à vos yeux votre propre incapacité d'aimer et s'ils vous obligent à chercher de l'aide pour mieux aimer. Le fait de considérer le monde à travers le regard de l'adolescent est une tâche douloureuse mais nécessaire si vous voulez vraiment améliorer et approfondir votre amour pour vos enfants.

Notes du chapitre 2

---

1. Ross Campbell, M.D., *L'adolescent : le défi de l'amour inconditionnel,* Orion, 1982.

CHAPITRE 3

Comment les parents voient les adolescents

Notre fille aînée est entrée au collège l'automne dernier. Ce fut pour nous un rite de passage aussi stressant que pour elle. Pendant des années, Tina et moi avions travaillé auprès d'adolescents et de parents. Mais maintenant que nous avions nous-mêmes une adolescente qui allait suivre des études secondaires, notre perspective s'avérait toute autre. Nous considérions Christie différemment des adolescents que nous avions côtoyés jusqu'alors.

En cinquième, le premier mois s'écoula sans difficulté majeure. Tina et moi commencions même à nous demander pourquoi tant de parents que nous avions conseillés trouvaient si difficile d'élever un adolescent. Puis, vers le milieu du trimestre, nous reçûmes un mot d'un professeur de Christie. À notre grand étonnement, notre fille obtenait de piètres résultats en langues.

Quand la lettre arriva, notre fille était à l'école, ce qui nous permit de nous concerter. Tout en discutant de ce qu'il fallait faire, nous avions le sentiment que le sol se dérobait sous nos pieds. En y songeant encore maintenant, je me demande si nous n'aurions pas été mieux à même d'encaisser l'annonce d'un cancer !

Nous avons été très près, ce jour-là, de réagir à l'événement de manière disproportionnée. Nous avons envisagé toute une gamme possible de mesures disciplinaires qui allaient de l'interdiction de sortir jusqu'à nouvel ordre au changement d'établissement scolaire, sanctions que j'aurais d'emblée reconnues comme inappropriées si elles avaient concerné l'enfant d'un autre. Je m'étais tellement investi dans ma fille que je sentais monter en moi des forces capables d'inspirer des réactions qui auraient pu lui être très nuisibles.

Étant donné ce que les parents éprouvent intérieurement en voyant leurs enfants entrer dans l'adolescence, ils ont du mal à offrir aux jeunes le genre de relation dont ceux-ci ont besoin pour surmonter les crises de leur âge. Une dynamique obscure est mise en branle dans le cœur des parents à ce moment-là qui compromet leurs rapports avec les adolescents. Même les parents qui ont une connaissance approfondie ou une solide expérience en matière de relations familiales peuvent être contrôlés, à leur insu, par les forces à l'œuvre dans cette dynamique.

LES FORCES QUI CONDITIONNENT LE STYLE DE RELATIONS DES PARENTS

Dans l'Église primitive déjà, les chrétiens ont été aux prises avec le problème de cette dynamique malsaine. « D'où viennent les luttes, et d'où viennent les querelles parmi vous ? » (Jc 4.1). La question laisse supposer que la véritable source des difficultés peut passer inaperçue. Il est heureux pour nous, que sous l'inspiration de Dieu, Jacques ait répondu à sa propre interrogation. Il décrit ainsi la dynamique intérieure qui amène les gens à choisir d'agir d'une manière destructrice les uns envers les autres. Il est impératif que nous comprenions comment les forces à l'œuvre dans cette dynamique affectent nos relations avec nos enfants. Remarquez comment Jacques les présente :

> *D'où viennent les luttes, et d'où viennent les querelles parmi vous, sinon de vos passions, qui guerroient dans vos membres ? Vous convoitez et vous ne possédez pas ; vous êtes meurtriers et envieux, sans rien pouvoir obtenir ; vous avez des querelles et des luttes, et vous ne possédez pas, parce que vous ne demandez pas* (Jc 4.1-2).

Jacques fait remonter la cause principale des échecs relationnels aux facultés humaines de désirer, de ressentir, de penser et de décider, que nous avons examinées au chapitre un. À la lumière de ses observations, nous allons étudier maintenant le rôle que jouent les trois premières aptitudes dans le choix des parents d'agir de telle ou telle manière avec leurs adolescents. Au chapitre quatre, nous verrons d'une manière plus approfondie comment les adultes décident quels parents ils veulent être.

Ce que les parents désirent pour leurs adolescents

> *Les luttes et les querelles parmi vous ne viennent-elles pas de vos passions qui guerroient dans vos membres ?* (Jc 4.1).

Pour Jacques, les problèmes relationnels sont liés aux désirs insatisfaits qui bouillonnent en l'homme. Au premier chapitre, nous avons vu que parents et enfants soupirent intérieurement après un amour inaltérable. *Jacques affirme que lorsqu'une personne utilise ses relations en vue de satisfaire ce désir, c'est un premier pas vers leur destruction* (Jc 1.14-15, 4.1). De nombreux parents sont tentés d'utiliser les relations avec leurs enfants pour assouvir les désirs qui s'agitent en eux et réclament satisfaction.

Au moment où leurs enfants entrent dans l'adolescence, certains parents dépendent alors beaucoup de la relation avec eux pour garder le sentiment qu'ils sont aimés et qu'ils ont de l'importance. Leurs aspirations ont eu maintes occasions de s'éveiller et de se façonner de différentes manières au travers des autres relations. Souvent, leurs relations difficiles et décevantes avec d'autres adultes (en particulier avec leur conjoint, les beaux-parents et leurs propres parents) les ont conduits à investir toute leur énergie émotionnelle dans leurs liens avec leurs enfants. Jusqu'à l'adolescence, ces derniers sont la source de relations présentant le minimum de risques pour les parents, car le comportement des petits est pour eux beaucoup plus prévisible et contrôlable que celui des adultes. *Quand les enfants, devenus adolescents, deviennent moins prévisibles, les parents peuvent traverser des crises aussi importantes que celles que vivent leurs enfants.*

Serge est un bon exemple de parent de ce type. Je fis sa connaissance lorsqu'il vint me voir en consultation pour que je l'aide avec Jérôme, son fils rebelle de quatorze ans. Jérôme avait été exclu de l'école cette semaine-là pour avoir brutalisé des enfants plus petits dans l'autobus et s'être montré arrogant envers le chauffeur. Le premier matin de son exclusion, juste après le départ de son père pour le bureau, Jérôme avait demandé à sa mère de le conduire en ville afin de faire des achats. Elle avait évidemment refusé, se disant qu'en accédant à la requête de son fils, elle ne ferait que récompenser son renvoi temporaire. Le garçon entra dans une violente colère contre sa mère et la poussa dans un placard pour l'y enfermer à clé. Comme elle refusait toujours de le conduire en ville, il l'y laissa toute la journée, ne consentant à ne lui ouvrir que peu avant le retour de Serge. Lorsque la femme raconta à son mari ce qui s'était passé, celui-ci, en colère, se rua sur son fils. La maman dut intervenir pour séparer les deux belligérants. Serge se rendit compte alors qu'il avait besoin d'aide dans sa relation avec Jérôme.

Au chapitre dix, nous verrons comment Serge et sa femme ont finalement décidé de réagir aux provocations de leur fils. Ce qui est important de comprendre pour l'instant, c'est en quoi les propres désirs non satisfaits de Serge ont alimenté les bravades de Jérôme.

Serge a grandi dans une famille dont le père était alcoolique. Il ne se souvient pas que ce père lui ait jamais témoigné le moindre signe d'affection ou d'intérêt. Au contraire, il garde le souvenir du regard glacé et des manières rudes de son père chaque fois qu'il s'approchait de lui. Il parvint à refouler la souffrance que lui causait le rejet de son père jusqu'à la naissance de son propre fils. À ce moment, il se promit de nouer avec cet enfant la relation qu'il aurait tellement aimé entretenir avec son père, mais qui lui avait été refusée. Au début, Serge n'eut pas le sentiment que cette promesse serait difficile à tenir. Tant que Jérôme fut petit, Serge n'eut aucune peine à lui consacrer du temps et à faire avec lui tout ce qu'il aurait souhaité que son propre père entreprenne avec lui. La situation commença à se dégrader lorsque Jérôme entra dans l'adolescence.

Le jeune homme connut très tôt des expériences décevantes. Un problème d'apprentissage l'empêchait d'obtenir des résultats satisfaisants à l'école. De plus, une légère malformation aux pieds l'avait exclu de l'équipe de football. Enfin, il s'était si rapidement développé physiquement qu'il était le plus grand de sa classe, et souvent l'objet des moqueries de la part des autres enfants. Un défaut de prononciation le maintenait un peu à l'écart des autres et ne favorisait pas les relations sociales avec ses semblables. Quelques mois à peine après son entrée au collège, son environnement l'irritait déjà au plus haut point.

Le foyer parental était le seul endroit où il pouvait donner libre cours à son humeur. Il commença à s'en prendre à ses parents à propos de tout et de rien. Serge n'était pas du tout préparé à faire face à cette métamorphose de son fils. Le regard courroucé de Jérôme lui rappelait celui de son propre père. Il avait même l'impression de se trouver en face de lui, chaque fois qu'il croisait le regard de son fils. Il n'y lisait qu'une désapprobation glaciale. Sa réaction naturelle fut de prendre ses distances. Il se mit à punir son fils de ses brusques explosions de colère en lui interdisant les activités qu'ils pratiquaient habituellement ensemble : la chasse, le tennis de table, les parties de football. Privé de ces passe-temps, le fils se sentit encore plus seul et moins considéré par son entourage.

Aveuglé par ses propres besoins, Serge ne voyait pas ceux de Jérôme. Ses rêves de bonnes relations avec son fils s'envolaient. Les désirs insatisfaits que les colères de Jérôme réveillaient en lui réclamaient un soulagement à cor et à cri, et ce soulagement, Serge ne le trouvait qu'en évitant son fils. Mais cette dérobade paternelle ne faisait qu'aggraver les emportements de Jérôme, au point que Serge ne pouvait plus se permettre de les ignorer. C'est ainsi que des querelles et des luttes, typiques de celles mentionnées dans Jacques 4.1, opposèrent le père et le fils.

Trois niveaux d'aspirations. Dans le travail de conseiller que j'exerce auprès des parents d'adolescents depuis des années, j'ai eu l'occasion de les entendre exprimer leurs attentes par rapport à leurs enfants de bien des façons. Ces désirs ne sont pas tous de ceux qui mettent en œuvre la dynamique intérieure décrite par Jacques. Il m'a donc semblé commode de répartir les aspirations révélées par les parents en trois catégories principales : *aspirations circonstancielles, aspirations importantes et aspirations cruciales*[1]. Ce n'est qu'à partir du moment où les parents s'attendent à ce que les enfants répondent à leurs aspirations cruciales que *se déclenchent des phénomènes destructeurs.*

Les aspirations *circonstancielles* correspondent en fait à de simples préférences. Ainsi, les parents peuvent désirer que l'adolescent s'habille d'une certaine manière, qu'il range sa chambre selon leur goût, qu'il consacre son temps libre à telle activité plutôt qu'à telle autre. Tant que la décision finale incombe à l'adolescent, ces souhaits n'ont qu'une importance relative pour les parents. Autrement dit, même si dans chacun de ces domaines les parents font connaître explicitement leurs désirs à leurs enfants, ces désirs restent banals, parce que les parents ne leur accordent pas une importance suffisante pour qu'ils puissent menacer le bien-être des deux parties. La relation parents-enfants devient malsaine lorsque les parents tombent dans l'un des deux extrêmes suivants : ils estiment, pour ce qui est de leurs désirs, que *tous* les aspects de la vie de l'enfant entrent dans le domaine du banal, ou au contraire qu'*aucun* aspect de sa vie ne relève d'une certaine banalité.

Les aspirations parentales sont *importantes* lorsqu'elles sont considérées comme essentielles au bien-être de l'enfant. Les parents font entrer dans cette catégorie le travail scolaire, le choix des amitiés, de l'établissement scolaire et des loisirs, et la vie spirituelle. Dans ces domaines, les adultes expriment leurs désirs sous forme de directives claires. Il est rare que l'adolescent puisse prendre la décision finale, sauf si les parents sont certains que le choix du jeune est conforme au leur. C'est généralement un signe de relation saine entre parents et enfants si les premiers préparent graduellement les seconds à assumer leurs propres responsabilités dans les domaines importants de leur vie.

Les aspirations parentales deviennent *cruciales* si quelque chose d'indispensable à leur propre bien-être est en jeu. Lorsqu'ils croient que la réalisation de ces aspirations dépend finalement de leur enfant, tout ce qui arrive à celui-ci prend pour eux des proportions énormes, devenant en quelque sorte une question de vie ou de mort, au moins dans le domaine émotionnel. Serge considérait les colères de Jérôme comme une réelle menace à un aspect essentiel de son bien-être : une relation d'acceptation totale et sans réserve. C'est toujours malsain quand les parents attendent de leurs enfants qu'ils comblent des aspirations cruciales que seul Dieu peut satisfaire. Lorsque des adultes dépendent de leurs enfants pour la réalisation de leurs aspirations les plus profondes, ils finissent par craindre davantage leurs enfants que Dieu.

Trois niveaux de dépendance des parents envers leurs adolescents. J'ai constaté que les parents dépendent de trois façons différentes de leurs adolescents pour la satisfaction de leurs aspirations cruciales.

1. Ils attendent de leurs enfants une réaction qui leur communique le sentiment qu'ils sont aimés et importants, sentiment après lequel ils soupirent.
2. Ils se servent de leurs enfants comme d'un prolongement d'eux-mêmes pour acquérir le sentiment d'être aimés des autres et d'être importants à leurs yeux.
3. Ils prennent leurs enfants comme substituts pour vivre des expériences qui leur permettent de connaître l'amour et la considération qu'ils n'ont jamais eus auparavant.

En recherchant la satisfaction de leurs aspirations les plus profondes dans les relations avec leurs enfants, les adultes soumettent ces derniers à une pression incroyable. En fait, ils ont *inversé les rôles* en obligeant leurs enfants à devenir « fournisseurs » d'énergie émotionnelle. Une adolescente me dit un jour : « À la maison, nous respectons une règle tacite : "Ménager maman à tout prix !" Si quelqu'un manifeste le moindre signe de fatigue ou de mécontentement, maman le culpabilise. Elle traversera la maison en geignant : "À en juger par la manière dont vous me traitez, mes enfants, je dois être une bien vilaine mère !" » Cette femme voulait rendre ses enfants responsables de son bien-être émotionnel. Ceux-ci avaient reçu le message cinq sur cinq : « Il faut surtout ne rien faire qui puisse donner à maman l'impression qu'elle n'est ni aimée ni utile. »

De nombreux parents ne se fient pas aussi directement à leurs adolescents pour la réalisation de leurs désirs. Ils les utilisent plus souvent comme des outils ou comme un prolongement d'eux-mêmes pour obtenir que leurs aspirations soient comblées par d'autres. En réfléchissant à la panique qui s'était emparée de nous à la découverte des mauvais résultats scolaires de notre fille, nous nous sommes aperçus que ses notes déplorables en langues menaçaient la satisfaction de notre aspiration cruciale d'être reconnus par les autres. Notre fille était en quelque sorte devenue la vitrine de notre honorabilité et de nos compétences de spécialistes des problèmes familiaux et d'éducation des adolescents. Nous étions devenus dépendants d'elle. C'était également Christie qui nous valait le respect de nos parents, qui étaient fiers de l'aînée de leurs petites-filles. Certes, nous aurions eu raison de considérer ses difficultés scolaires comme « importantes » dans la mesure où elles conditionnaient son bien-être futur, surtout si elles étaient le résultat d'un choix délibéré de sa part de négliger ses responsabilités. Mais en cataloguant ses mauvaises notes comme une question « cruciale », nous y avons vu du même coup une menace pour notre bonheur et avons adopté envers notre fille un type de relation qui faisait croire que notre vie était en jeu.

D'autres parents choisissent une méthode différente pour satisfaire leurs aspirations cruciales. Au lieu de considérer l'adolescent comme un prolongement d'eux-mêmes, ils voient en lui une version rajeunie d'eux-mêmes, qui a la chance de faire les expériences qu'ils n'ont jamais connues.

Une mère me raconta combien son enfance et son adolescence avaient été difficiles en raison de son obésité. Le souvenir des humiliations que lui infligeait son père à cause de son poids la hantait encore ; il l'affublait de noms cruels, se moquait d'elle en public et la privait même de repas.

Au sortir de l'adolescence, elle se maria. Bien que son union ait été de courte durée et se soit terminée de façon soudaine, elle eut tout de même l'impression d'avoir obtenu ce qu'elle souhaitait pour son bonheur : une fille. Elle inscrivit très tôt Milène à des cours de danse, de gymnastique, de musique et même de mannequin. En grandissant, Milène devint une jolie jeune fille aux multiples talents. Elle prit part à des concours de beauté. À chaque succès de sa fille, la mère éprouvait un bonheur immense, un sentiment qu'elle n'avait jamais connu. Chaque fois que l'adolescente était applaudie par des centaines d'admirateurs et d'admiratrices, c'était comme si ces applaudissements allaient à elle, la mère. Mais avec le temps, Milène en eut assez des entraînements rigoureux et des nombreuses répétitions ; elle avertit sa mère qu'elle avait l'intention de renoncer à ce genre de vie très astreignant pour elle. La réaction de la mère fut si violente que la jeune fille n'osa plus remettre la question sur le tapis. Quelques mois plus tard, Milène tenta de se suicider.

Quelle que soit la manière dont les parents cherchent à réaliser leurs aspirations cruciales par le biais de leurs enfants, ceux-ci n'auront jamais assez de ressources pour les satisfaire. En fin de compte, ils deviennent une source d'amères déceptions pour leurs parents.

La déception des parents envers leurs adolescents

Vous convoitez et vous ne possédez pas (Jc 4.2).

Si nous attendons des êtres humains qu'ils comblent les désirs que Dieu seul peut satisfaire, nous connaîtrons de profondes déceptions. Celles-ci assaillent les parents d'adolescents généralement en vagues successives. Chacune correspond à une nouvelle réalité que les parents découvrent chez l'adolescent. C'est au cours de l'adolescence que les parents commencent à se faire une idée plus précise de la personnalité de leur enfant avec toutes ses dispositions, qui sont autant de menaces à la réalisation de leurs propres désirs.

Déceptions liées aux limitations. La première vague de désillusions frappe les parents de plein fouet bien avant que l'enfant n'atteigne l'adolescence, déjà au moment où ils se rendent compte d'un ou de plusieurs handicaps de leur enfant, sur les plans intellectuel, physique ou social. Lorsque des parents qui ont beaucoup misé sur leurs enfants découvrent ces limitations, ils éprouvent du dépit, de la déception et même de la honte. Pour eux, ces déficiences sont des obstacles à la réalisation de leurs propres rêves et désirs.

Un père ressentait une honte personnelle de ce que son fils n'ait pas été retenu pour faire partie de l'équipe de football. Ce père avait un frère dont le fils, à peu près du même âge que le sien, avait non seulement été incorporé à l'équipe, mais pouvait se vanter d'avoir battu plusieurs records sportifs de son école. Le père du premier garçon souhaitait ardemment que son fils atteigne le même niveau que son cousin, pour que les grands-parents soient aussi fiers de lui que de leur autre petit-fils. Il se sentait toujours en compétition avec son frère pour mériter l'approbation de ses parents.

Une maman interprétait le manque de popularité de sa fille à l'école comme une atteinte à sa propre valeur. Comme la fille avait été une élève moyenne au collège, elle ne fut pas admise dans une classe d'élèves forts au lycée. De ce fait, elle n'était plus entourée d'amies brillantes. Ses camarades étaient des enfants ordinaires, sans plus. La mère en fut effrayée. Elle tenait tellement à ce que sa fille réussisse un bon mariage et qu'elle grimpe l'échelle sociale ! Son but unique avait toujours été d'essayer d'améliorer les conditions de vie de sa fille. Elle se disait que c'était sa seule façon de prouver aux autres qu'elle était une bonne mère. Elle avait toujours souffert de complexes d'infériorité dans sa famille. Tant que sa fille était enfant, elle s'était imaginée pouvoir prouver sa valeur en élevant une fille modèle. Tout cela était maintenant menacé par les limites intellectuelles de l'adolescente.

Lorsque les enfants apparaissent comme n'ayant pas les aptitudes naturelles ni les compétences nécessaires pour répondre aux attentes que les parents ont placées sur eux, ce sont les parents qui éprouvent un sentiment de perte, perte de l'impact sur les autres, perte d'estime de soi et même perte au niveau des relations. La découverte que leurs enfants, en se développant, n'auront jamais les capacités ni les dons leur permettant d'atteindre ce qu'il y a de plus crucial dans la vie peut signifier pour les parents la fin de toutes leurs espérances. Cela peut paraître ironique, car *c'est précisément cette réalité, à savoir l'incapacité de l'enfant à satisfaire ses propres aspirations cruciales, qui peut le conduire à trouver en Christ celui qui seul peut procurer à son âme ce qui lui est indispensable.*

La déception liée à leur dépravation. Une seconde vague de désillusions submerge les parents lorsqu'ils découvrent une autre réalité effrayante : la dépravation de l'enfant. Cette réalité les frappe au moment où leur adolescent commence à dire et à agir en accord avec ce qu'il pense ou ressent réellement. Quand les parents prennent conscience de l'égoïsme et de l'immoralité qui caractérisent la pensée et les décisions de leur enfant, ils goûtent une nouvelle fois l'amertume du désespoir et de la frustration. Jusque-là, les adultes se persuadaient souvent que leur enfant, foncièrement bon, ne pouvait pas mal tourner. Pourtant, vers le milieu de l'adolescence, ils commencent à remettre sérieusement cette notion en question et cherchent à savoir quand et comment les choses ont pu se gâter.

Le père d'un garçon de seize ans me fit part récemment de son étonnement de voir que son fils lui tenait tête. Il avait pourtant le sentiment d'avoir été un père bon et prévenant, et pensait qu'à cause de cette attitude, il n'aurait jamais dû avoir de difficultés relationnelles avec son fils. *Toutefois, il avait négligé de prendre en considération l'étendue de la dépravation du garçon.*

Au chapitre cinq, nous reviendrons plus en détail sur la perversité des adolescents. Pour l'instant, il suffit de voir comment cette perversité peut plonger les parents dans le désarroi. Comme ils ne s'y attendent pas et ne la comprennent pas, les parents pensent presque toujours que c'est un phénomène très curieux et très humiliant, avec lequel seules de rares familles ont à se battre. C'est pourquoi, ils réagissent trop souvent à la corruption de leurs enfants de manière à la dissimuler ou à la nier. Cela ne fait qu'enfouir le problème plus en profondeur et ne procure qu'un soulagement passager aux parents qui considèrent l'immoralité de leur adolescent comme un secret terrible qui a le potentiel de ruiner toute leur vie.

La déception liée à l'idée que les adolescents se font de leur

famille. Une autre vague de dépit vient encore se briser sur les adultes lorsqu'ils découvrent la désillusion des jeunes à propos de leur monde, notamment leurs parents. Au chapitre précédent, nous avons vu que cette déception est inévitable pour le jeune qui commence à considérer le monde avec les yeux d'un adulte. Les adolescents font part de leur désillusion par des moyens de communication verbaux et non verbaux. Quand les parents prennent conscience de cette nouvelle réalité, ils sont souvent saisis d'effroi à la pensée qu'ils ne pourront jamais faire assez pour plaire à leurs enfants et satisfaire leurs désirs. Accepter ce fait et s'en accommoder constitue peut-être l'une des choses les plus difficiles pour eux, étant donné une autre fausse conception que se font les parents de leurs adolescents.

En effet, cette notion veut que *les désirs les plus secrets des jeunes soient comblés pleinement par des parents bien disposés et sincères.* Les parents s'accrochent à l'idée que plus leurs enfants grandiront, plus ils reconnaîtront leurs efforts et plus ils leur en seront reconnaissants. Ils en arrivent à voir leurs relations avec leurs enfants comme une police d'assurance dont ils retireront les bénéfices au moment où ils en auront le plus besoin. Puis, au milieu de la vie, lorsque les parents ressentent plus fortement la nécessité de réaffirmer leurs choix de vie et leur valeur en tant que personne, les adolescents annulent la police. En commençant à se plaindre de ce que leur propre famille se montre incapable de satisfaire leurs désirs profonds, les jeunes donnent aux adultes des raisons supplémentaires de douter de leur valeur.

Ce fut le cas d'une femme divorcée qui vint me consulter. Elle était très meurtrie de l'accusation que son fils de dix-sept ans avait portée contre elle, lui reprochant d'être trop occupée pour l'écouter, et d'être une mère impossible. Pourtant, elle avait passé beaucoup de temps à écouter l'adolescent et à s'efforcer de le comprendre. Le jeune homme savait qu'il pourrait manipuler sa mère en la culpabilisant par ses accusations. C'est pourquoi, pour l'obliger à rester à la maison et s'occuper de lui, il avait saisi tous les prétextes pour se plaindre. Le garçon souffrait évidemment de l'absence d'un père et cherchait à combler tous ses désirs insatisfaits par sa mère seule. La pauvre femme luttait déjà désespérément contre le sentiment de son indignité parce qu'elle avait été abandonnée par son mari. Depuis le départ du père, elle avait essayé de compenser sa honte en se consacrant entièrement à son fils et en cherchant à répondre à toutes ses aspirations. Et voilà que le garçon s'en prenait maintenant à elle ! La mère ressentait les exigences de l'adolescent comme un « trou noir », qu'elle ne parviendrait jamais à remplir. Elle avait investi tout ce qu'elle pouvait dans la relation avec son fils, espérant ainsi regagner pour elle-même un peu d'estime et de respect. Elle prit brutalement conscience qu'*elle ne pourrait jamais faire assez pour son fils,* pas plus qu'elle n'avait pu le faire pour son mari.

Il est facile de constater que les parents qui s'appuient sur cette stratégie dans la relation avec leur adolescent finiront par confirmer les paroles de Jacques : « Vous convoitez et vous ne possédez pas » (4.2). La désillusion que connaissent alors les adultes les expose à des difficultés plus graves encore, car elles concernent l'idée qu'ils se font de leurs adolescents. C'est le troisième aspect que Jacques dénonce comme étant responsable de détruire les relations.

L'idée que les parents se font des adolescents

> *Vous êtes meurtriers et envieux, sans rien pouvoir obtenir... Vous ne possédez pas, parce que vous ne demandez pas [à Dieu]* (Jc 4.2).

Les déceptions ou les frustrations majeures dans le domaine des relations peuvent engendrer de sérieux problèmes de perception chez les individus. Jacques souligne que les pensées de convoitise et de meurtre sont suscitées par des désirs qui n'ont pas trouvé leur satisfaction dans les relations humaines. Ainsi, la colère profonde qu'elle ressent et l'entêtement (ou l'arrogance) dont elle fait preuve vont influencer la façon de penser d'une personne à l'égard de ceux dont elle dépend pour la satisfaction de ses aspirations cruciales lorsqu'ils la laissent tomber.

De tels modes de pensée destructeurs reflètent trop souvent la manière dont les parents qui sont déçus voient leurs adolescents. Quand les désirs parentaux deviennent des exigences dictées par la colère et imposées au jeune, l'enfant attribue à ses parents des intentions hostiles envers lui. Les exigences des parents les conduisent à mettre sur leur enfant une pression destructrice afin d'obtenir la satisfaction de leurs désirs.

Je me souviens des pensées qui m'assaillirent lorsque je reçus la lettre par laquelle le professeur m'informait des mauvais résultats scolaires de Christie. Ma première réaction fut celle de la colère, non seulement envers Christie et son professeur, mais également vis-à-vis de certains membres de l'Église dont les filles semblaient n'éprouver aucune difficulté scolaire. Je m'imaginais déjà ce qu'ils penseraient lorsqu'ils seraient au courant. Mon plan pour conserver le respect dont je dépendais tant exigeait que ma fille soit une adolescente bien équilibrée. Lorsque ses mauvaises notes devinrent une menace pour le plan que j'avais élaboré, je réagis automatiquement par la colère et je me creusai la tête pour faire en sorte que mon plan réussisse malgré tout ! Comment corriger ma fille ? *J'éprouvai alors des sentiments hostiles envers Christie.* Pendant un temps, je fus insensible à sa peine et à ses besoins, obnubilé que j'étais par les miens.

Des expériences comme celle-ci m'ont permis de reconnaître trois erreurs fondamentales dans ma façon de voir ma fille adolescente. Ces erreurs ressurgissent de temps à autre et affectent jusqu'à un certain point toutes mes relations importantes. J'ai cependant constaté que ces erreurs ont tendance à prendre des proportions exagérées et à devenir plus destructrices dans mes relations avec mes enfants, surtout depuis qu'ils ont grandi. Les mêmes erreurs semblent affecter également la pensée de nombreux autres parents d'adolescents que je reçois en consultation.

Il me semble que la déception et la frustration que les parents ressentent dans leurs relations avec les adolescents engendrent trois erreurs de jugement fort répandues :

1. Une attention mal focalisée
2. Des objectifs mal orientés
3. Une dépendance mal placée

Une attention mal focalisée. Généralement, quand une personne éprouve du dépit, elle focalise son énergie mentale sur ce qu'elle estime capable de changer la situation et d'adoucir sa peine. Il est rare qu'au plus fort de sa désillusion, elle choisisse de cultiver les vertus intérieures qui lui donneront la force de vivre avec la déception. Les efforts qu'elle déploie se concentreront plutôt sur le développement de qualités extérieures (comportement, apparence, etc.) pour empêcher que le monde environnant ne continue de la décevoir.

Dans la relation parent-enfant, *le parent déçu focalise trop facilement son énergie sur le fait de vouloir changer ou contrôler le comportement extérieur de l'adolescent.* C'est l'erreur contre laquelle Jacques met en garde (4.1-3). Que recommande Jacques à ses lecteurs, sinon de ne plus focaliser leur énergie sur les autres lorsque leurs désirs sont contrecarrés ? Insister pour que les autres changent ou modifient leur comportement quand on souffre nous fait vivre dans l'illusion que la solution aux difficultés de l'existence réside tout simplement dans le contrôle d'autrui. Cette façon de penser est dangereuse pour deux raisons : elle fixe l'attention sur ce qui ne peut adoucir la peine que de façon temporaire, et elle la détourne de ce qui pourrait en fin de compte procurer une satisfaction au milieu même de la souffrance, à savoir l'approfondissement d'une relation personnelle avec le Christ. Le parent qui aborde son enfant adolescent dans cette optique devient vite une personne pour qui seul ce qui est « visible extérieurement » compte. Les éléments importants de son cœur et de celui de l'enfant seront ignorés ; seuls recevront une attention soutenue les comportements extérieurs qui entraînent du plaisir ou de la douleur dans l'immédiat. Dans mes rapports avec les parents d'adolescents perturbés, *je considère toujours qu'un changement dans la façon de voir des parents est un premier pas essentiel vers le rétablissement de relations saines au sein de la famille.*

Parmi ceux qui assistaient au cours que je dispense à l'église sur l'éducation des adolescents, il y avait un père dont l'attention envers son fils adolescent était plutôt mal focalisée. Nous étions arrivés à la huitième semaine de cours lorsque j'eus un premier aperçu de ce sur quoi Sylvain mettait l'accent en tant que parent. Le sujet traité ce matin-là était : « Comprendre le comportement de votre adolescent. » Nous venions juste d'examiner comment les parents peuvent favoriser l'expression des sentiments et des interrogations de leurs adolescents en utilisant des questions ouvertes. Quand je demandai un volontaire pour venir devant la classe et simuler une conversation avec un adolescent, Sylvain fut le premier à lever la main.

Dès la première séance, il avait été avide d'étaler son savoir sur les jeunes et sur leur éducation. Entraîneur de l'équipe de football du collège et principal adjoint, il s'imaginait être un spécialiste des questions de la jeunesse. Il donnait même l'impression de s'attribuer le rôle de coenseignant non officiel du cours que je dispensais, intervenant régulièrement pour répondre aux questions et corriger les autres pendant les séances de discussion. La pensée de le voir monter sur l'estrade et prendre un ascendant sur les autres parents par le biais de cette mise en situation ce matin-là me mettait mal à l'aise. Mais comme aucun autre volontaire ne se présentait, je fus bien obligé d'accepter que Sylvain joue le rôle de père d'un adolescent de seize ans, dans la peau duquel je dus me mettre.

Je devais illustrer le comportement d'un collégien qui manifeste ce que les spécialistes qualifient de « désordre oppositionnel ». Évitant d'afficher une arrogance qui pourrait lui attirer une correction, ce type d'adolescent trouve des moyens plus subtils pour s'opposer à l'autorité de ses parents et les rendre malheureux. Ceux-ci ont beaucoup de mal à lui reprocher des infractions caractérisées. Si le jeune est assez adroit, il parvient même à plonger ses parents dans le désarroi et la frustration.

Avant que nous prenions nos rôles respectifs, j'expliquai à la classe que Sylvain allait montrer comment un père préoccupé de son fils pouvait communiquer à un adolescent irrité et sur ses gardes le sentiment qu'il est accueilli et accepté. Il devait l'inviter à parler ouvertement de sa colère et y réagir de manière directe et appropriée. En tant que fils, je me calai dans mon fauteuil et fixai le plafond pendant que Sylvain commençait à me parler.

- Mon fils, quelque chose te tracasse, et je veux savoir de quoi il s'agit.

- Il n'y a rien, papa. Tout va bien.

- En voudrais-tu à maman et à moi-même de ce que nous ne te permettons pas encore de conduire ? C'est cela, hein ?

- Pas du tout, papa !

- Est-ce parce que nous ne t'avons pas laissé sortir avec tes amis après le match, vendredi dernier ?

- Je ne suis pas du tout irrité, enfin !

- Écoute, mon fils. Je ne te lâcherai pas tant que tu ne m'auras pas dit ce qui t'ennuie.

Après un long silence, je dis : « Bon, ça va ! J'aimerais tout simplement que toi et maman, vous cessiez de me traiter comme un gamin tout le temps ! Je n'ai jamais le droit de faire comme mes amis.

- Ce n'est pas juste de ta part. Ce n'est pas parce que nous ne te permettons pas de traîner dans les lieux où les parents non chrétiens laissent aller leurs enfants, que nous ne t'aimons pas ! Tu sais bien que nous t'aimons, non ?

- J'imagine !

- Voilà qui est mieux. Fiston, sache que tu peux venir me trouver chaque fois que tu as un problème ; je suis prêt à en discuter avec toi, comme nous venons de le faire. D'accord ?

- Bien, papa. Puis-je m'en aller ? »

À la fin de notre petit sketch, je lus dans le regard de Sylvain l'expression de son contentement. Il était fier de sa prestation. Quant à moi, j'en étais malade. J'avais espéré qu'après huit semaines de cours, il ne serait pas tombé dans le piège des erreurs classiques qu'il venait de commettre. Je décidai de demander au groupe de faire part à Sylvain de ses réactions et de ses commentaires. J'espérais par ce moyen qu'il puisse avoir un aperçu de la façon dont ses propres enfants le percevaient.

Je posai la question : « En tenant compte des principes que nous avons étudiés, quelle appréciation portez-vous sur le rôle de père que Sylvain vient de tenir ? » Après un long moment de silence pesant, un parent risqua enfin un commentaire : « Je pense que si j'avais été le fils, je serais reparti de cet entretien plus convaincu que jamais de l'inutilité de m'ouvrir à mes parents.

- Pourquoi ? demandai-je.

- J'aurais senti que mon père ne se préoccupait pas beaucoup de ce que j'éprouvais. Ce qu'il voulait, c'était tout simplement que je cesse de lui faire des reproches et de le rendre malheureux. Mais lui ne cherchait pas à savoir si moi j'étais malheureux. »

Les autres parents intervinrent à leur tour. La plupart exprimèrent le même point de vue. Sylvain n'avait fait qu'encourager son fils à contenir sa colère.

Quand je demandai à Sylvain de répondre à ces objections, il paraissait consterné. « Je ne peux pas croire ce que je viens d'entendre. Je pense que vous avez tous mal interprété ce que je me suis efforcé de communiquer.

- Tentons une expérience, Sylvain, suggérai-je. Cette fois-ci, vous jouerez le rôle de l'enfant et moi celui du père. »

J'essayai de me comporter comme Sylvain l'avait fait précédemment. En tant que fils, il eut beau déployer des efforts d'ingéniosité, il ne parvint pas à établir un contact chaleureux avec moi. À la fin de notre dialogue, la consternation de Sylvain se changea en révélation : « Je ne peux pas croire que je me sois comporté de cette façon-là avec mon fils ! »

Pour la première fois, Sylvain quitta la classe manifestement troublé quant à son rôle de parent. J'appris plus tard que sa femme était sortie de l'église ce jour-là avec de l'espoir pour sa famille comme elle n'en avait plus connu depuis des années. De voir Sylvain changer – ne fût-ce qu'un peu – sa perspective dans sa façon d'entretenir des relations lui fit comprendre que de réels changements étaient possibles.

La caractéristique essentielle des parents dont l'attention est mal focalisée est de croire que la solution de leurs problèmes familiaux implique le changement de quelqu'un ou de quelque chose en dehors d'eux-mêmes. Ils répugnent à tourner leur attention sur leurs propres actions ou leurs motivations, car cela impliquerait de leur part l'aveu de leurs manquements personnels, de leurs faiblesses, voire de leur péché. Cela exigerait une remise en question de la manière dont ils entretiennent des rapports avec leur famille, ce dont ils sont les seuls responsables.

Cette mise au point fut difficile à faire pour Sylvain. Dans l'exercice de sa profession, il était censé avoir réponse à tout. Jamais il ne pouvait se permettre de manquer d'assurance ou de paraître faible. Pour jouir du respect des autres, il lui fallait absolument toujours tout contrôler. Toujours gagner.

Ce dimanche matin-là, en rentrant chez lui après le cours, Sylvain essaya d'abord de nier ses échecs en tant que père. Pendant les trois jours suivants, il s'efforça de chasser ces pensées troublantes. Il aurait certainement réussi à éviter de devoir s'examiner s'il n'y avait pas eu la grosse dispute.

Le mercredi soir de cette même semaine, Philippe, leur fils de quinze ans, annonça à Sylvain qu'il quittait l'équipe de football du collège. Le père ne s'était jamais permis d'abandonner quoi que ce soit ; aussi la pensée que Philippe puisse se permettre de le faire était plus qu'il ne pouvait supporter. Sans compter que plusieurs de ses collègues étaient les entraîneurs de son fils. Il ne pouvait imaginer ce qu'ils diraient.

La réponse de Sylvain à Philippe fut nette, concise et sans appel : « Tu finiras la saison ! Pas question que tu quittes. » Ces propos tranchants déclenchèrent une bagarre sur le sol du salon. Un nez ensanglanté et les cris de Béatrice, la femme de Sylvain, mirent fin au combat.

Ce conflit provoqua chez Sylvain une souffrance comme il n'en avait jamais connue. Elle n'était pas principalement de nature physique, bien que l'idée d'avoir dû frapper son fils l'ait rendu malade. C'était surtout la souffrance de s'être dévoilé tel qu'il était. Il n'était pas le gagnant qu'il aurait voulu que tout le monde reconnaisse en lui ; il devait même admettre qu'il était en train de perdre son propre fils. Il se rendit compte qu'il s'était comporté de façon puérile. Et il ne pouvait nier que c'était à cause de son orgueil égoïste.

Deux jours plus tard, Sylvain vint me trouver à mon bureau. Il me fit part du désintéressement total et même du dégoût que son fils éprouvait pour les activités du groupe de jeunes à l'église. Il se plaignit que personne, dans l'Église, ne s'intéressât vraiment à Philippe.

La façon de voir de Sylvain me troubla. Il semblait toujours chercher une solution à ses difficultés familiales dans le changement de circonstances extérieures à lui ; cette fois, c'était l'Église qui était en cause. Après plusieurs minutes de discussion au cours desquelles nous cherchâmes des moyens d'aider son fils au sein de l'Église, je donnai à Sylvain l'occasion de porter son attention ailleurs. « Sylvain, lui dis-je, parle-moi un peu de tes propres besoins et de l'aide dont tu as besoin en tant que père. »

Pour la première fois, Sylvain courut le risque d'exposer sa souffrance personnelle et sa honte à quelqu'un. C'est en larmes qu'il me raconta sa lutte avec Philippe. Il admit que le véritable problème ne résidait pas dans l'Église, mais en lui-même. Ce jour-là, il cria son besoin d'aide. Il avait pris conscience de la première grave erreur dans sa façon de penser. Mais il lui restait encore deux autres erreurs à débusquer.

Des objectifs mal orientés. La deuxième erreur qui caractérise la façon de penser des parents à l'égard de leurs adolescents, c'est d'avoir des objectifs mal orientés. Ces objectifs réduisent l'intérêt de la personne pour le développement de son propre caractère et l'approfondissement de sa relation avec le Christ. C'est ce que condamne Jacques lorsqu'il explique pourquoi certaines prières demeurent sans réponse : « Vous ne possédez pas, parce que vous ne demandez pas [à Dieu]. Vous demandez et vous ne recevez pas, parce que vous demandez mal, afin de tout dépenser pour vos passions » (Jc 4.2-3).

Même la prière d'un parent pour son enfant peut être mal orientée, et par conséquent ne pas être exaucée, à cause de l'objectif que poursuit le parent dans son cœur. Lorsqu'un parent croit que sa vie et son honneur dépendent de la bonne tournure que prendra la vie de son enfant, son intercession pour lui sera inspirée par des motivations égoïstes. Si Dieu exauçait ces prières, il ne ferait que conforter le parent dans sa façon erronée de penser.

On peut dire que les objectifs d'un parent sont mal orientés lorsqu'ils visent à ce que ses désirs soient satisfaits par des personnes ou des circonstances de son environnement plutôt que par sa relation avec le Christ. La plupart du temps, les objectifs mal orientés des parents d'adolescents visent à nier, cacher ou supprimer toute preuve des lacunes de leur adolescent, de sa dépravation et des déceptions qu'il leur occasionne. Comme ces réalités menacent souvent les rêves et les ambitions des parents, les objectifs parentaux sont conçus pour tenter de leur échapper.

Ces buts sont malsains pour trois raisons. D'abord, ils sont impossibles à atteindre. Les réalités pénibles chez les adolescents ne peuvent jamais être complètement transformées ni dissimulées. Les parents qui essaient quand même de faire l'un ou l'autre finissent par devenir très frustrés et par communiquer un sentiment de rejet à leurs enfants. Ensuite, ces buts sont fondés sur de fausses prémisses. Même si les parents pouvaient modifier les dures vérités concernant leur progéniture, cela ne créerait pas pour autant le contexte leur permettant de goûter la plénitude et la joie. Enfin, ces buts sont destructeurs. En essayant de changer les réalités pénibles chez leurs adolescents en vue d'obtenir la satisfaction de leurs propres aspirations cruciales, les parents apprennent en fait à ceux-ci à dissimuler ce qu'ils sont vraiment. Cela entraîne les jeunes à devenir sournois dans leurs relations avec les autres. Il faut à tout prix renoncer à ces objectifs si l'on veut éduquer correctement les adolescents.

L'apôtre Pierre déclare qu'un amour sincère ne peut procéder que d'un cœur pur (1 P 1.22). *Avant que les parents puissent espérer aimer vraiment leur adolescent, il faut qu'un changement d'orientation s'opère dans leur cœur.*

Lorsque Sylvain quitta mon bureau, ce jour-là, je sus que notre soutien auprès de lui ne faisait que commencer. Bien que conscient du caractère malsain de son approche en tant que parent, il n'avait pas encore découvert les plans et les objectifs qui le faisaient agir ainsi.

Vers la fin du cours sur l'éducation des adolescents, nous avons encouragé Sylvain et Béatrice à se joindre à un petit groupe de parents formé pour approfondir les relations et favoriser la réflexion personnelle. À la surprise quasi générale, Sylvain s'employa beaucoup, non à donner des conseils aux autres, mais à rechercher des solutions pour lui-même. À cause du conflit qui couvait toujours à la maison, nos deux amis étaient avides d'apprendre davantage sur eux-mêmes.

Un soir, je demandai aux parents de notre petit groupe de parler des désirs qui étaient pour eux le plus souvent une cause de frustration dans leur famille. Pour Béatrice, ce fut l'ardent besoin de trouver une personne qui veuille l'écouter. Elle raconta avec douleur dans quelles conditions elle avait été élevée. Troisième de cinq filles, elle avait l'impression que personne ne lui prêtait attention. Elle apprit ainsi très tôt à attirer l'attention des autres en se dépensant sans compter pour être vue comme quelqu'un d'utile. Cette stratégie s'était révélée très efficace dans l'enfance et dans l'adolescence, mais elle semblait avoir des ratés depuis que Béatrice était adulte. En tant qu'épouse et mère, elle se sentait ignorée.

Lorsqu'elle finit de parler, nous étions plusieurs à ressentir de l'irritation contre Sylvain. En effet, à plusieurs reprises, il avait interrompu sa femme pour rectifier certains détails de son récit. Je demandai à Sylvain de résumer ce qu'il avait retenu de ce que son épouse avait dit de la douleur qu'elle ressentait. Après avoir bégayé quelques mots, il répondit à ma question en rapportant ses propres sentiments au lieu de ceux de Béatrice.

Je demandai alors à Béatrice ce qu'elle pensait de la réponse de son mari. Ce qu'elle déclara atteignit Sylvain de plein fouet. « Oh, dit-elle, je sais que Sylvain n'a pas écouté un seul mot de tout ce que j'ai exposé. Il n'écoute jamais. Il ne prête une oreille attentive qu'à ce qui lui donne le sentiment d'avoir raison. Nous avons appris à accepter qu'il ne fasse jamais attention à nous. »

Les quelques minutes suivantes furent pour Sylvain certainement les plus éprouvantes qu'il ait jamais connues. Il dut enfin faire face à certaines dures vérités à propos de lui-même et de ses relations familiales. Sa femme et ses enfants languissaient, et lui, il ignorait leurs appels au secours. Comme son objectif était de toujours se sentir un gagneur, il était devenu sourd aux cris des siens. Aussi, les membres de sa famille le considéraient-ils comme un perdant. Ils ne prenaient pas plaisir à être en sa présence. Le respect et l'amour qu'ils lui portaient s'étiolaient. Sylvain se mit à verser des larmes sur son égoïsme. Il comprit que tant qu'il aborderait sa famille avec le désir qu'elle consolide son image de gagneur, tout le monde serait perdant. Pour la première fois, les yeux de Sylvain s'ouvrirent sur la deuxième grande erreur qui corrompait son raisonnement, la poursuite d'objectifs mal orientés. Il restait une troisième erreur fondamentale que Sylvain n'avait pas encore comprise.

Une dépendance mal placée. Les objectifs qui visent le changement ou le contrôle des autres témoignent d'un problème encore plus profond au niveau de la pensée : celui d'une dépendance mal placée. Jacques l'identifie comme étant le problème majeur dans le domaine des relations : « Vous ne possédez pas, parce que vous ne demandez pas [à Dieu] » (4.2). *Lorsqu'une personne décide de ne pas demander à Dieu de satisfaire les aspirations qui font rage en elle, et de ne pas dépendre de lui, elle est condamnée à s'appuyer sur ses propres capacités pour amener les autres à s'intéresser à elle.* Dans la relation parent-adolescent, cette dépendance mal placée empêche souvent les parents de maintenir leur attention et leurs objectifs dans la bonne direction de façon durable.

Exactement un an après sa bagarre avec son fils, Sylvain souhaita partager une expérience avec les membres de son petit groupe. « Il y a un an, dit-il, j'ai failli rompre la nuque de mon fils dans le salon de notre demeure. Cette nuit-là, j'ai demandé à Dieu de m'aider à changer les choses. Ce soir, au moment où je m'apprêtais à quitter la maison pour venir à cette réunion, mon fils m'attendait à la porte, me barrant le passage. En plaisantant, il a enfoncé mon chapeau jusqu'aux oreilles et m'a serré dans ses bras. Il m'a recommandé de conduire prudemment. J'ai l'impression d'avoir retrouvé mon fils. Mais les choses ne se sont pas déroulées ainsi que je l'aurais imaginé. S'il y a eu un changement, il s'est surtout opéré en moi, et non en Philippe. »

Le changement auquel Sylvain faisait allusion était principalement celui de la réorientation de son centre d'attention et de ses objectifs. Tout au long de l'année, il s'était efforcé de répondre aux besoins de sa famille d'une manière complètement nouvelle. Il tâchait de discerner les besoins des siens, et s'était fixé comme but de les aimer sur la base de leurs besoins et non des siens. Bien que ce fût difficile, il devint cependant possible pour Sylvain d'adopter de nouveaux styles de relations avec sa femme et ses enfants, parce que l'orientation de son cœur avait changé.

Hélas, ce changement heureux se révéla n'être qu'une accalmie temporaire pour Béatrice et Sylvain qui furent frappés par le passage d'un cyclone. Généralement, une personne ne peut réorienter ses objectifs bien longtemps sans qu'un jour ou l'autre des circonstances contraires ne viennent saper ses forces. D'où la nécessité d'un autre changement radical, celui de changer la source où elle puise l'énergie qui la rendra capable d'aimer les autres.

Quelques semaines après avoir célébré le premier anniversaire de la bagarre dans le salon, Béatrice m'appela de l'hôpital : Philippe avait tenté de mettre fin à ses jours en avalant une forte dose de barbituriques. Il se trouvait aux urgences.

Une rupture douloureuse s'était produite au cours de la semaine entre Philippe et sa petite amie. Le jour où Philippe avait tenté de se suicider, Sylvain et Béatrice avaient eu avec lui une discussion animée. À la suite de sa rupture sentimentale, Philippe avait décidé de négliger son travail scolaire et ses responsabilités. En écoutant les parents me raconter comment ils avaient géré cette situation délicate, il me semblait qu'ils s'étaient montrés sensibles et mesurés. Tout en refusant que Philippe se coupe du monde à cause de son chagrin et de sa blessure émotionnelle, ils s'étaient efforcés de comprendre sa douleur et lui permirent de se désengager de certaines activités. Pourtant, au téléphone, Béatrice et Sylvain assumaient l'entière responsabilité de la tentative de suicide de leur fils.

À la rencontre suivante de notre petit groupe de réflexion, Sylvain fit connaître la décision qu'il avait prise. « Lorsque j'ai vu mon fils allongé sur son lit d'hôpital, j'ai décidé que je ne me mettrais jamais plus dans son chemin. Cela n'en vaut pas la peine. Je veux que mon fils reste vivant. Je ne ferai plus jamais rien qui puisse mettre sa vie en danger. »

Sylvain avait de nouveau décidé de réorienter ses objectifs. Il n'avait pas la force d'aimer son fils de la manière coûteuse qu'il savait la meilleure, celle qui comportait le risque de le perdre. *Il ne voulait pas se rendre à l'évidence qu'il avait en réalité si peu de contrôle sur ce qui était crucial pour lui.* En faisant marche arrière et en dorlotant son fils, il poursuivait l'objectif de retrouver le sentiment de sécurité et de contrôle de sa propre vie. Mais cette fausse impression de sécurité mit en évidence ce dont il dépendait principalement pour garder son fils sain et sauf : il comptait sur ses propres efforts. Il s'attendait à ce que son nouveau style d'éducation paternelle fasse de lui un gagneur. Nous décidâmes de revenir sur ce point avec Sylvain au moment opportun, lorsque le choc consécutif à la tentative de suicide se serait estompé.

Quelques semaines plus tard, Robert, un autre membre de notre petit groupe, nous parla de ses luttes pour accepter la mort de son fils, survenue un an plus tôt dans un accident de voiture. Il déclara qu'une des choses les plus difficiles pour lui avait été d'apprendre à confier au Seigneur ses deux autres enfants adolescents. Robert s'était rendu compte, déjà avant la mort de son fils, qu'un de ses objectifs malsains était de chercher à assurer et à protéger son bien-être personnel en gardant les choses bien en ordre et sous contrôle dans sa vie. La mort de son garçon lui avait révélé à quel point cette stratégie était inefficace. Après l'accident, il s'était dit qu'en exerçant un contrôle encore plus rigoureux, il pourrait peut-être en éviter de futurs. Il se rendit compte qu'il cherchait tellement à protéger ses deux autres adolescents que ceux-ci commencèrent à se plaindre d'être à nouveau traités comme des petits enfants. Il comprit alors qu'il n'aurait la liberté de se comporter avec eux comme un père normal et équilibré qu'en renonçant au perfectionnisme qu'il avait utilisé toute sa vie pour empêcher ses pires craintes de se réaliser. Cela exigeait qu'il ne dépende plus de ses propres vertus et de son propre pouvoir, mais de la bonté et de la puissance de Dieu.

Les paroles de Robert furent pour Sylvain comme une illumination. En parlant ouvertement devant les autres de sa dépendance mal placée, Robert permit à Sylvain de reconnaître la sienne. Peu après, Sylvain informa les membres du groupe qu'il venait de prendre une décision : « J'ai compris que quoi qu'il m'en coûte, je veux être un père pour mon fils, d'une manière qui honore Dieu. Tant pis si cela m'oblige à prendre une attitude impopulaire ou à parler à mon fils de choses qui risquent de le contrarier. Je ne peux pas contrôler la façon dont il réagira. Je m'en remets à Dieu pour les conséquences. Je renonce à vouloir que dans ma famille les choses aillent comme je l'entends. »

En écoutant Sylvain, nous avons vu qu'il était non seulement en bonne voie de comprendre son mauvais raisonnement de parent, mais qu'il était également en bonne voie de le modifier.

Sans une réorientation importante de ce sur quoi les parents portent leur attention, de leurs objectifs ainsi que de la source dont ils dépendent, les gens comme Sylvain restent enfermés dans des relations familiales très problématiques. C'est probablement pour cela que Jacques invite ses lecteurs à s'examiner eux-mêmes lorsque des conflits surgissent dans leurs relations. D'après l'auteur inspiré, la rupture de relations peut toujours s'expliquer par des facteurs cachés, à l'œuvre chez l'une ou plusieurs des personnes impliquées. Les difficultés relationnelles entre parents et adolescents ont pour cause les aspirations secrètes, les déceptions, les raisonnements erronés qui affectent autant les parents que les adolescents. En prenant conscience de ces facteurs de troubles et en les soumettant à Dieu, les adultes peuvent nouer avec leurs jeunes des relations radicalement différentes.

RÉSUMÉ

Il n'est jamais facile de changer le genre de parent que l'on est ; c'est pourtant une tâche indispensable au fur et à mesure que les enfants grandissent et changent eux-mêmes. Il faut généralement plus de maturité pour être un bon parent d'adolescent que pour être celui d'un petit enfant.

Mais attention à la manière dont vous envisagez votre transformation. Les façons erronées de penser et d'entrer en relation qui caractérisent la plupart des parents sont très réfractaires au changement. Si vous essayez de les changer en vous astreignant à devenir un parent parfait, ou en faisant des efforts accrus pour parvenir à mieux aimer, vous ne ferez sans aucun doute qu'augmenter votre frustration actuelle.

Pour devenir un parent qui se développe et grandit en maturité, il faut se connaître un peu mieux. Prenez le temps d'examiner et de comprendre les dynamiques intérieures qui déterminent la façon dont vous agissez avec vos adolescents, des dynamiques du genre de celles que Jacques décrit au chapitre 4.1-3. En vous comprenant mieux, et en livrant au Christ les parties les plus secrètes de votre être, vous commencerez à goûter la liberté et la force pour éduquer de manière saine.

Notes du chapitre 3

---

1. Pour une étude plus approfondie de ces catégories, se reporter au livre *Se comprendre et comprendre les autres*, de Larry Crabb, aux Éditions la Clairière, 1995, p. 109.

DEUXIÈME PARTIE

LA MATURITÉ

CE QUE DOIT ÊTRE LE PARENT D'UN ADOLESCENT

CHAPITRE 4

Comment l'adulte choisit le type de parent qu'il veut être

Ma femme m'est très utile pour m'aider à faire face à des choses que j'ai tendance à ignorer délibérément quand je suis tout seul. Elle a une façon délicate de m'amener à me poser des questions fondamentales sur moi-même.

Récemment, Tina me lança en passant : « Je me demande ce qui se passe en toi, Kevin, pour que tu aies décidé de ne plus diriger notre culte de famille ces derniers temps. » Je déteste ce genre de propos qu'elle me tient parfois, autant que je les aime. Cela me dérange toujours de devoir considérer des aspects de ma vie qui ne sont pas beaux à voir. Mais après coup, je suis heureux de l'avoir fait, car ce que j'ai constaté a favorisé ma croissance en maturité. Je pense à ce que déclare l'auteur de la lettre aux Hébreux à propos de la discipline que Dieu exerce envers nous : « Toute correction, il est vrai, paraît être au premier abord un sujet de tristesse et non de joie ; mais plus tard, elle procure un paisible fruit de justice à ceux qu'elle a formés » (Hé 12.11).

La question de Tina m'atteignit en plein cœur. J'avais, en effet, délibérément choisi d'oublier le fait que je ne dirigeais plus notre culte de famille hebdomadaire. Les perturbations de l'été et l'automne très chargé nous avaient amenés à négliger le culte familial, sans même que personne ne s'en aperçoive, sauf Tina.

Je cherchai d'abord à justifier ma négligence par des facteurs qui échappaient totalement à mon contrôle. C'est un moyen commode pour un père de soulager son sentiment de culpabilité ! J'évoquai l'emploi du temps des enfants, les soupers qui n'étaient pas prêts à l'heure, la course de vitesse, aussitôt le repas terminé, pour participer à des activités qui se déroulaient le soir à l'église. Mais aucune de ces explications n'avait le parfum de la vérité. Au fond de moi, je connaissais la vraie raison, mais je ne voulais pas l'admettre.

Tout en réfléchissant à la question de Tina, je songeai à ces mois passés où j'avais dirigé l'étude biblique en famille. Je me souvins à quel point j'avais éprouvé un malaise alors. L'âge de nos filles s'échelonnait de six à treize ans. Je pouvais prévoir la réaction de chacune d'elles au moment où j'ouvrais la Bible et m'apprêtais à lire. L'aînée, Christie, prenait sa tête entre les mains, regardait au plafond et semblait tomber en syncope. Jessica, neuf ans, saisissait l'occasion pour commencer à faire des dessins dans son assiette du bout de son couteau, ou pour s'intéresser subitement au ruban ou à la barrette qui tombait mystérieusement de ses cheveux au moment où nous allions commencer à lire. Quant à la plus jeune, Alexia, elle profitait de ce moment pour glisser sous la table et ramasser ce qu'elle avait fait tomber pendant le repas. Chaque fois que je lançais un regard à ma femme, elle faisait des gros yeux à l'un ou l'autre des enfants qui ne prêtaient pas attention à la lecture biblique.

Il m'est pénible de ne pas être pris au sérieux. Lorsque j'enseigne ou que je suis en consultation, j'ai habituellement en face de moi des gens assis sur le bord de leur chaise, prenant des notes, me harcelant de questions. J'ai ainsi le sentiment d'avoir un impact réel sur eux. Je me sens important. Quand j'enseigne à la maison, j'ai affaire à un public avachi dans son fauteuil, se passant des petits mots et refusant de répondre à la moindre de mes questions. Je perds alors tout sentiment d'une quelconque utilité. Je me sens insignifiant.

J'ai probablement compris très jeune que ma valeur en tant que personne dépendait de ma capacité d'attirer l'attention des autres. Aussi loin que remontent mes souvenirs, j'ai toujours choisi des activités dans lesquelles je réussissais assez bien pour capter l'attention des gens, et j'ai évité celles où mes maigres performances ne suscitaient qu'indifférence ou désapprobation. Ce style de relations est devenu pour moi un réflexe en tant qu'adulte. C'est ainsi que je me comporte automatiquement, aussi bien en dehors qu'au-dedans de la famille. Cela explique le genre de parent, d'enseignant et de conseiller que je suis lorsque j'agis impulsivement et sans réfléchir.

Placé devant ma négligence dans la pratique du culte familial, je dus admettre qu'elle était due à une conception erronée de ce qui était crucial dans la vie. Des fibres profondes en moi me faisaient adopter un style de relations très égoïste et impie. Si je ne prenais pas les mesures nécessaires pour changer la façon dont ces parties profondes m'influençaient, je finirais, en tant que père, par éviter tout ce qui ne répondrait pas à mon attente secrète d'être considéré et traité comme un personnage important aux yeux des autres.

Bien que le style parental soit d'une importance capitale dans le développement des adolescents, peu d'adultes réfléchissent au genre de parents qu'ils veulent être. Les parents ne se préoccupent pas de leur style relationnel en tant que parents : la nature des relations qu'ils entretiennent avec leurs enfants est déterminée par des dynamiques intérieures et extérieures dont ils ont peu conscience. Par conséquent, les problèmes liés au mode de pensée des parents ne sont jamais abordés ni remis en question, et les difficultés qui en résultent ne sont jamais réglées. *Cette habitude qu'ont les parents d'agir sans réfléchir, en ayant peu ou pas conscience des dynamiques qui motivent leurs actions, est l'obstacle majeur qui les empêche de devenir des parents efficaces auprès des adolescents.*

Pour supprimer cet obstacle, le parent doit accepter de se poser quelques questions de fond : « Qu'est-ce qui me pousse à un être un parent si peu réfléchi ? », « Quelle sorte de parent suis-je lorsque je choisis d'agir sans réfléchir ? », « Que dois-je faire pour prendre davantage conscience des dynamiques profondes qui influencent spontanément ma démarche en tant que parent ? » Nous consacrerons le reste de ce chapitre à aider les parents à y voir plus clair sur ces trois questions.

LES CAUSES D'UNE ÉDUCATION PARENTALE QUI FAIT FI DE LA RÉFLEXION

Le parent ignore délibérément les pulsions qui le contrôlent, parce qu'il craint de se trouver en face de trois vérités sur lui-même qui sont dures à accepter : 1) son mépris, 2) ses blessures, 3) ses échecs.

Le passage de l'Écriture où nous irons puiser notre argumentation sur l'éducation parentale irréfléchie est celui qui raconte la vie de David. Dans 2 Samuel 14.13-14, une femme pose à David une question très pertinente sur sa relation avec Absalom, son fils : pourquoi le roi n'a-t-il pas trouvé un moyen pour que son fils banni ne demeure pas éloigné de lui ? Pour saisir la portée de cette question et de la réponse de David, il faut comprendre les événements qui ont abouti à ce bannissement.

En 2 Samuel 13 débute le récit tragique de la vie des fils adolescents de David. C'est d'abord Amnon qui viole sa demi-sœur Tamar, fille de David. La réaction du père est rapportée au verset 21 : « Le roi David apprit tout cela et il fut très en colère. » Malgré son courroux, David décide de ne pas punir Amnon pour le mal commis.

Ce viol met Absalom, un autre fils de David, hors de lui-même. « Absalom ne dit rien à Amnon ; mais il le prit en haine, parce qu'il avait fait violence à sa sœur Tamar », précise le verset 22. Apparemment, Absalom laissa passer deux ans avant de réagir, attendant sans doute que David prenne le premier les mesures appropriées, puis guettant l'occasion favorable pour se venger. Mais pendant ce temps, Absalom fit connaître à tout le monde, sauf à l'intéressé, ses intentions à l'égard d'Amnon. Au palais, tous ceux qui passaient quelque temps auprès d'Absalom, y compris David, pouvaient savoir ce qu'il projetait (v. 32). Mais le roi semble avoir été l'un des rares à ne pas y prêter attention. En fin de compte, il se laissa berner en donnant à Absalom l'occasion d'exercer sa vengeance (vv. 23-27).

Après le meurtre d'Amnon, Absalom s'exila. David se lamenta alors sur la perte de ses deux fils, l'un mort, l'autre banni (vv. 36-37). Malgré ce qui était arrivé, David n'avait jamais cessé d'avoir de l'affection dans son cœur pour Absalom. Il aspirait ardemment à le revoir, après trois ans de séparation. Mais, pour une raison ou une autre, il ne fit rien pour que cela se réalise. Sa réaction spontanée (celle qu'il avait eue après le viol de Tamar) fut de s'affliger dans son cœur, mais il ne prit aucune mesure concrète, si ce n'est de rester à distance respectable de son fils.

Quand Joab, le général de David, envoya la femme sage auprès de David pour le questionner sur son attitude à l'égard d'Absalom (2 S 14.2-14), le roi réagit sans réfléchir. Au lieu de sonder son cœur pour trouver la bonne réponse à la question de la femme, il donna l'ordre impromptu de faire revenir Absalom à Jérusalem, mais cet ordre était assorti d'une restriction qui permettait au roi de maintenir ses distances avec son fils : « Qu'il se retire dans sa maison, et qu'il ne voie pas ma face » (14.24).

Comme c'est souvent le cas lorsque les parents répondent d'une manière irréfléchie, la réaction de David ne fit qu'empirer la situation. Le roi traita le problème d'Absalom de façon si superficielle que la colère et la rancœur de celui-ci purent continuer à grandir sans que le père n'en remarque rien. Il n'y a aucune évidence dans l'Écriture selon laquelle David ait réfléchi aux répercussions de ses actions sur Absalom, jusqu'à ce que ce soit trop tard (16.11-12). Il est intéressant de noter, dans l'exemple de David, à quel point un parent qui ne réfléchit pas peut devenir insensible aux besoins de son enfant. *Trop souvent, un tel parent ne poursuit pas d'autre but que le soulagement de sa propre souffrance.* Quelle ironie de constater que la poursuite d'un tel objectif aboutit en fin de compte à augmenter la souffrance du parent (18.33-19.4) !

La relation de David avec son fils me paraît bien révéler les causes du manque de réflexion dans l'éducation d'un adolescent. Quand je me trouve en présence de parents qui prennent peu de temps pour réfléchir à leurs réactions à l'égard de leurs adolescents, je leur pose souvent les mêmes questions que celles soumises à David par la bouche de la femme sage. Ce sont des questions destinées à susciter la réflexion : « Qu'espériez-vous obtenir en agissant ainsi ? », « Quel dessein poursuiviez-vous en appliquant cette mesure disciplinaire ? », « Pouvez-vous me dire ce qui se passait en vous lorsque vous avez pris cette décision ? », « Qu'est-ce qui vous empêcherait de réagir de la sorte ? »

La plupart du temps, j'obtiens des réponses superficielles, qui n'ont pas été mûrement réfléchies. Un adulte me dit un jour : « Ce n'est pas ce que je ressens qui est important, c'est ce qui marche. » L'ennui, avec une répartie comme celle-là, c'est que la définition de ce qui « marche » dépend essentiellement des dispositions intérieures du parent. À la question de Joab, David aurait très bien pu répondre : « Écoute, garder mon fils loin de ma vue marche très bien pour moi, d'accord ? Peu importe que je me sente un peu déprimé et lui sans doute en colère. Le résultat est là ! » Ce à quoi Joab aurait pu rétorquer : « D'après ce que je peux voir, cela ne semble pas donner des résultats : Absalom vient de mettre le feu à mon champ ! »

Il aurait fallu que David examine ses objectifs plus en profondeur pour être en mesure de comprendre pourquoi sa démarche en tant que parent « marchait » pour lui. Tout adulte décide du genre de parent qu'il veut être de la même manière. *Ce n'est qu'en réfléchissant personnellement à ses objectifs qu'un parent peut comprendre pourquoi il s'accroche à telle façon d'éduquer ses enfants.* Une fois qu'il a mis au jour les desseins de son cœur, il pourra juger si son style d'éducation est sain et approprié.

La question demeure : pourquoi tant de parents hésitent-ils à réfléchir sérieusement à ce qui caractérise leur approche parentale ? Certains invoquent le manque de temps : « Notre emploi du temps est si chargé que nous n'avons pas une minute pour réfléchir à ce que nous faisons. » D'autres se retranchent derrière l'excuse de l'incompétence : « Je ne suis pas une personne réfléchie. Je ne l'ai jamais été. Je n'aime pas m'asseoir et penser à des questions sérieuses. J'ai besoin de bouger. » D'autres encore s'excusent par le manque de désir : « Voyez-vous, je me moque de savoir si je suis un bon parent ou non. Quand j'étais petit, mes parents n'étaient pas très présents, et j'ai grandi normalement. Il en sera de même pour mes enfants. »

Des excuses comme celles-là n'auraient certainement pas réussi à expliquer l'attitude irréfléchie de David, et elles ne suffisent pas non plus à expliquer pourquoi un grand nombre de parents choisissent la même attitude aujourd'hui.

Comme roi et poète, David a trouvé le temps et le moyen de réfléchir à des questions de politique, de théologie et de bien d'autres sujets qui intéressaient son royaume. Pourtant, lorsqu'il s'agissait de sa propre famille, la source de réflexion semblait tarie. Ce n'est pas non plus le désir qui lui manquait. Il nous est dit que « le cœur du roi était porté vers Absalom » (2 S 14.1). C'était donc autre chose que le manque de temps, d'aptitude ou d'envie qui faisait de sa relation avec son fils un sujet de réflexion plus difficile que tous les autres. David trouvait moins terrifiant de vivre les conséquences d'entretenir l'exaspération et l'amertume de son fils que de scruter les recoins de son âme pour mieux se comprendre.

Comme beaucoup d'autres parents, David a sans doute lutté pour ne pas sonder son propre cœur. Il craignait les pénibles vérités auxquelles il aurait dû inévitablement faire face pour mûrir et aimer authentiquement. *La relation parent-adolescent est l'un des principaux outils dont Dieu se sert pour placer l'adulte dans un contexte où il ne pourra faire autrement que de découvrir la vérité à son propre sujet.* C'est certainement ce qui s'est passé pour David dans sa relation avec Absalom. (Certains considèrent le Psaume 55 comme le journal des réflexions angoissées de David dans la période qui a précédé la révolte finale d'Absalom.)[1]

Si David avait réfléchi plus tôt à sa relation avec son fils, il aurait découvert les vérités désagréables qui étaient dans son cœur à un moment où il aurait encore été possible de transformer sa relation avec Absalom. Mais en refusant de réfléchir, le roi s'est cantonné dans une attitude figée à l'égard de son fils, ce qui a contribué à la détérioration progressive de ses relations avec lui. Au lieu de croître dans ses capacités de communiquer avec son fils et de l'aimer, son refus d'affronter les dures vérités le concernant a arrêté sa croissance en tant que père.

Dans ce récit de la vie de David en 2 Samuel, on peut découvrir des indices de ce qui rendait la réflexion personnelle si douloureuse et si difficile pour le roi. Dans mon travail de conseiller auprès des parents, j'observe des comportements analogues aujourd'hui. Examinons ensemble ces réalités intérieures qui rendent l'examen de soi si difficile pour les parents d'adolescents.

Le mépris qu'éprouve le parent

La figure 1 ci-après cherche à traduire en image ce que dit Proverbes 20.5 : « Les desseins dans le cœur de l'homme sont comme des eaux profondes. » (Segond, nouv. éd.) Des aspects cachés de la personnalité humaine déterminent toujours le style relationnel qu'une personne choisit d'adopter, même si son comportement semble spontané ou comme une seconde nature pour lui. Lorsqu'un parent commence à sonder les profondeurs de son cœur pour tenter de se comprendre, la première vérité qu'il rencontre généralement est le mépris qu'il éprouve envers ceux qui l'ont déçu. C'est l'une des principales raisons qui font que les parents n'aiment pas réfléchir. *Ils n'ont pas envie de reconnaître qu'ils ressentent souvent du mépris pour les autres dans leur cœur, y compris pour leurs enfants.*

FIGURE 1
UN PARENT IRRÉFLÉCHI

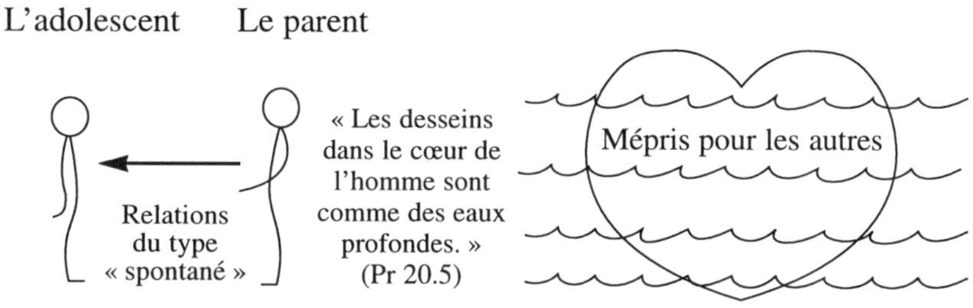

Le fait que le mépris soit juste sous la surface indique qu'il se trouve généralement juste en-dessous du niveau de pensée consciente du parent. Ce dernier peut soudainement devenir conscient de la présence du mépris lorsqu'il se sent menacé par un événement particulier, surtout s'il concerne son enfant. Cependant, tout aussi soudainement, le parent peut redevenir inconscient de sa présence dès que l'événement ou le danger s'éloigne. Très peu de parents sont prêts à reconnaître que la colère et le mépris jouent un grand rôle dans leur façon d'entretenir des relations avec leurs enfants. Les implications de cette réalité sont trop pénibles pour qu'ils les admettent d'emblée.

La manière dont David s'est comporté à l'égard d'Absalom reflète un parfait mépris. Le roi a laissé son fils se morfondre en exil pendant trois ans sans prendre la moindre initiative en vue d'un rapprochement. Plusieurs de ses compatriotes ont même jugé cette attitude cruelle et insensible de la part du père (2 S 14.13-14). Puis, quand sous la pression, il consentit au retour d'Absalom, on ne permit pas à ce dernier de voir le visage de son père pendant deux autres années (14.24, 28). Pour Absalom, le mépris de David ne faisait aucun doute. Il sautait aux yeux.

David se révèle clairement comme un homme méprisant dans les situations où lui-même est objet du mépris d'autrui. Il répond par le mépris au mépris de Nabal qui refuse de lui fournir la nourriture dont lui-même et ses hommes ont besoin (1 S 25). Il répond par le mépris à Mical qui s'est moquée de lui pour avoir dansé lors du retour de l'Arche de l'alliance à Jérusalem (2 S 6). Lorsque Amnon viola Tamar, David le méprisa dans son cœur (2 S 13). Les parents qui témoignent beaucoup de mépris sont généralement incapables de supporter celui des autres, en particulier de leurs propres enfants. Il est pratiquement impossible pour des parents qui n'ont reconnu et surmonté cette disposition de leur cœur, de réagir sainement face à leurs adolescents lorsque ceux-ci leur manifestent quelque dédain.

On peut se demander si le mépris que David a éprouvé est une expérience commune à tous les parents d'adolescents. Je pense pour ma part que tous les parents ont en eux un certain mépris et qu'inconsciemment ils en communiquent une partie à leurs enfants, à moins d'être fermement engagés personnellement dans un processus de réflexion et de repentance. Je crois que ceci est vrai des parents chrétiens comme des parents non chrétiens. Souvenez-vous que tout en étant un homme selon le cœur de Dieu, David devait faire face à de réels problèmes sur le plan personnel.

Pour comprendre pourquoi le mépris est une chose que tous les parents expérimentent mais que peu sont prêts à admettre, nous devons examiner quelle est la fonction ou le but du mépris. On pourrait définir le mépris comme *une croûte émotionnelle qui s'est formée sur une plaie et qui l'empêche de s'infecter davantage*. Lorsque dans leurs relations, les gens éprouvent une souffrance ou une perte – ce qui est une expérience universelle dans un monde déchu –, ils posent une couche protectrice sur leur blessure pour éviter d'être blessés au même endroit ou de la même manière. Plus ils sont atteints, plus la croûte protectrice est épaisse.

La croûte du *mépris* agit pour maintenir les autres à leur place, à une distance respectable, pour les empêcher de nuire à nouveau. Celui qui abreuve les autres de son dédain semble leur dire : « Ne vous aventurez pas à me refaire du mal. Je ressens toujours de la colère pour la blessure reçue. Si vous recommencez, vous le paierez cher ! » Ce message est communiqué de mille et une manières, ouvertement ou de façon cachée, lorsque les deux parties sont proches l'une de l'autre. Mais si, dans l'immédiat, le mépris sert efficacement à empêcher ou à atténuer la souffrance dans les relations, il n'aboutit à long terme qu'à provoquer à son tour le mépris de la part des autres. C'est particulièrement vrai dans la relation parent-adolescent, comme nous l'avons vu dans le cas de David et d'Absalom.

Charles, un père de famille de notre Église, avait été largement abreuvé de mépris de la part de son père dans son enfance. Aussi loin que Charles pouvait se souvenir, son père l'avait toujours traité d'idiot. Il raconta avec larmes que jusqu'à l'âge de huit ou neuf ans, il ne savait même pas que son vrai nom était Charles et non pas Idiot ! Le garçon se sentit meurtri au plus profond de ses fibres par la cruauté de son père tout au long de son enfance et de son adolescence, si bien que lorsqu'il se maria et fonda sa propre famille, il se mettait en colère dès que quelqu'un le regardait d'un air tant soit peu moqueur.

Lorsque ses enfants atteignirent l'âge où ils commencèrent à se montrer méprisants, Charles eut beaucoup de peine à les éduquer sans laisser paraître son propre dédain. Quand sa femme s'en aperçut, elle ne manqua pas de s'alarmer. Charles interpréta son inquiétude comme une attaque personnelle contre lui et refusa dorénavant de corriger ses enfants. Il prit ses distances envers tout le monde pour ôter à sa femme toute occasion de le blesser encore. Lorsque ses deux filles devinrent adolescentes, elles n'eurent, comme leur mère, que peu de respect pour lui. Elles le méprisaient pour sa faiblesse et son attitude distante. Quand il ne put plus supporter ce climat, il quitta la maison, abandonna femme et enfants pendant plusieurs mois. Il n'avait pas trouvé d'autre façon d'exprimer son mépris pour la manière dont elles le traitaient.

Quand finalement il revint, il prit l'initiative de chercher de l'aide afin de comprendre pourquoi il avait agi de la sorte avec sa famille. Actuellement, il reconstruit de nouvelles relations avec sa femme et ses filles qui fréquentent maintenant l'université. Il a fallu qu'il commence par reconnaître cette vérité dure à accepter : il était méprisant comme mari et père.

Reconnaître que nous sommes des parents méprisants signifie devoir admettre que notre façon d'agir avec nos enfants a été, jusqu'à un certain point, choisie, dans la colère, en vue de les empêcher de nous infliger d'autres blessures et de nous causer d'autres souffrances que celles déjà subies par l'entourage. Les implications sont claires. *Votre façon d'éduquer comporte un élément destiné à vous protéger parce que vous êtes une personne blessée.* Une fois reconnu, le mépris, comme une croûte qui tombe, laisse apparaître une partie très tendre et meurtrie en-dessous, une partie que les parents trouvent encore plus difficile à explorer. C'est la deuxième grande raison qui explique pourquoi les parents sont réfractaires à une introspection personnelle complète.

Les plaies du parent

À partir du moment où un adulte commence à découvrir qu'il est un parent méprisant, il s'expose alors à découvrir qu'il est aussi un parent blessé. Le fait que le parent souffre presque inévitablement de blessures profondes non encore guéries est une réalité qu'il communique à ses adolescents de différentes façons, subtiles ou moins subtiles. Il le fait souvent inconsciemment, parce qu'il a rarement conscience des blessures qu'il traîne de son passé.

FIGURE 2
LE PARENT IRRÉFLÉCHI

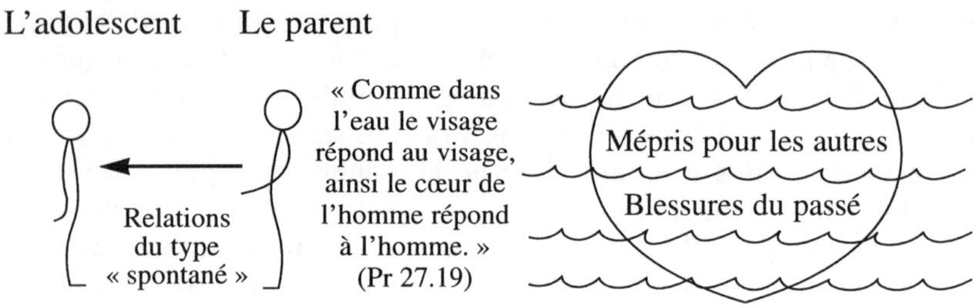

J'ai reçu en consultation une jeune fille nommée Suzanne pendant qu'elle faisait ses dernières années de lycée et ses années d'université. Elle cherchait de l'aide parce que depuis un certain temps, elle avait souffert de nombreux symptômes liés à l'angoisse : cauchemars, insomnie, perte d'appétit, hyperactivité, perte de concentration, accès de panique, éruption de boutons et acné, pour lesquels les médecins ne trouvaient aucune cause organique.

Dès le début de nos entretiens, je fus convaincu que l'anxiété de Suzanne était directement liée aux relations avec ses parents. Ceux-ci étaient séparés et en instance de divorce à l'époque. Suzanne se sentait prise en sandwich entre son père et sa mère. En grandissant, elle avait fini par jouer le rôle de confidente, de sauveteur et de conseillère auprès des deux. Comme ils se comportaient d'une manière puérile et irrationnelle l'un envers l'autre, Suzanne conclut très tôt dans la vie que sa sécurité dépendait de son aptitude à les protéger l'un l'autre des blessures qu'ils pouvaient s'infliger. Elle passait des heures assise à les écouter épancher leur cœur, cherchant à les persuader qu'ils s'aimaient mutuellement. Une fois le divorce prononcé, elle crut qu'il était de son devoir de vivre la moitié de son temps alternativement chez l'un puis chez l'autre, veillant à maintenir un contact téléphonique quotidien avec le parent chez qui elle ne se trouvait pas à ce moment-là. Chacun des deux parents s'efforçait de gagner l'appui de

Suzanne contre l'autre, et ne manquait pas de l'accuser de trahison et d'ingratitude si elle refusait d'entrer dans leur jeu.

Il y avait un mépris évident dans la manière dont les parents sollicitaient l'attention de Suzanne, sans égard pour sa santé et pour ses propres désirs. Toutefois, Suzanne était devenue tellement consciente des blessures que ses parents avaient reçues de la part d'autrui qu'elle excusait leur mépris comme quelque chose qui n'était pas vraiment de leur faute.

Je trouvai intéressante la manière dont les parents réagirent lorsque je leur parlai des problèmes liés à l'anxiété de Suzanne. Tous deux se montrèrent très préoccupés parce qu'ils la considéraient comme une enfant terriblement « blessée ». Ils confessèrent que leur plus grande faute avait été de rendre Suzanne trop dépendante d'eux. Mais ils l'excusèrent néanmoins, car ils disaient avoir tellement de peine pour elle. « La pauvre enfant, elle se fait toujours du souci pour la moindre chose », expliqua sa mère. Aucun des deux parents ne reconnut être personnellement la cause des troubles de Suzanne, mais chacun attribuait les difficultés de Suzanne aux ennuis de l'autre.

Plus un parent est blessé, plus grande est la probabilité pour qu'il situe le mal réel qui ronge la famille chez quelqu'un d'autre que lui – le conjoint ou les enfants. Il cherchera à faire endosser la responsabilité par les autres et à se présenter comme celui qui offre la solution. Dans le cas de Suzanne, père et mère étaient persuadés de savoir ce qui était le mieux pour leur fille. En réalité, ils étaient tous les deux des personnes blessées qui se servaient d'elle dans leur propre intérêt.

S'il est vrai que tous les parents méprisants sont en réalité des parents blessés, cela soulève alors la question suivante : « D'où viennent toutes leurs blessures ? » Après la mort d'Absalom, Joab eut des propos très révélateurs en reprochant à David ses lamentations qui étaient un affront pour ses soldats. « Lève-toi donc, sors et parle au cœur de tes serviteurs ! Car je jure par l'Éternel que, si tu ne sors point, il ne restera pas un homme avec toi cette nuit ; *ce sera pour toi pire que tous les malheurs qui te sont arrivés depuis ta jeunesse jusqu'à présent* » (2 S 19.8, italiques ajoutés). En somme, Joab déclarait à son roi : « Tu crois être blessé maintenant. Eh bien toutes les blessures que tu as reçues depuis ton enfance jusqu'à maintenant ne sont rien en comparaison de celles que tu vas connaître si ton armée t'abandonne ! »

Même si je doute que de nouvelles blessures auraient pu être pires que celles qu'il avait endurées jusque-là, David tint compte de l'avertissement de Joab et dissimula sa peine aux yeux de ses serviteurs. Peut-être est-ce là un exemple typique de la manière dont David choisit de vivre sa douleur, en particulier vers la fin de sa vie. La remarque de Joab révèle qu'il connaissait le caractère douloureux du passé de David. Il est important de se souvenir que c'est dans ses relations personnelles que David a dû encaisser les coups les plus durs et les blessures les plus profondes, ces relations qui étaient censées le protéger et l'épanouir, mais qui l'ont rarement fait. Parmi les relations qui se sont révélées décevantes pour David, il y avait certainement la relation avec son père qui l'a négligé en raison de son jeune âge et de sa petite taille (1 S 16.7-12), celles avec ses frères qui ne lui faisaient pas confiance (1 S 17.28-30), celles avec Saül qui l'a trahi (1 S 18.10-11), celle avec Mical qui l'a humilié (2 S 6.17-23). Au milieu de ces calamités relationnelles, on comprend mieux pourquoi David s'est pris d'affection pour Jonathan (1 S 18.1). Jonathan fut peut-être la seule personne de qui David s'est senti vraiment aimé (2 S 1.25-26). Malheureusement, cette amitié fut de courte durée et cessa brutalement. Tous ces événements ont laissé des blessures dans le cœur de David, qui ont inévitablement affecté sa manière de diriger le peuple et d'éduquer ses enfants. Elles l'ont sans doute empêché de se rendre à nouveau vulnérable devant ceux qu'il aimait.

Comme dans le cas de David, les parents d'aujourd'hui traînent avec eux des blessures reçues dans leurs relations passées qui affectent leurs rapports avec leurs adolescents. Quand les parents commencent à reconnaître ainsi les cicatrices de leur passé, ils éprouvent de la gêne et de la honte. Leurs blessures rappellent leur incapacité de se faire aimer des autres dans des moments critiques et comme ils l'auraient souhaité. Une fois découverte, cette incapacité fait naître un profond désespoir et une honte immense : « Qu'est-ce qui ne va pas avec moi pour que je n'arrive pas à faire en sorte que les gens que j'aime m'entourent avec toute l'attention et l'ardeur que je désire ? »

Écoutez comment David fait part de son désespoir à la suite d'une de ses plus profondes déceptions relationnelles :

Car ce n'est pas un ennemi qui me déshonore,
Je le supporterais ;
Ce n'est pas celui qui me hait qui s'élève contre moi,
Je me cacherais de lui.
C'est toi, un homme comme moi,
Mon confident, toi que je connais bien !
Ensemble nous vivions dans une douce intimité,
Nous allions avec la foule à la maison de Dieu !
(Ps 55.13-15)

Au début de ce psaume (vv. 7-9), David déclare que sa première réaction avait été d'échapper à la souffrance liée à cette relation en s'enfuyant au désert ou en cherchant un endroit sûr, coupant ainsi court à toute relation susceptible de le faire souffrir. David a utilisé ce style relationnel dans ses rapports avec ses enfants aussi longtemps qu'il a pu. Quand finalement la révolte d'Absalom rendit la souffrance trop grande et coupa toute fuite possible, David fut bien obligé de reconnaître qu'il était un père blessé. Un père qui vivait sa plus grande crainte : celle d'apparaître comme un homme ignoble aux yeux de tous les personnages importants, sans pouvoir rien changer à sa situation ! Revenons au Psaume 55 pour saisir un peu la profondeur de l'angoisse de David :

> *J'erre çà et là en soupirant et je m'agite,*
> *À cause de la voix de l'ennemi*
> *Et en face de l'oppression du méchant ;*
> *Car ils font s'abattre sur moi le malheur,*
> *Et avec colère ils m'accusent.*
> *Mon cœur tremble au-dedans de moi,*
> *Et les terreurs de la mort tombent sur moi ;*
> *La crainte et l'épouvante m'assaillent,*
> *Et un frémissement m'enveloppe.*
> (Ps 55.3-6)

Souvent, lorsque les parents font l'expérience de relations décevantes, c'est comme si une pincée de sel était jetée sur les anciennes plaies, ravivant ainsi la douleur passée. Ce fut le cas pour David avec Absalom. C'est souvent le cas aussi pour les parents d'adolescents ou de jeunes adultes aujourd'hui. Les dépits quasiment inévitables que connaissent les parents dans les relations avec leurs jeunes peuvent ramener à la surface toutes sortes de souvenirs désagréables des déceptions liées aux relations passées. Pourtant, certains parents d'adolescents trouvent malgré tout le moyen de traverser de graves crises avec leurs adolescents sans jamais reconnaître leurs propres blessures. Ils parviennent à faire cela en maintenant coûte que coûte leur attention rivée sur les difficultés de leurs enfants plutôt que sur les leurs.

Dans l'esprit d'un parent, une blessure passée révèle une vérité encore plus profonde sur une personne, vérité qu'il craint de voir découverte par autrui. Cela nous mène à la troisième raison qui explique pourquoi les parents évitent de réfléchir personnellement.

Les manquements d'un parent

FIGURE 3
LE PARENT IRRÉFLÉCHI

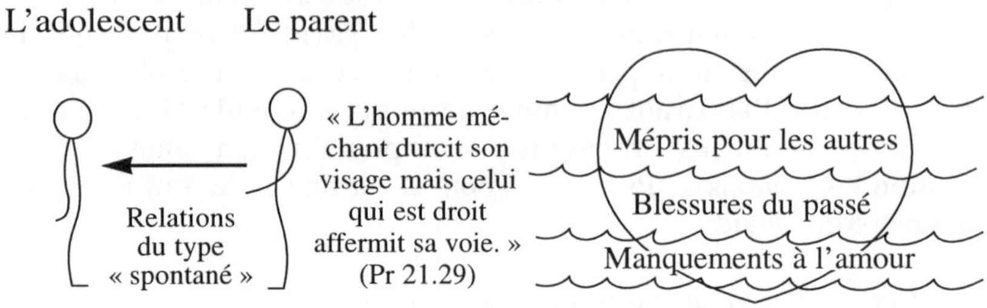

Les parents et les adolescents sont tous deux victimes de relations manquées, car chaque être a connu, à un moment ou à un autre, des ratés dans ses relations avec ses parents ; c'est la conséquence inévitable de devoir vivre dans un monde déchu avec des parents voués au péché. L'auteur de la lettre aux Hébreux souligne un contraste important entre notre Père céleste et nos parents humains : « Nos pères, en effet, nous corrigeaient pour peu de temps, comme ils le jugeaient bon ; mais Dieu nous corrige pour notre véritable intérêt, afin de nous faire participer à sa sainteté » (12.10). Notre Père céleste poursuit des objectifs justes et bons dans tout ce qu'il entreprend. Les parents humains agissent comme bon leur semble. Et même dans le meilleur des cas, nous savons que l'attention des parents est souvent mal focalisée, que leurs objectifs sont mal orientés et que leur dépendance est mal placée. Leur réaction est donc souvent différente de celle de Dieu (le Seigneur vise le bien de son enfant, c'est-à-dire sa sanctification). Lorsque la réaction est inspirée par d'autres motivations, notamment l'intérêt du parent (par exemple ne plus être ennuyé par l'adolescent), il y a manquement à l'amour de la part de l'adulte.

Par moments, la réaction du parent vis-à-vis de l'adolescent est inspirée par l'égocentrisme et le désir de se protéger. Le fait que, sur certains plans, il n'ait pas été capable d'aimer ses enfants de façon valable est souvent la vérité la plus dure qu'un parent ait à affronter ou à admettre. Pourtant, tout parent qui veut vraiment se connaître à fond doit se rendre à l'évidence : il est effectivement incapable d'aimer comme il faut.

De nombreux parents d'adolescents fondent tous leurs espoirs sur leur bonté. Au plus fort des crises qui surviennent avec leurs fils ou leurs filles, ces parents s'accrochent à l'idée « qu'il est impossible que les pires calamités puissent arriver à des enfants de parents comme nous. » Ils placent leur confiance en eux-mêmes, dans leur habileté de parents et dans le fait qu'ils sont de braves gens, pour empêcher les épreuves et les chagrins de les atteindre. Lorsque la dépendance des parents repose sur une telle base, ils doivent alors à tout prix maintenir l'illusion de leur propre bonté pour empêcher que ne s'écroule le fondement sur lequel ils ont bâti leur vie.

À la lecture de ces lignes, certains parents pourront objecter : « Je sais que je ne suis pas un parent parfait, et je n'ai jamais eu la prétention de l'être. Dites-moi autre chose que cette banalité. » Ces parents doivent comprendre qu'il existe plusieurs façons de reconnaître leur difficulté d'aimer. On peut confesser nos manquements à la légère : « Certes, j'admets que je suis parfois un peu maussade et que je m'emporte avec les enfants. Je sais que je devrais être plus gentil. » *Lorsque les parents reconnaissent leur manque d'amour de cette manière, ils ne ressentent pas beaucoup de douleur.* Ils n'ont absolument pas mesuré à quel point leur manquement a des prolongements néfastes en eux, et des prolongements néfastes chez leurs enfants. Ils considèrent leur péché comme une réalité plutôt inoffensive. Ce sont des parents qui réagissent de manière spontanée et sans réflexion, qui ne se développent pas et ne modifient pas leurs relations parce qu'il n'en voient pas la nécessité.

D'autres parents ressentent le poids de leurs manquements d'une façon chronique. On les entend toujours se lamenter sur leurs lacunes et se reprocher la moindre mauvaise action commise par leurs enfants. Même leurs enfants se lassent d'écouter leurs jérémiades. Ces parents ressentent de la douleur, mais leur souffrance est différente de celle qui vient d'un véritable constat d'échec en tant que parent. Elle s'apparente davantage au mal de tête qu'au mal de cœur. Les parents qui témoignent de leurs manquements d'une manière continuelle le font généralement pour que les autres viennent à leur secours et les soulagent de leur peine. *La confession chronique des manquements vise à obtenir d'autrui qu'il rabaisse ses exigences de manière à ce que le parent se sente moins menacé par le dévoilement de ses carences.* En évoquant leurs lacunes de manière obsessionnelle, ils réussissent à attirer la sympathie des autres et insistent pour qu'on reconnaisse « qu'ils ne sont pas vraiment de mauvais parents après tout. » En fait, ce sont les autres qui paraissent coupables, tandis que celui qui avoue constamment ses échecs passe pour victime puisque sa famille n'a pas été capable de l'apprécier ou de le comprendre.

Un parent n'a pas réellement fait face à la vérité qu'il est un parent raté tant qu'il ne l'a pas reconnu au plus profond de lui-même.

Lorsque j'entends un parent me parler de ses échecs, je cherche alors trois indices qui me permettent de savoir jusqu'à quel point cette vérité l'affecte.

J'essaie d'abord de déterminer *quelle est la part de responsabilité qu'il endosse lui-même dans ses échecs.* Lorsqu'un parent s'examine en profondeur, il ne peut invoquer aucune excuse à ses carences. Il ne peut blâmer ni son insensibilité, ni ses préoccupations, ni ses explosions de colère contre autrui. Il doit admettre qu'il a délibérément choisi ce mode relationnel pour se protéger lui-même de la souffrance. Le fait de prendre conscience d'avoir été blessé ne peut lui servir d'excuse. Il n'a pas le droit de dire : « Je ne serai jamais un bon parent, étant donné la manière dont mon père m'a traité. » Le fait de prendre conscience de ses blessures devrait plutôt lui révéler quelles sont les motivations qui inspirent sa façon d'éduquer. Peut-être devra-t-il confesser : « J'ai décidé d'être un parent distant parce que je refuse d'être blessé à nouveau. » Celui qui reconnaît parfaitement ce qu'il est au plus profond de lui-même accepte la pleine responsabilité de ce qu'il fait en tant que parent. Il ne prétend pas que quelque chose ou quelqu'un d'extérieur à lui-même dicte ses choix.

Je cherche ensuite à savoir *dans quelle mesure le parent est conscient des effets que ses lacunes ont sur autrui.* Lorsqu'une personne commence à voir vraiment comment elle agit en tant que parent, elle prend alors douloureusement conscience de l'influence destructive qu'elle exerce sur ses enfants. Elle commence à mesurer en quoi son propre style relationnel renforce les modes de pensée et d'interaction problématiques chez ses enfants dans le domaine des relations. La souffrance que le parent ressent alors n'est plus essentiellement liée à une déception face au comportement d'autrui, mais plutôt à la déception face à son propre comportement. Le parent reconnaît que son manque d'amour pour ses enfants les a blessés et a accentué en eux la tendance humaine à ne dépendre que d'eux-mêmes pour faire face à la vie. Tout cela a contribué à rendre encore plus difficile pour eux de croire qu'ils peuvent compter sur l'amour d'un « Père céleste ».

Le troisième indice que je recherche est *jusqu'à quel point le père ou la mère exprime le désir de devenir un parent fondamentalement différent.* Normalement, lorsqu'un parent découvre ce qu'il est réellement dans son cœur, il aspire à changer. Mais il sait qu'il lui est impossible d'opérer ce changement par lui-même parce qu'il en est incapable. Il commence alors à ressentir le besoin ardent de Dieu, avec une acuité qu'il n'a jamais connue jusqu'à présent. *Il reconnaît que s'il veut véritablement aimer ses enfants, il est totalement dépendant de Dieu pour changer en lui ce qu'il ne peut faire par ses propres forces*. Cela produit chez le parent un changement perceptible qui l'amène à approfondir sa relation avec le Christ.

Il est tout à fait possible que David ait choisi d'être un parent irréfléchi tout simplement pour éviter d'avoir à reconnaître son échec en tant que père. L'Écriture nous permet de conclure que David a reconnu devant Joab avoir commis auparavant une « erreur de jugement » lorsqu'il revint sur sa décision de garder Absalom en exil ou de lui défendre de paraître en sa présence (2 S 14.21, 33). Toutefois, il n'y a rien dans le texte qui indique que le roi ait jamais réfléchi au fait d'avoir manqué à l'égard d'Absalom jusqu'à ce que les relations entre le père et le fils se fussent détériorées sans espoir de réparation (2 S 16.11 ; 18.33).

Nous ne savons pas jusqu'à quel point David a vraiment reconnu ses manquements en tant que père. À certains moments de sa vie, par exemple lorsqu'il commit adultère, fit mourir Urie ou procéda au dénombrement du peuple, le roi reconnut ouvertement ses échecs sur le plan moral (2 S 12.13 ; 24.10). Bien qu'il ait eu aussi l'occasion de reconnaître sa faillite morale en tant que père à l'égard d'Absalom, et de s'en repentir (2 S 14.13-14), il ne le fit pas ; au contraire, il persista dans sa voie en entretenant avec Absalom des relations qui ne firent que l'encourager à persister dans sa manière d'agir autodestructrice.

Certes, toute faute morale d'un adolescent n'est pas nécessairement imputable à une faillite morale de la part de ses parents. Le jeune est un être moral libre de choisir le type de personne qu'il veut être, comme nous le verrons plus en détail au chapitre suivant. Les parents ne sont pas responsables des décisions de leurs adolescents, car ils n'ont aucun moyen de les contrôler. Mais les adultes sont responsables du choix du type de parents qu'ils veulent être, de la manière dont ils réagissent aux choix de leurs enfants et des motivations qui inspirent leurs réactions.

Dieu le montre clairement dans l'histoire du prêtre Éli (1 S 3.12-14). Éli n'est pas tenu pour responsable du comportement indigne de ses enfants, mais de n'avoir pas su ou voulu prendre les mesures qui les auraient empêchés d'agir comme ils l'ont fait. De même, David n'est pas responsable du viol de Tamar par Amnon, ni du projet meurtrier d'Absalom d'éliminer Amnon. Le roi était cependant responsable de son refus de réagir d'une manière qui aurait découragé ses enfants de continuer à transgresser les lois de Dieu pour obtenir ce qu'ils désiraient. Le comportement de leur père n'a fait que les exaspérer et les pousser à violer constamment les lois divines. Voilà en quoi réside l'échec parental de David.

LES CONSÉQUENCES D'UNE ÉDUCATION PARENTALE IRRÉFLÉCHIE

Lorsqu'une personne refuse de réfléchir pour ne pas devoir faire face au fait d'être un parent méprisant, blessé et fautif, il faut alors se demander à quelles conséquences elle s'expose en voulant ignorer la vérité sur sa véritable condition intérieure.

Une éducation parentale irréfléchie enferme le parent dans un style de relation « automatique » ou « spontané ». Dans ces conditions, l'adulte entre en relation avec l'adolescent de façon malsaine et immature en adoptant l'un des trois styles relationnels suivants : 1) la *sévérité,* 2) la *dépendance* ou 3) le *détachement.* Le style choisi dépendra de l'interaction de ses trois relations principales : avec ses parents autrefois, avec ses enfants, et avec son conjoint dans le présent. C'est ce que s'efforce de représenter la figure 4.

FIGURE 4
COMMENT UN PARENT CHOISIT SON STYLE RELATIONNEL

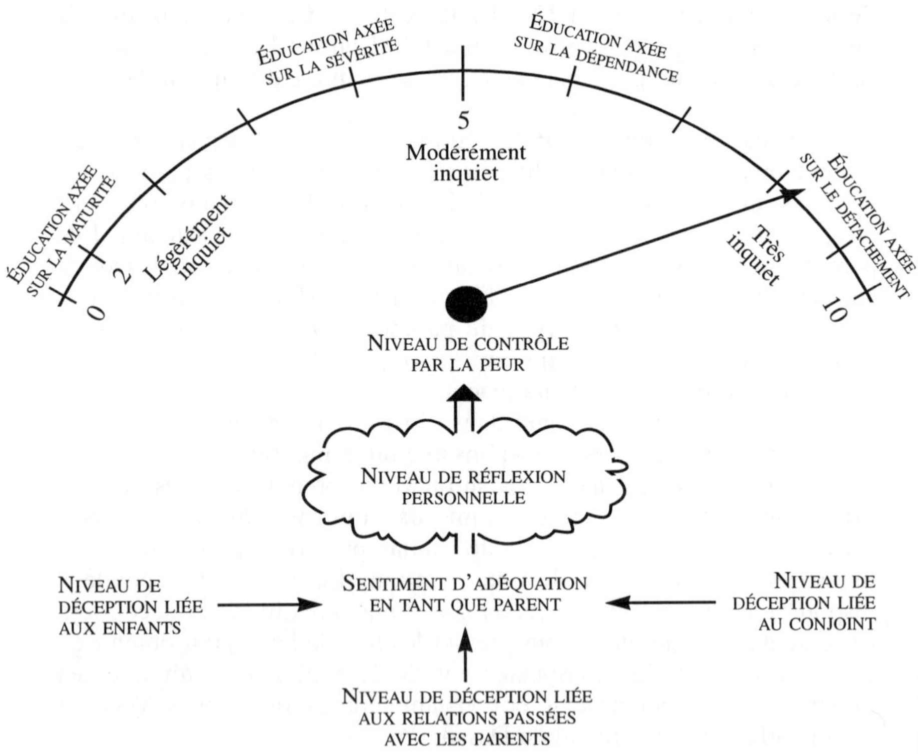

Une échelle mesure à quel point le parent est assujetti à la peur lorsqu'il interagit avec l'adolescent. *Plus il est soumis à la peur, plus il se sentira menacé dans sa façon d'éduquer.* Plus un parent se comporte de façon saine et réfléchie, moins il est inquiet dans son rôle de parent. Toutefois, plus il se sent menacé, plus sa relation avec l'adolescent aura tendance à se troubler et à devenir destructrice. Dans le cas extrême, l'adulte aura une relation très détachée avec le jeune, au point d'être presque insensible à ce qu'il dit ou fait.

La figure 4 indique également les facteurs qui interviennent dans l'assujettissement d'un parent à la peur. Ses sentiments d'incompétence en tant que parent proviennent des déceptions qu'il a connues ou connaît encore dans ses relations avec ses parents, son conjoint ou ses enfants. *Plus les déceptions sont grandes, plus grand sera son sentiment d'incompétence, lequel nourrit ses peurs et fait de lui un parent menacé.*

La figure 4 dépeint également l'influence que peut avoir la réflexion personnelle du parent, à la lumière de la Bible, sur son style d'éducation. Quand un parent décide de ne pas réfléchir, il exclut toute possibilité de surmonter ses propres craintes dans la vie. Il devient un adulte immature, ballotté çà et là par les vagues de déceptions qui surviennent dans ses relations. Tant que les membres de sa famille répondent à son attente, il est capable de fonctionner avec une certaine compétence et ne paraît que légèrement inquiet. En revanche, si ses relations familiales actuelles ou passées se sont révélées très décevantes, il sera incapable d'empêcher que la blessure qui en résulte n'oriente sensiblement sa façon d'éduquer ses enfants, à moins qu'il ne consente à une profonde réflexion personnelle et ne passe par une réelle repentance. C'est seulement s'il s'ouvre lui-même, à la lumière des Écritures, à une sérieuse réflexion au sujet de ses déceptions relationnelles, qu'il pourra trouver la force d'éduquer ses enfants d'une manière qui ne soit pas inspirée par la peur, malgré ses sentiments d'inadéquation.

Quand un parent décide de faire l'économie de toute réflexion, il se sent menacé dans son rôle de parent parce qu'il craint d'être découvert comme un incompétent. Aussi choisit-il inconsciemment une façon d'éduquer destinée à dissimuler la vérité à propos de lui-même.

Trois styles d'éducation parentale

Le parent *sévère* croit que sa valeur en tant que personne dépend de sa capacité de s'arranger pour que son fils ou sa fille évite les échecs et obtienne le succès aux yeux des autres. Pour parvenir à ce résultat, le parent insiste outre mesure sur le comportement extérieur de l'adolescent et se soucie peu de ce que son enfant pense ou ressent, sauf si cela a une influence néfaste sur ses performances. En conséquence, le jeune perçoit l'adulte comme un parent distant parce que celui-ci craint de découvrir ce qui se passe dans le for intérieur de l'adolescent. Toute mise en évidence de la dépravation ou des déceptions chez l'adolescent ne fait que renforcer les peurs du parent et accentue son sentiment d'être un parent minable. Au lieu d'avoir une discussion honnête et ouverte avec l'enfant, le parent remplit son devoir de lui fournir tout ce qui peut contribuer à augmenter ses chances de succès : la meilleure éducation, les meilleures leçons privées, les meilleurs outils, les plus grands privilèges. L'adolescent croule sous le poids de la contrainte et sous la pression de devoir réussir pour combler l'attente de l'adulte.

Le parent qui est *branché sur la dépendance* adopte une démarche différente vis-à-vis de son fils ou de sa fille. Il estime que sa valeur en tant que parent dépend de sa capacité de s'assurer que son enfant continue à avoir besoin de lui et à l'apprécier. Pour cela, il s'efforce de le persuader que sans lui, l'adolescent n'est pas capable de faire face à la vie. Le parent dépendant est généralement plus blessé que le parent axé sur le devoir, car il a connu plus de désillusions dans ses relations. C'est pourquoi il considère que son enfant est blessé ou fragile lui aussi ; il s'emploie donc à le mettre à l'abri de tout ce qui pourrait lui nuire davantage. Il en résulte que le jeune se voit comme étant fragile ; il va donc s'accrocher à son père ou à sa mère au lieu de s'engager progressivement sur le chemin de l'autonomie indispensable pour devenir un adulte équilibré. Aussi longtemps qu'un adulte se sent indispensable à son enfant, il a l'impression d'être une personne valable, et le risque d'être découvert comme un incompétent s'estompe.

Le parent *distant* aborde son enfant dans une autre optique. Il croit que sa valeur en tant que personne dépend de sa capacité de décliner toute responsabilité dans ce qui arrive à son enfant et dans l'orientation que peut prendre sa vie. Ce parent est le plus menacé des trois. Ayant expérimenté une souffrance si profonde et des déceptions si amères dans ses relations, il a conclu qu'il fallait dorénavant éviter toute intimité. Dans ses interactions avec la famille, il se montre distant et ne manifeste aucun désir de participer à la vie commune. Si on le pousse à s'engager davantage, il répond par le mépris qu'il a appris à cultiver pendant des années pour maintenir les autres à distance et les empêcher de le blesser à nouveau. Il pense que son détachement le dégage de toute responsabilité parentale et de la possibilité d'être dévoilé comme un parent incompétent. Ses enfants sont enclins à nourrir des sentiments de dégoût d'eux-mêmes pour n'avoir pas réussi à être des personnes que les parents pourraient aimer.

Au chapitre suivant, nous verrons plus en détail quelle incidence le style relationnel du parent a sur le type d'adulte que l'adolescent choisit d'être. De toute évidence, le refus de réfléchir entraîne pour le parent et pour l'adolescent des conséquences désastreuses. La réflexion personnelle à la lumière de l'Écriture est le seul moyen pour arracher le parent à cette spirale destructrice.

LE REMÈDE À L'ÉDUCATION PARENTALE IRRÉFLÉCHIE

C'est presque une lapalissade d'affirmer que le remède à l'éducation parentale irréfléchie est la réflexion ! Toutefois, il faut également reconnaître que la réflexion personnelle n'est ni facile ni naturelle pour les parents. Elle est toujours un processus nécessairement douloureux. En effet, le parent résiste d'instinct à l'introspection indispensable pour découvrir qui il est réellement. C'est pour cette raison qu'il ne se plongera pas facilement dans une réflexion personnelle approfondie, à moins que trois éléments ne soient réunis.

Le premier est *la présence d'une souffrance relationnelle à laquelle il ne peut se soustraire.* Tant que le style relationnel choisi par le parent lui permet de maintenir la souffrance et les désillusions existentielles à un niveau supportable, il ne se mettra pas à réfléchir. Mais Dieu a trouvé une solution géniale pour empêcher que l'adulte ne reste complaisant et irréfléchi face à sa vie. Il a placé dans chacune de nos familles des bombes à retardement qui explosent juste au moment où nous pensions avoir trouvé le moyen de rendre la vie stable et prévisible. Ces bombes à retardement sont presque toujours les crises que déclenchent nos adolescents. Lorsque nos enfants entrent dans l'adolescence, nous avons alors les meilleures chances de connaître des difficultés relationnelles qui rendent inefficaces tous nos moyens habituels pour surmonter les situations douloureuses. Il est très probable que c'est ce genre de choses qui a poussé David à réfléchir sur le sens de sa vie : « Mon cœur tremble au-dedans de moi... Qui me donnera des ailes comme à la colombe ? Je m'envolerais et je trouverais une demeure » (Ps 55.5, 7). Le roi s'était finalement trouvé confronté à une sorte de souffrance relationnelle qu'il ne pouvait plus ignorer, nier, ou fuir.

Le deuxième élément indispensable est *la présence d'une personne qui encourage,* guide et assiste le parent dans l'exploration de son être. Voici comment l'auteur de la lettre aux Hébreux décrit le rôle d'une telle personne : « Prenez donc garde, frères, que personne parmi vous n'ait un cœur méchant et incrédule, au point de se détourner du Dieu vivant. Mais exhortez-vous chaque jour, aussi longtemps qu'on peut dire : Aujourd'hui ! afin qu'aucun de vous ne s'endurcisse par la séduction du péché » (Hé 3.12-13).

Celui qui exhorte ainsi encourage le parent à déplacer son attention focalisée sur les ennuis que lui cause son adolescent pour la reporter sur ce qui se passe dans son for intérieur d'adulte ; ensuite, il le soutient pendant tout le temps où le parent se débat avec cette nouvelle réalité douloureuse. Il l'aidera à identifier ce qui pose un problème dans sa façon de penser et d'entrer en relation, et à faire finalement les choix existentiels nécessaires pour être capable d'éduquer avec un cœur pur.

C'est sans doute l'élément qui a manqué à David. Bien que Joab ait de temps en temps obligé le roi à réfléchir lorsque la sécurité du royaume était en jeu, il ne semble pas que quelqu'un se soit intéressé à David pour lui faire prendre conscience de ce qu'il y avait dans son cœur en tant que père. Une grande partie de la responsabilité de cet état de choses incombe néanmoins à David, comme à de nombreux parents aujourd'hui. En effet, lorsque les parents décident de se priver ou de se couper d'amitiés capables de leur procurer un réel encouragement, ils courent le risque de devenir insensibles à ce qui se passe vraiment dans leur cœur, et de s'endurcir dans leur mauvaise attitude de parent.

Le troisième élément fondamental préalable à toute réflexion est *une relation étroite avec Jésus-Christ.* Ce n'est que dans une relation personnelle avec Jésus-Christ que l'homme peut trouver la force de faire face honnêtement aux dures vérités qui le concernent (Hé 4.14-16 ; 2 P 1.2-4).

Si un parent n'a jamais noué une relation personnelle avec le Christ, il n'a personne à qui s'adresser lorsque son mépris, ses blessures et ses carences sont mis en évidence. Lorsque les erreurs et les égarements de David en tant qu'homme apparurent au grand jour dans ses relations avec son fils, Dieu fut le seul être vers qui le roi put se tourner pour trouver consolation et espérance. Il en parle dans le Psaume 55.

Et moi, je crie à Dieu,
Et l'Éternel me sauvera.
Le soir, le matin et à midi, je soupire et je gémis,
Et il a entendu ma voix.
Par la paix il a libéré ma vie
De la guerre qu'ils me faisaient,
Lorsqu'en nombre ils se tenaient contre moi.
...
Remets ton sort à l'Éternel, et il te soutiendra,
Il ne laissera jamais chanceler le juste.
(Ps 55.17-19, 23)

Le résultat immanquable de la réflexion personnelle à la lumière de l'Écriture est l'érosion de la confiance que le parent a placée dans sa propre capacité à rendre la vie agréable pour lui-même ou pour ses enfants. Mais finalement, un parent n'acceptera pas que cela se produise à moins qu'il connaisse une Personne en qui placer sa confiance. Dieu a voulu que l'éducation par les parents, et en particulier l'éducation des adolescents, ne soit possible et efficace que si l'adulte cesse de placer sa confiance en lui-même pour la reporter sur le Christ.

RÉSUMÉ

Il est intéressant de noter que lorsque Dieu appela Jérémie à être son messager et son prophète, il lui donna pour mission d'arracher et d'abattre, de faire périr et de détruire, puis de bâtir et de planter (Jr 1.10). La deuxième tâche ne pouvait s'accomplir avant la première. Pour pouvoir planter ou construire, il faut d'abord préparer le terrain et faire place nette.

Le développement de votre aptitude à aimer en tant que parent doit emprunter le même chemin. Vous devez au préalable démolir et faire disparaître tout ce qui vous emprisonne dans des façons d'éduquer malsaines. Même si cette œuvre de destruction est désagréable et douloureuse, elle est absolument indispensable.

Le processus commence par une réflexion personnelle permettant d'identifier les réalités cachées en vous qui vous empêchent d'aimer. Des réalités comme la peur d'apparaître comme un parent incompétent, la peur d'être de nouveau blessé par les autres, la peur d'être vulnérable devant vos enfants. Tant que ces craintes ne seront pas reconnues, elles continueront de vous cantonner dans le rôle de parent que vous avez choisi d'être. Une fois que vous les aurez identifiées, vous pourrez prendre des mesures qui vous permettront d'aimer vos adolescents comme Dieu le souhaite.

Notes du chapitre 4

---

1. C.F. Keil et Delitzsch, *Commentary on the Old Testament*, vol 5, Psalms, Grand Rapids, William B. Eerdmans Publishing Company, 1973, p. 146 ; Albert Barnes, *Notes on the Old Testament,* Robert Trew, éd., vol 2, Psalms, Grand Rapids, Baker Book House, 1973, p. 112.

CHAPITRE 5

Comment l'adolescent choisit le type de personne qu'il veut être

Un soir, après le souper, je m'enhardis à faire un culte de famille. Je lus les paroles de Jésus rapportées dans Matthieu 7.24-27 :

Ainsi, quiconque entend de moi ces paroles et les met en pratique sera semblable à un homme prudent qui a bâti sa maison sur le roc. La pluie est tombée, les torrents sont venus, les vents ont soufflé et se sont portés sur cette maison : elle n'est pas tombée, car elle était fondée sur le roc. Mais quiconque entend de moi ces paroles, et ne les met pas en pratique sera semblable à un homme insensé qui a bâti sa maison sur le sable. La pluie est tombée, les torrents sont venus, les vents ont soufflé et se sont abattus sur cette maison : elle est tombée et sa ruine a été grande.

J'avais choisi intentionnellement ce passage pour amener mes enfants à réfléchir aux deux sortes de gens qui existent dans le monde : les sages et les insensés.

Nous avons ensemble dressé la liste de toutes les différences que nous trouvions dans les versets entre ces deux catégories de personnes. Une de nos filles fit remarquer que les sages bâtissent leur vie sur les idées de Jésus, tandis que les insensés la construisent sur leurs propres idées. Une autre ajouta que les sages sont intelligents parce qu'ils construisent de façon à ce que leur vie résiste aux épreuves et aux difficultés, tandis que les insensés construisent leur vie sur un fondement qui cède dès que les tribulations surviennent. Nous avons tous conclu que vivre comme un insensé serait absolument effroyable, car on ne peut jamais prévoir l'arrivée d'un orage qui vient tout submerger et tout détruire. Vivre à la manière d'un sage donne plus confiance, car on sait que le fondement sur lequel repose sa vie est sûr et solide.

Nous avions l'impression de vivre un de ces moments privilégiés où tout le monde se trouve sur la même longueur d'onde. Pour ma part, je me sentais heureux, car j'avais obtenu l'attention de chacun.

Je décidai de conclure notre discussion par une question finale adressée à chacun : « À quelle catégorie de gens voulons-nous appartenir, et pourquoi ? » L'un après l'autre, tous les membres de la famille indiquèrent leur choix et les raisons qui les faisaient opter pour l'homme sage. Vint le tour de l'aînée, Christie. Tout d'abord, elle ne dit rien. « Christie, lui demandai-je, quel genre de personne voudrais-tu être : sage ou insensée ? » Je n'oublierai jamais sa réponse. Elle déclara très sobrement : « Je ne sais pas, Papa. Il faut d'abord que j'y réfléchisse ! »

Les deux tâches de l'adolescence

Rien ne fait mieux comprendre la tâche qui incombe à l'adolescent, que la réponse donnée par Christie ce soir-là. Les adolescents doivent relever le défi de répondre à deux questions cruciales : *« Quel genre de personne dois-je être pour être vraiment désiré et aimé ? »* et *« Quel genre de personne dois-je être pour laisser une marque durable ? »* Chaque adolescent doit déterminer par lui-même s'il a de meilleures chances d'atteindre ce double objectif en étant sage ou en étant insensé. Sa décision déterminera le genre de personne qu'il deviendra.

Dans le même chapitre de Matthieu, Jésus avait parlé précédemment de deux portes : une étroite et une large.

> *Entrez par la porte étroite, car large est la porte et spacieux le chemin qui mènent à la perdition, et il y en a beaucoup qui entrent par là. Mais étroite est la porte et resserré le chemin qui mènent à la vie, et il y en a peu qui le trouvent* (Mt 7.13-14).

Jésus précise que peu de gens choisissent la porte étroite qui conduit à la vie. La majorité s'engage par la porte large qui aboutit à la destruction. En d'autres mots, rares sont ceux qui prennent le Christ et son enseignement comme fondement pour leur vie. La plupart des personnes préfèrent construire sur le sable de leurs efforts ou de leurs idées. Voici comment le livre des Proverbes définit l'insensé : « Celui qui a confiance dans son propre cœur est un insensé, mais celui qui marche dans la sagesse sera délivré » (Pr 28.26).

Chaque individu (votre fils ou votre fille y compris) a un réel penchant à vouloir s'appuyer sur ses propres ressources plutôt que sur celles du Christ pour diriger sa vie. Cela signifie que sans une intervention providentielle du Christ ou d'un de ses représentants, chaque être humain finirait par construire sa vie sur le sable ou cheminerait sur la voie large de la ruine ultime. C'est pourquoi, dans l'Écriture, hommes, femmes et enfants sont décrits comme des insensés par nature :

> *L'insensé dit en son cœur : Il n'y a point de Dieu !*
> *Ils se sont corrompus, ils ont commis des choses horribles ;*
> *Il n'en est aucun qui fasse le bien.*
> *L'Éternel, du haut des cieux, se penche sur les êtres humains,*
> *Pour voir s'il y a quelqu'un qui ait du bon sens,*
> *Qui cherche Dieu.*
> *Tous sont égarés, ensemble ils sont pervertis ;*
> *Il n'en est aucun qui fasse le bien,*
> *Pas même un seul.*
> (Ps 14.1-3)

C'est à l'adolescence que les enfants choisissent le type d'adulte qu'ils seront. Ils font ce choix alors qu'ils sont naturellement enclins à croire qu'ils ne peuvent se fier à aucun Dieu pour leur procurer ce qu'ils estiment vital pour leur existence. Du moins, il est évident pour eux que Dieu ne saurait être autre chose qu'un obstacle. Il n'y a donc aucun doute sur le type de personne que les adolescents choisiront d'être si leur tendance à exclure Dieu de la scène n'est pas combattue. Ils choisiront d'être des insensés. C'est pourquoi l'Écriture insiste fortement sur la bonne attitude que les parents doivent adopter s'ils veulent être capables d'extirper la folie du cœur de l'enfant. L'auteur du livre des Proverbes déclare :

> *Corrige ton fils, car il y a encore de l'espérance ;*
> *Mais ne désire pas le faire mourir* (Pr 19.18).

> *La stupidité est attachée au cœur de l'enfant ;*
> *Le bâton de la correction l'éloignera de lui* (Pr 22.15).

> *Le bâton et la réprimande donnent la sagesse,*
> *Mais le garçon livré à lui-même fait honte à sa mère*
> (Pr 29.15).

La relation avec les parents est un facteur d'influence important qui va contribuer à contrer ou à renforcer cette tendance insensée chez une jeune personne en développement. Le genre de relations que l'enfant cultive avec ses parents détermine grandement les stratégies ou le style relationnel qui guideront son existence ultérieure. Pour être en mesure d'agir délibérément en vue de mieux influencer l'adolescent dans le choix de l'adulte qu'il sera, les parents doivent d'abord comprendre deux choses : 1) les différentes phases du développement des stratégies insensées que l'enfant met au point pour la vie et 2) ce en quoi la relation avec ses parents peut influencer le type de stratégie insensée que va choisir l'adolescent.

LE DÉVELOPPEMENT DE LA FOLIE CHEZ L'ADOLESCENT

La folie commence à se développer dans le cœur humain dès la naissance. Elle s'*éveille* durant la petite enfance, elle s'*apprend* pendant l'enfance, elle s'*exacerbe* à l'adolescence. Si elle continue à l'âge adulte et qu'on lui laisse libre cours, elle sera *réarrangée*[1].

Première phase : l'éveil de la folie

La folie apparaît chez l'enfant avant l'âge d'un an. Elle s'éveille et s'enracine dans la personnalité du jeune enfant au fil de ses interactions avec son entourage. La meilleure éducation que pourraient donner les parents ne peut empêcher ce phénomène de se produire.

Pour le bébé, chacun de ses désirs semble crucial : le désir de téter, d'avoir l'estomac rempli, d'être au chaud et au sec. Lorsque ces désirs ne sont pas rapidement satisfaits par ceux qui sont chargés de prendre soin de lui, il connaîtra sa première déception relationnelle. Elle fera naître en lui une tendance à douter des aptitudes et des intentions de ses parents à lui accorder ce qui est primordial pour son existence. Bien que n'ayant pas encore la faculté de comprendre le cheminement de sa propre pensée, il fera sa première erreur de jugement en se disant : « Si je veux me sentir en sécurité, il faut que je trouve le moyen d'amener ceux qui m'entourent à répondre à mes besoins. »

On lit dans Proverbes 13.12 : « Un espoir différé rend le cœur malade, mais un désir qui aboutit est un arbre de vie. » Chaque fois que le cœur humain doit attendre avant que ses désirs ne soient satisfaits, il a tendance à se rendre malade. De la même manière, le nourrisson déçu se rend malade. Ainsi naît la prédisposition du bébé à se fier de façon insensée à ses propres efforts pour assurer sa vie et sa sécurité (Pr 28.26). Plus le petit enfant devra patienter pour que ses besoins fondamentaux soient comblés, plus se développera intuitivement l'idée, fondée sur son instinct de survie, que son existence dépend de ses efforts personnels et non de ceux des autres.

L'apôtre Pierre exhorte ses lecteurs à cesser de satisfaire leurs propres désirs par le moyen de stratégies insensées comme la méchanceté, la fraude, l'hypocrisie, l'envie et la médisance, et à devenir comme des enfants nouveau-nés (1 P 2.1-2). Ils doivent placer leur confiance dans une source qui ne les décevra jamais : « Celui qui croit en elle [en Jésus] ne sera pas confondu » (2.6). Cette expérience entraîne une maturité dans les relations. Elle exige que l'être humain place sa confiance en Christ seul pour la satisfaction de ses désirs profonds. *Les difficultés relationnelles surgissent chaque fois que l'homme place sa confiance en lui-même.* C'est pourquoi, on constate des difficultés de relations dès la prime enfance. Le nourrisson se rend compte qu'en faisant connaître ses désirs par des cris, il attire l'attention de son entourage. Les relations ont besoin d'être manipulées pour être satisfaisantes ; très jeune, le petit enfant étudie les personnes qui vivent autour de lui. Il observe et apprend quels sont les moyens les plus efficaces pour arracher à son milieu ambiant ce qu'il veut, au moment où il le veut.

Deuxième phase : l'apprentissage de la folie

De l'âge de deux ans jusqu'à l'adolescence, l'enfant apprend, pratique et devient assez expert dans l'art d'obtenir la satisfaction de ses désirs par les personnes qui comptent dans son entourage. Au cours de cette période, l'enfant est orienté sur la voie qu'il devra suivre (d'après Pr 22.6), principalement par les interactions avec ses parents. Même si les spécialistes de l'Ancien Testament divergent sur le sens de Proverbes 22.6, ils sont cependant unanimes sur une chose : l'éducation qu'une personne reçoit dès son plus jeune âge exerce une influence profonde sur le genre d'adulte qu'elle décide d'être plus tard.

Pendant la phase de l'apprentissage de la folie, l'enfant découvre les stratégies insensées fondamentales qu'il utilisera dans sa vie d'adulte. En quittant le stade de la petite enfance, le jeune garçon ou la fillette commence à saisir quelques leçons importantes sur la vie dans un monde déchu. Il se rend compte que ses désirs les plus profonds sont rarement comblés si lui-même ne répond pas à l'attente des autres. Le fait que dans la plupart des cas il soit obligé de faire quelque chose de mal pour attirer l'attention d'autrui le pousse à se demander en silence : « Suis-je vraiment le genre de personne qui est désirée et aimée ? » « Suis-je le genre de personne capable d'accomplir quelque chose que les autres reconnaîtront comme important ? » Si l'enfant attire l'attention ou gagne l'affection pour avoir su répondre à l'attente des adultes, il conclura : « Si je fais _____, je serai le genre de personne qu'on aimera et qu'on estimera. » Cela lui donnera un sentiment passager de sécurité et de prévisibilité (qui disparaîtra à l'adolescence), enraciné dans son aptitude à satisfaire les exigences des autres.

Tout cela ne sert qu'à accentuer la folie de son raisonnement. Sa façon de penser devient de plus en plus problématique au fur et à mesure qu'il dépend davantage de ses propres efforts. Comme ses relations constituent la seule base sur laquelle se fonde sa valeur en tant que personne, son style relationnel problématique devient alors rigide et compulsif. *Ce n'est que s'il réussit à gagner l'approbation ou à attirer l'attention des autres qu'il peut estimer être devenu une personne vraiment désirée et aimée.* À ce stade, l'enfant ressemble à celui qui a bâti sa maison sur le sable, mais qui n'a pas encore dû affronter la tempête. Il ignore qu'une ruine soudaine le guette dans la phase trois.

Troisième phase : l'exacerbation de la folie

L'enfant entre dans cette phase lorsqu'il atteint la puberté ; elle arrive à son paroxysme lorsqu'il a trouvé un moyen de surmonter les crises déclenchées par la puberté. Durant cette phase, les stratégies relationnelles que l'enfant a apprises pour manipuler autrui connaissent des frustrations et des échecs. Comme les autres ont modifié leurs exigences à son égard, et que sa propre perception des autres a changé, les stratégies élaborées dans son enfance se montrent incapables de lui procurer le sentiment d'être aimé et de compter. Et lorsque tout ce en quoi il avait appris à placer sa confiance dans son enfance se révèle sans valeur, il se sent *trahi.* Trahi par son entourage. Trahi par lui-même. Et même trahi par Dieu. Il éprouve alors un grand mépris pour les trois. Il devient un insensé exaspéré.

Les parents ne doivent pas s'imaginer pouvoir épargner cette expérience à leur fils ou à leur fille. C'est une conséquence inévitable qui guette celui qui sort de l'enfance en ayant découvert un moyen de rendre sa vie agréable sans passer par une relation personnelle vitale avec le Christ, relation possible uniquement si l'adolescent a été brisé par l'ampleur de son péché. Dans ce cas, l'adolescence est un véritable don de Dieu. Cette période peut empêcher la folie orchestrée par un enfant de devenir la philosophie qui guidera ses pas d'adulte. *L'adolescence est voulue par Dieu pour stopper les enfants sur leur lancée et les obliger à se débattre avec quelques questions importantes avant d'entrer dans l'âge adulte.* Il n'y a évidemment pas de garantie que les enfants seront capables de trouver des réponses pertinentes aux questions que soulève l'adolescence. La seule certitude, c'est que la responsabilité de devoir vivre dans un monde d'adultes les poussera à remettre en question les idées insensées qu'ils auront apprises durant l'enfance.

Proverbes 13.19 projette une certaine lumière sur le développement de la folie dans cette phase : « Un désir réalisé est doux à l'âme, mais s'écarter du mal fait horreur aux insensés. » Quand un insensé a trouvé un moyen efficace pour satisfaire ses aspirations, il hait tout ce qui tend à l'y faire renoncer (même lorsque ce moyen est mauvais !). Pendant l'adolescence, les enfants ont l'impression que les adultes de leur entourage se sont ligués contre eux, parfois même avec Dieu, pour les amener à renoncer à tout ce qui s'est révélé important ou utile pour la satisfaction de leurs aspirations, par exemple certaines activités, des privilèges, des libertés, une façon de traiter les autres, etc. L'adolescent peut connaître de terribles explosions de colère dans cette phase.

Le même thème est repris et amplifié dans Proverbes 19.3 : « La stupidité de l'homme pervertit sa voie, et c'est contre l'Éternel que son cœur s'irrite. » L'insensé exaspéré cherche quelqu'un à accuser lorsque ses manœuvres insensées n'aboutissent pas. L'adolescent déverse alors souvent sa colère sur Dieu ; cela peut expliquer le manque d'intérêt que les jeunes éprouvent pour les sujets spirituels et leur éloignement de l'Église à cet âge-là. Ils rendent Dieu responsable des circonstances qui les empêchent de trouver leur satisfaction dans ce monde. D'un certain point de vue, Dieu *est* fautif. Dans sa sagesse et dans sa miséricorde, il a créé un monde dans lequel les êtres déchus ont toutes les peines à trouver vie et épanouissement en dehors de lui.

À l'adolescence, l'insensé exaspéré se heurte à des difficultés accrues dans sa façon de penser et dans ses relations. Il en tire la conclusion que pour s'épanouir dans la vie, il doit changer et devenir une autre personne, par exemple une personne plus svelte, ou mieux organisée, ou plus enjouée. Il doit être quelqu'un que les autres désireront, quelqu'un qui a ce qu'il faut pour amener les autres à réagir.

Dans la période où l'adolescent fait de cette démarche son nouvel objectif, ses relations deviennent beaucoup plus menaçantes pour lui. Il est exposé au danger constant d'être découvert, ou d'être connu tel qu'il est réellement, c'est-à-dire bien en-dessous de l'idéal. Le jeune peut donc se sentir particulièrement mal à l'aise dans des relations trop étroites, notamment avec ceux qui risquent de voir à travers lui. Pendant un certain temps, il évitera peut-être toute relation avec des adultes, la jugeant trop risquée. Il préférera rester distant et mystérieux. S'il n'est pas aidé pour comprendre ce qu'il est en train de faire, il se peut qu'il conserve ce style relationnel toute sa vie d'adulte.

Cette phase de la folie exacerbée peut ne durer qu'un temps assez court, ou se prolonger jusqu'après la vingtaine. Elle atteint son point culminant au moment où se produit l'une des deux choses suivantes : le *réarrangement* des stratégies insensées ou la *repentance* de l'adolescent face à elles.

L'adolescent réaménage ses stratégies insensées en les révisant ou en les adaptant pour qu'elles puissent de nouveau se révéler efficaces.

Les crises que la puberté déclenche (en menaçant sa sécurité, son influence sur autrui, son sentiment d'être aimé) exaspèrent l'adolescent parce qu'il se rend compte maintenant que ses manœuvres pour acquérir ces choses se sont montrées inefficaces. S'il trouve un moyen d'adapter ses stratégies insensées à son nouvel environnement d'adulte, il sera capable de résoudre les crises de l'adolescence par un simple réarrangement de sa folie. Sa colère s'atténuera quelque peu, et il semblera prêt à faire face à la vie en adulte. Mais au fond de son cœur, il restera indépendant du Christ et dépendant de lui-même.

En revanche, l'adolescent se repent de sa folie lorsqu'il choisit résolument de renoncer à ses manœuvres insensées. Ce faisant, il déclare ne dépendre que du Christ seul et accepter tout ce que le Seigneur décide de lui fournir pour répondre à son besoin d'amour, d'importance et de sécurité dans son nouvel environnement d'adulte. Le jeune a toutefois peu de chance de s'engager sur le chemin de la repentance si personne ne le rend attentif aux conséquences éventuelles de ses choix insensés. Même si Dieu peut intervenir souverainement et directement dans la vie des gens, il se sert généralement d'intermédiaires humains pour faire connaître sa volonté. Si l'adolescent n'a pas le bonheur de bénéficier de l'aide divine par le moyen des autres, il s'engagera très probablement dans la quatrième phase de son développement en tant qu'insensé.

Quatrième phase : le réarrangement de la folie

Dans la quatrième phase de la folie, qui commence au début de l'âge adulte, la personne poursuit sur sa lancée jusqu'au moment où une crise majeure l'ébranle et souligne à nouveau l'inefficacité de ses stratégies insensées. L'adulte traverse alors une nouvelle période de « folie exacerbée ». De nombreux adultes en font l'expérience dans la trentaine ou la quarantaine, lorsque leur couple se désintègre ou que leurs adolescents se révoltent. D'autres ne connaîtront cette crise qu'au moment où le nid familial se vide, quand se produit un changement d'activité (départ à la retraite), où à la mort du conjoint.

Au cours de cette phase, les jeunes adultes continuent de s'accrocher à leurs stratégies insensées qui s'apparentent étrangement au style de relations appris dans leur enfance. La deuxième partie de Proverbes 22.6 souligne cette vérité : « Oriente le jeune garçon sur la voie qu'il doit suivre, *même quand il sera vieux, il ne s'en écartera pas* » (italiques ajoutés). L'insensé reste insensé jusqu'à ce qu'il meure ou se repente. Les crises existentielles sont rarement suffisantes pour extirper la folie du cœur humain, pas plus que les châtiments corporels, la contrainte ou le contrôle de l'environnement. L'auteur de Proverbes

27.22 l'explique très clairement : « Quand tu pilerais le stupide dans un mortier, au milieu des grains avec le pilon, sa stupidité ne se séparerait pas de lui. » Même si on arrive momentanément à contrôler le comportement insensé d'une personne par la force ou des contraintes extérieures, sa structure insensée demeure intacte. Elle est comme enfouie dans le cœur, hors de la vue, et ne se manifestera pas tant que les contraintes n'auront pas disparu. L'auteur des Proverbes l'indique par une comparaison assez vive : « Comme un chien qui retourne à ce qu'il a vomi, ainsi est un insensé qui revient à sa stupidité » (Pr 26.11).

Le meilleur remède à la folie ne peut se trouver que dans un contexte de relations honnêtes et aimantes. Les adolescents ou les adultes renonceront *rarement* à leurs desseins insensés tant qu'ils n'auront pas permis qu'une personne sage et mûre ne s'approche suffisamment d'eux pour leur montrer ce qu'ils se font à eux-mêmes et aux autres par leur folie (Ps 55.13-16 ; 141.5).

LE REMÈDE À LA FOLIE

Salomon a indiqué le remède qu'il convient d'appliquer à la folie lorsqu'il a déclaré : « Les plaies d'une blessure sont un remède pour le mal ; de même les coups qui pénètrent jusqu'au fond des entrailles » (Pr 20.30). D'après l'auteur inspiré, la lutte contre la folie exige l'intervention de quelqu'un dont la démarche vise à extirper la folie du cœur de la personne concernée. Dans un autre proverbe, il va même jusqu'à préciser qui est le mieux à même d'appliquer une telle discipline : « Les blessures d'un ami prouvent sa fidélité ». (27.6 Segond nouv. éd.)

Quiconque a l'ambition de s'attaquer à la folie dans le cœur d'un autre doit le faire dans le cadre de l'amitié. Nous verrons au chapitre sept comment construire une telle amitié avec l'adolescent. Nous consacrerons la fin de ce chapitre à étudier comment utiliser la relation avec l'adolescent pour l'influencer dans le choix qu'il fait du genre d'adulte qu'il sera.

Mais avant d'entrer dans le vif du sujet, j'aimerais vous exhorter vivement en tant que parent, à ne pas terminer cette réflexion sur la folie sans examiner d'abord les stratégies et les formules que vous utilisez avec vos adolescents. La folie que nous observons chez nos enfants reflète souvent celle qui est en nous. Il serait vain de vouloir établir avec nos adolescents une relation qui vise à contrer leur folie lorsque notre propre folie nous échappe et demeure incontestée.

Je suis persuadé que mes stratégies insensées sont mes pires ennemis en tant que parent d'adolescents. Voici, par exemple, une conviction insensée que j'ai acquise dans mon enfance : *« Je dois constamment convaincre les autres de ma compétence pour qu'ils me respectent ou désirent ma présence.* » Chaque fois que je permets à ce préjugé de me diriger dans mes relations avec mes filles, je ne fais qu'encourager le développement d'une folie similaire en elles.

Quand j'entrai dans l'adolescence, cette stratégie insensée de mon enfance se heurta à un obstacle majeur. Comme mes parents déménageaient souvent, mon entourage changeait constamment. Étant toujours le dernier gamin arrivé dans le quartier, élève moyen et athlète médiocre, j'étais mal équipé pour impressionner qui que ce soit au collège par mes compétences. En classe de seconde, j'eus le sentiment que la vie me poussait à l'isolement. Je commençai à en avoir assez des traitements cruels et insensibles que me réservaient les enfants dans chaque nouvelle école où j'arrivais. Vers la fin de mes études secondaires, je connus cependant un soulagement temporaire grâce aux effets de ma stratégie erronée.

Au cours de cet été-là, j'obtins ma qualification de sauveteur et dénichai un emploi de surveillant-sauveteur à la piscine. De par mon travail de maître-nageur, les cours de natation que je donnais, et ma performance dans l'équipe de water-polo, je réussis à faire en sorte que ma stratégie erronée se révèle efficace. Tout le monde à la piscine commençait à me respecter et à m'estimer en raison des compétences que j'affichais dans les activités aquatiques. À la fin de l'année scolaire, on me confia le poste de maître-nageur en chef et de surveillant principal de soir. Mes collègues de la piscine commencèrent à rechercher ma présence et à m'inviter à leurs soirées. Pendant un certain temps, il sembla que ma stratégie ne nécessitait aucune modification. Elle fonctionnait bien, même dans un environnement d'adultes. Puis, ce fut la catastrophe.

Au début de l'année scolaire suivante, un nouveau directeur vint prendre en charge les activités aquatiques. Il mena la vie dure à toute l'équipe de la piscine. Comme j'étais l'un de ses assistants, je me sentis coincé entre l'enclume et le marteau. Robert, le nouveau directeur, édicta un nombre de règles nouvelles et drastiques pour le personnel et les utilisateurs de la piscine. Mon rôle consistait à m'assurer que ces règles soient respectées en l'absence du directeur et à lui faire part de toute transgression. En fait, je me retrouvais dans la position où, pour conserver mon emploi, je devais me faire le bras droit de Robert contre les rares amis que je possédais au monde. Au début, je tentai de ménager la chèvre et le chou, ce qui m'attira le mépris à la fois du directeur et de mes amis. Finalement, pour sortir de ce guêpier, je démissionnai. Il m'était devenu impossible d'utiliser ma position à la piscine municipale pour gagner le respect et l'amour que je désirais.

Cet événement se produisit peu après que mes parents eurent déménagé en me laissant sur place pour terminer mon année scolaire.

La perte de mon emploi fut la goutte qui fit déborder le vase. Je me sentis exaspéré et humilié. Je décidai qu'il me fallait changer qui j'étais si je voulais réussir dans le monde. C'est à ce moment que je commençai à réfléchir à ce que m'avait dit un de mes anciens collègues de la piscine à propos du Christ. Je vis dans sa proposition une occasion formidable de changer et de devenir une tout autre personne.

D'un côté, je crois avoir été sincère quand j'ai demandé au Christ d'entrer dans ma vie et de faire de moi un être nouveau. Mais d'un autre côté, je saisis également cette occasion comme un nouveau moyen d'obtenir le respect et l'amour d'autrui après lesquels je soupirais tant. Devenu chrétien, je me surpris à vouloir être le serviteur le plus compétent et le plus efficace dans l'Église. Tout naturellement cela me poussa vers la carrière de missionnaire ou celle de pasteur. Quand je débutai comme pasteur de jeunes, mon ministère auprès d'eux n'était en réalité qu'une forme modifiée de mon ancienne stratégie : acquérir de l'importance grâce à ma compétence. Bien que les domaines aient chaque fois été différents, (d'académique aux sports aquatiques, puis au ministère parmi les jeunes), les objectifs de mon cœur étaient restés les mêmes. *J'étais devenu un insensé religieux au lieu d'être un insensé païen.* En tant que tel, j'étais incapable d'offrir aux jeunes de mes groupes une forme de relations qui aille à l'encontre de leur folie.

Comme jeune adulte, mes stratégies insensées eurent des conséquences majeures sur mes relations avec mon épouse. Mon désir de passer pour un personnage important auprès des autres me poussait à devenir un bourreau du travail parmi les jeunes. Pour être près de moi, Tina n'avait d'autre solution que de s'engager à mes côtés dans une activité sans relâche auprès des adolescents. Avec la naissance de notre premier enfant, cela devint bientôt impossible pour elle. De plus en plus accaparée par ses devoirs de mère, elle se désengagea peu à peu de nos activités communes. Ma communion avec elle s'en ressentit. Un froid s'installa entre nous. Je devins un mari distant et non engagé sur le plan émotionnel. Tina devint une épouse terriblement blessée.

Ce n'est qu'à partir du moment où Tina manifesta ouvertement son mépris à mon égard pour les blessures que je continuais à lui infliger que je commençai à réfléchir sérieusement à ma façon de vivre. Depuis lors, nos relations ont connu des années de croissance et de guérison très difficiles mais également très profitables. J'ai fait des progrès en renonçant aux stratégies trompeuses qui me rendaient dépendant de ma compétence. Mais cette stratégie reste collée à moi plus que je ne veux l'admettre. Toujours vivante quoique affaiblie, elle montre occasionnellement son horrible visage, surtout quand mon adolescente fait quelque chose qui produit en moi un sentiment d'incompétence.

Telle était la situation lorsque je reçus le bulletin semi-trimestriel de ma fille m'informant de son échec en langues. C'est dans des occasions comme celle-ci que mon envie de paraître compétent l'emporte facilement sur le besoin de ma fille à être comprise ou encouragée. Quand cela se produit, mon adolescente reçoit un message clair et éloquent : « Christie, pour réussir dans la vie, il faut être compétente et répondre aux attentes du monde ! »

Il est tout à fait possible d'offrir à nos adolescents une relation qui augmente leurs chances de devenir des adultes insensés au lieu de les diminuer. Aucune approche ne peut garantir le succès dans l'éducation qu'un parent dispense à son enfant. Toutefois, une approche biblique offre l'espoir que votre adolescent ne bâtira pas sa vie sur les idées insensées qu'il a décelées en vous, ni sur celles qu'il a inventées lui-même. *Le type de relation que vous proposerez à votre enfant est le facteur le plus déterminant pour façonner le type de personne qu'il choisit d'être.*

COMMENT SE FAÇONNE LA FOLIE DE L'ADOLESCENT

Si un parent ne peut empêcher la folie de naître dans son tout petit enfant, ni l'empêcher de se développer plus tard quand il entre dans l'adolescence, quelle influence peut-il avoir sur lui ? *C'est au moment où les stratégies insensées de l'enfant volent en éclats et le laissent désemparé et relativement désespéré que l'influence des parents est la plus nécessaire et la plus efficace.* L'enfant vit cette expérience surtout à l'adolescence. Quand un jeune est déçu et exaspéré devant son incapacité à satisfaire ses désirs par ses propres efforts, il est envahi par un grand désespoir. À ce stade, les relations avec ses parents jouent un rôle déterminant dans la manière dont il va gérer ses façons malsaines de penser et de vivre ses relations au début de l'âge adulte.

À ce stade, les parents ne peuvent influencer leur enfant que de deux manières. Ils peuvent avoir avec lui des relations qui l'encouragent à ajuster ou à renforcer sa façon insensée de penser et d'agir envers autrui, ou au contraire créer avec lui des liens qui l'incitent à renoncer à ses folles manœuvres. L'apôtre Pierre indique comment les parents peuvent réussir cette deuxième démarche :

> *Rejetez donc toute méchanceté et toute fraude, l'hypocrisie, l'envie et toute médisance ; désirez comme des enfants nouveau-nés le lait non frelaté de la parole, afin que par lui vous croissiez pour le salut, **si vous avez goûté que le Seigneur est bon**.* (1 P 2.1-3, caractères gras ajoutés)

D'après Pierre, c'est le véritable goût de ce que le Seigneur est réellement qui pousse une personne à cesser de manipuler son entourage pour obtenir l'amour et l'importance qu'elle souhaite et à s'appuyer sur le Seigneur pour recevoir ce qui comblera son âme. *L'objectif des parents devrait donc être d'offrir à leurs adolescents le vrai goût de la bonté du Dieu d'amour.* Où les enfants auront-ils un aperçu de ce que Dieu est si ce n'est dans les relations avec ceux qui sont censés représenter ses intérêts et son autorité dans leur vie ? Jésus a exhorté les gens à voir dans leurs relations avec leurs pères terrestres un pâle reflet de ce qu'est le Père céleste (Mt 7.9-11). Certes, même les meilleurs parents ne peuvent offrir à leurs enfants tout ce que leur Père céleste a en réserve. Mais ils sont capables et responsables de leur présenter un échantillon de ce que Dieu veut leur offrir plus tard sur une plus grande échelle.

Deux éléments importants qui favorisent la repentance de l'adolescent

Pour qu'un parent puisse donner à l'adolescent le goût de ce que Dieu est vraiment, ses relations avec le jeune doivent comporter deux ingrédients fondamentaux : *un engagement inconditionnel et une sensibilité sans compromission.*

Ces deux expressions sont lourdes de sens et visent à faire comprendre à l'adolescent des aspects essentiels du caractère de son Père céleste. L'engagement inconditionnel du parent communique à l'adolescent le goût de la *grâce divine* ; la sensibilité sans compromission lui fait goûter la *justice de Dieu.* Si les deux aspects ne sont pas modelés dans la vie de ceux qui les enseignent aux adolescents, ceux-ci peuvent facilement se forger une idée fausse de Dieu.

Quand un adolescent pose la question : « Quel genre de personne dois-je devenir pour être désiré et aimé ? », l'engagement inconditionnel d'autrui lui fait comprendre qu'il n'a pas besoin de devenir autre chose que ce qu'il est pour être aimé et désiré. L'engagement inconditionnel lui fait prendre conscience de la sécurité qui lui est offerte à tout moment grâce à sa relation avec le Christ. Lorsque le parent fait tout son possible pour rester proche de l'adolescent dans ses moments difficiles, celui-ci goûte alors un peu à la grâce que Dieu démontre envers chacun de nous, parents et enfants, et cela, malgré notre folie et notre péché (Rm 5.8). Même lorsque nous agissons en ennemis, Dieu se sert de son Fils, de sa Parole et de son peuple pour nous faire connaître son désir de demeurer proche de nous (Jc 4.8). Sa grâce procure tout ce dont nous avons besoin pour entrer à tout moment en relation avec lui et jouir de sa communion (2 Co 5.18-20).

Lorsqu'un adolescent demande : « Quel genre de personne dois-je devenir pour accomplir quelque chose de durable ? » la sensibilité sans compromission d'autrui l'aide à comprendre que tout ce qu'il fait a un impact durable en raison de ce qu'il est. Comme Dieu a créé l'homme pour qu'il gouverne sous son autorité, la moindre action, parole ou pensée a des prolongements significatifs sur Dieu et sur la création. La sensibilité sans compromission d'un parent permet à l'adolescent de discerner la marque que sa vie et ses choix laissent du point de vue divin. En faisant tout son possible pour développer la sensibilité de l'adolescent quant aux véritables répercussions que ses décisions ont sur Dieu, sur les autres et sur lui-même, le parent aide l'adolescent à comprendre et à apprécier l'importance de sa vie aux yeux de son Créateur. Les insensés ne comprennent pas leurs propres voies et n'ont aucune idée des répercussions ni des conséquences qui en découlent. Ils attachent souvent trop d'importance à certains aspects (réussite intellectuelle, performance athlétique, popularité) et pas assez à d'autres (médisance, murmures, tricherie, mensonge). En général, ils n'accordent aucune importance aux choses que Dieu considère comme fondamentales : les desseins de leur cœur. Les parents ont la responsabilité de réagir aux desseins et aux actions de leurs adolescents d'une manière qui encourage ceux-ci à leur accorder la même importance et la même signification que Dieu leur accorde.

Deux dynamiques orientent l'enfant vers Dieu. La déception résultant de ses stratégies erronées conçues pour manipuler son entourage le *pousse* là où les voies de Dieu peuvent devenir une option désirable. Ses parents peuvent ensuite l'*attirer* à Dieu en lui montrant que Dieu est pleinement suffisant pour répondre à ses aspirations les plus profondes d'amour et d'importance. *Les parents qui entretiennent avec leur adolescent une relation qui lui donne le goût de l'engagement inconditionnel et de la sensibilité sans compromission stimulent dans son cœur un appétit pour davantage encore.* En dirigeant l'attention du jeune vers la relation que Dieu offre, ils lui procurent un cadre de référence. Il a déjà goûté à ce genre de relation et y a découvert quelque chose qui peut répondre aux désirs les plus secrets de son cœur. Lorsqu'il fera l'expérience d'autres relations et d'autres moyens pour satisfaire ses aspirations profondes, il se souviendra – comme le fils prodigue – du véritable amour qui l'attend auprès du Fils de Dieu et du peuple de Dieu. Il y a de fortes chances pour qu'il revienne à ces relations le jour où ses stratégies insensées l'abandonneront. Les parents ont beaucoup moins à craindre le genre de personne que leur adolescent désire devenir ou le type de relation qu'il choisit de poursuivre, s'il a déjà eu un goût véritable de ce que Dieu est. Dieu remporte assez facilement le test de saveur auprès des jeunes qui ont déjà eu un aperçu de l'amour inconditionnel et sans compromission. (Comme ces deux ingrédients sont tout à fait essentiels au développement spirituel de l'adolescent, la troisième partie du livre étudiera comment les lui communiquer.)

Les quatre styles d'éducation parentale

La figure 5 présente les quatre principaux styles d'éducation parentale (chacun d'eux comporte toutefois plusieurs variantes). L'axe vertical représente le niveau de *sensibilité* de chaque style, tandis que sur l'axe horizontal est porté le niveau d'*engagement*. La manière dont les parents intègrent ou non ces paramètres dans leurs relations avec leurs adolescents détermine le style d'éducation que les parents leur dispensent.

L'éducation parentale caractérisée par le détachement. Le quadrant situé en bas à gauche correspond à une éducation donnée par des parents *peu engagés* auprès de leurs enfants et *peu sensibles* à leurs besoins et à leur comportement. La façon dont les parents éduquent l'adolescent les empêche de lui manifester le moindre intérêt réel et la moindre sensibilité. Ce style d'éducation parentale laissera néanmoins une profonde influence sur le développement de la personnalité de l'enfant.

Quand un adolescent vit avec ses parents des relations du type faible/faible (faible niveau d'engagement et faible niveau de sensibilité), il est enclin à adopter avec les personnes qui l'environnent un

FIGURE 5
QUATRE STYLES FONDAMENTAUX D'ÉDUCATION

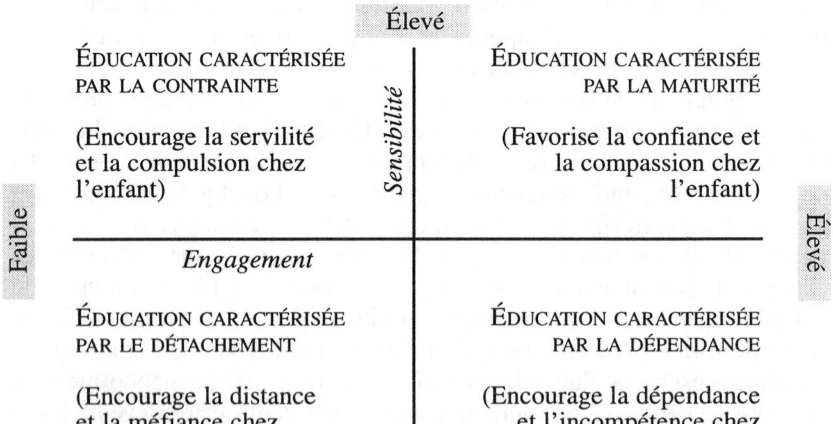

style de relations caractérisé par la *distance* et l'*insubordination*, surtout à l'égard de ses parents et de ceux qui représentent l'autorité ; il se montre récalcitrant devant ce que les autres attendent de lui, et distant dans ses relations avec eux.

La raison pour laquelle l'adolescent choisit ce style de relation apparaît comme logique à partir du moment où on saisit les suppositions insensées que l'éducation parentale du type faible/faible vient confirmer chez lui. En effet, si le jeune reçoit une éducation dans laquelle les parents s'engagent peu ou pas, il tire la conclusion suivante à son propre sujet : *« Il ne faut pas que je devienne le type de personne que les autres puissent désirer ou aimer. »* En combinant le manque d'engagement de ses parents à leur manque de sensibilité, l'enfant tire alors une autre conclusion : *« J'ai beau m'efforcer de devenir autre, personne ne le remarque. Je ne serai donc jamais quelqu'un d'important aux yeux des autres. »* On comprend alors que l'adolescent cherche à prendre ses distances avec les gens, en particulier avec ceux qui ont des attentes envers lui. Sa stratégie est d'éviter tout ce qui est un rappel douloureux du genre de personne qu'il croit être : un cas désespéré et incorrigible.

Au fond, le jeune se dit : *« Pour vivre, je dois éviter toute situation dans laquelle un adulte pourrait avoir un aperçu de ce que je suis réellement. »* Cette découverte fournirait à l'adulte une nouvelle occasion de rejeter, d'humilier, de laisser tomber l'adolescent. Le seul moyen pour lui de conserver un tant soit peu d'estime de soi, c'est de se flatter de savoir comment échapper aux structures des adultes ou comment les bousculer. Dans son esprit, toutes les structures d'adultes (famille, école, Église, etc.) existent dans l'intérêt des adultes et au détriment des adolescents ; cette conclusion résulte de son expérience, maintes fois répétée, dans une structure d'adulte, sa propre famille.

En ne cherchant pas à savoir ce que leur enfant ressent (faible engagement) et fait (faible sensibilité), les parents détachés ne valorisent en réalité que ce qu'ils éprouvent et accomplissent eux-mêmes. Pour eux, l'adolescent est là pour donner plus d'éclat à leur vie. Et comme souvent l'enfant n'y parvient pas, ils lui font sentir qu'il ne vaut rien et que c'est sans espoir. Il n'est pas surprenant alors qu'un enfant cherche à éviter les adultes ou à se venger puisque telle est l'expérience vécue avec les adultes les plus marquants dans sa vie.

Je me souviens d'une jeune fille de dix-sept ans, qui était enceinte sans être mariée et qui était venue me voir en consultation. Lisa se débattait pour rassembler les morceaux de sa vie, mais elle refusait l'aide de qui que ce soit, surtout des personnes qui détenaient une certaine autorité.

Comme la moindre évocation de ses parents semblait déclencher de violentes colères en elle, je lui demandai de me raconter son enfance. Elle avait le souvenir d'avoir été ignorée et négligée par ses deux parents la plus grande partie de sa vie. Ils travaillaient tous deux à l'extérieur et n'étaient pas souvent à la maison. La seule personne à lui témoigner de l'intérêt fut une grand-mère assez âgée, qui fit de son mieux pour compenser le manque d'engagement et de sensibilité des parents. Lorsque Lisa entra au collège, la grand-mère fut victime d'un infarctus et mourut. La jeune fille se sentit de nouveau très seule. À ce moment, ses parents se séparèrent et Lisa vécut avec sa mère, qui n'était que rarement là.

Un jour, pour assouvir sa colère, elle fit une fugue. Quelques jours plus tard la police la retrouva et la ramena chez elle. Elle se souvint avoir été terrifiée à la pensée des sanctions que sa mère allait lui infliger. Elle me raconta qu'elle n'oublierait jamais la manière dont sa mère avait réagi : elle fut traitée comme une reine ! En rentrant à la maison, Lisa trouva sur la table son plat préféré préparé avec soin par sa mère. De plus, celle-ci resta à la maison tous les soirs de la semaine pour être avec sa fille. Elle lui acheta de nouveaux vêtements. Elle n'aborda pas une seule fois la fugue de Lisa et ne l'interrogea pas à ce sujet. Ce traitement de faveur dura presque deux semaines, avant que les choses ne redeviennent comme avant.

Un peu plus tard, Lisa fit une nouvelle escapade. Elle avait tellement apprécié l'empressement de sa mère la fois précédente ! Cela semblait un prix léger à payer pour obtenir ce qu'elle souhaitait. Mais la deuxième fois, la mère se montra moins empressée à répondre. Lisa comprit alors qu'elle devait faire pire pour provoquer une réaction quelconque chez sa mère. Finalement, elle prit l'habitude d'amener des copains à la maison et de les inviter à passer la nuit, juste pour attirer l'attention de sa mère. Mais il ne fallut pas longtemps pour que sa mère réagisse par l'indifférence. Lisa décida alors de tomber délibérément enceinte. Elle se dit que la venue d'un bébé lui gagnerait l'attention après laquelle elle soupirait tant.

Un parent détaché, comme cette mère, réagit généralement en ne prêtant pas attention au comportement de l'adolescent ou en le récompensant d'une manière totalement injustifiée. Si l'adulte applique des sanctions disciplinaires, il le fait de façon arbitraire, sans aucune logique. Les marques d'intérêt ou de tendresse sont données au compte-gouttes, et seulement lorsqu'elles permettent d'éviter une crise majeure ou lorsque les convenances l'exigent (un cadeau d'anniversaire). Dans un tel environnement, le jeune prend prématurément son indépendance et choisit souvent des relations et un mode de vie qui dégoûteront ses parents et anéantiront les derniers espoirs qu'ils avaient fondés sur lui.

Sans les ressources que seule une relation avec le Christ pourrait lui offrir, l'enfant *va adopter, en devenant adulte, des relations méprisantes et distantes avec presque tout le monde.*

L'éducation caractérisée par la dépendance. Le quadrant inférieur droit de la figure 5 correspond à une éducation dans laquelle les parents s'*engagent fortement* auprès de l'adolescent, mais se montrent *très faibles du côté de la sensibilité sans compromission.* Il est important de souligner, cependant, que l'adolescent n'assimile pas l'engagement de ses parents à de l'amour. De même que la grâce de Dieu paraît déformée lorsqu'elle est dissociée de sa justice, ainsi un engagement sans réserve est une caricature lorsqu'il ne contient pas l'expression d'une sensibilité sans compromission.

Quand les adultes dissocient grâce et justice, l'adolescent finit par se rendre compte que ses parents sont si avides de relations qu'ils sont prêts à n'importe quelle compromission pour se les assurer. Bien qu'il sente qu'ils ont besoin de lui, le jeune ne se sentira pourtant pas aimé. Il considère que leurs relations avec lui visent davantage leur profit (conserver intacte une relation dont ils ont besoin) que le sien (lui montrer le chemin de la vie). L'engagement a beau être inconditionnel dans un sens (les parents manifestent le désir d'être proches de leur enfant quoi qu'il dise ou fasse), il enchaîne (l'adolescent doit se sentir obligé de ne jamais rompre la relation avec ses parents). *Des parents dépendants font tout ce qu'ils peuvent pour persuader leur enfant que son existence est indissociablement liée à la leur. Toute rupture détruirait l'une ou l'autre partie, voire les deux.*

Le jeune qui est soumis à cette éducation caractérisée par un haut niveau d'engagement des parents et un faible niveau de sensibilité de leur part est enclin à cultiver un style de relation qui souligne son *incompétence* et sa *dépendance* : incompétence à faire lui-même le nécessaire pour prendre sa vie en mains, dépendance des autres pour qu'ils le fassent à sa place.

Étant donné que ses parents sont constamment sur son dos pour compenser sa propre incapacité à agir, à penser et à décider par lui-même, le jeune en tirera une conclusion malsaine sur lui-même : pour vivre, il faut que je sauvegarde à tout prix ma relation avec mes parents. De plus, lorsqu'il n'obtient aucune réaction ou une réaction négative de la part de ses parents chaque fois qu'il agit, pense ou décide, il va tirer une seconde conclusion dommageable : il ne faut pas qu'il soit une personne qui a ce qu'il faut pour accomplir quelque chose de significatif ; par conséquent, sa seule chance de survie est de dépendre d'une personne qui agira, pensera et décidera pour lui. De cette façon, son existence deviendra très dépendante des autres, en particulier de ses parents.

Les parents de ce type manquent d'assurance. Ils se sentent plus en sécurité lorsque leur fils ou leur fille se montre trop incompétent pour gérer sa vie sans eux. Même s'ils se plaignent de l'inaptitude de leur adolescent, ils font cependant tout pour l'entretenir.

Le jeune cherchera alors à esquiver les responsabilités en se servant de ses relations. Pour y parvenir, *il choisira un style relationnel qui obligera les gens à rabaisser leurs exigences à son sujet parce qu'il se définit comme incompétent.* Dans la façon de penser erronée de l'adolescent, le fait de reconnaître son incompétence fait de lui le genre de personne que les autres rechercheront et aimeront. Et celui qui s'efforce de se montrer compétent et échoue est de ceux que personne ne veut ni n'aime. C'est pourquoi l'adolescent invoquera toutes les excuses possibles pour être déchargé des responsabilités ou des attentes que les autres ont placées sur lui.

C'est le genre d'adolescent avec lequel il est souvent le plus difficile de travailler en relation d'aide. Prolonger la thérapie et rester malade le plus longtemps possible est pour le jeune un excellent moyen d'obtenir que les autres réduisent leurs attentes et le soulagent de ses responsabilités. Ce genre d'adolescent commence à faire des progrès à partir du moment où il admet lucidement ce que ses parents lui ont fait. Quand il en est à ce stade, il arrive fréquemment qu'il éprouve beaucoup de mépris et du dégoût pour la manière dont il a été exploité. *Les parents dépendants sont ceux qui courent le plus grand risque de voir leur enfant rompre à tout jamais la relation avec eux.* Comme ces adolescents dépendent de leurs parents, un peu comme les toxicomanes dépendent de la drogue, lorsqu'ils triomphent de leur asservissement, ils décident souvent de couper tout lien avec leurs parents afin d'éviter de retomber dans une nouvelle assuétude.

Je me souviens de Marc, un jeune homme de ce type qui était venu me voir en consultation. Il avait grandi dans un environnement familial composé d'un père du type faible/faible (détaché) et d'une mère du type élevé/faible (dépendante). Tout naturellement, Marc fut influencé à choisir le genre de personne qu'il était par le parent qui passait le plus de temps avec lui, c'est-à-dire sa mère. Le père n'était presque jamais à la maison, et quand il faisait une apparition, il restait généralement à l'écart. La mère de Marc s'efforçait de compenser l'absence du père en canalisant toute son énergie sur la vie de son fils. Le résultat fut désastreux pour Marc.

La moindre décision lui était dictée et l'emploi de son temps soumis au contrôle étroit de sa mère. En tant que collégien, s'il lui arrivait de prendre une décision personnelle, il devait ensuite en payer le prix par la blessure que cela occasionnait chez sa mère et les sentiments terrifiants qu'elle en éprouvait. Il fallait plusieurs jours pour la calmer et pour que la situation redevienne normale. Marc était soumis chaque jour à deux fortes pressions : celle de vivre dans un monde qui tolérait de moins en moins d'exceptions et exigeait de plus en plus de responsabilités, et celle d'avoir à composer avec une mère qui insistait pour prendre toutes les décisions à sa place et pour être mêlée à tous les aspects de sa vie.

Ce n'est qu'au moment d'entrer à l'université que Marc commença à prendre ses distances avec sa mère. Mais cela ne se fit pas sans grandes angoisses ni sans souffrances. Il lui fallut non seulement rompre le cercle vicieux de la dépendance de sa mère envers lui, mais également celui de sa propre dépendance envers elle. Il s'était habitué à dépendre d'elle pour son budget, pour acheter ses vêtements et les entretenir, pour son travail scolaire et pour résoudre ses problèmes relationnels.

Il est déjà très difficile pour un adolescent dont le style relationnel est incompétent/dépendant de couper les ponts avec un parent du sexe opposé, mais ce l'est doublement avec un parent du même sexe. C'est surtout le cas dans la relation mère-fille. Les filles se culpabilisent énormément lorsqu'elles font passer leur autonomie avant la relation avec leur mère. Lorsqu'elles sont obligées de choisir entre les deux, elles sont soumises à une tension extrême. Elles épousent souvent des hommes autoritaires à qui elles cèdent la responsabilité de lutter avec leur mère pour leur indépendance. Cette solution entraîne toujours des conséquences fâcheuses ; après s'être comportées comme des êtres incompétents et dépendants à l'égard de leur mère, elles continuent de le faire vis-à-vis de leur mari.

L'éducation parentale caractérisée par la contrainte. Le quadrant supérieur gauche de la figure 5 correspond aux parents qui ont une note faible au niveau de l'engagement mais élevée au niveau de la sensibilité sans compromission. Cette approche parentale produit des enfants *accommodants* et *compulsifs.*

Selon toute apparence, de nombreux parents (surtout s'ils sont axés sur le devoir) se réjouissent d'avoir de tels enfants autour d'eux. Un adolescent de ce type se plie facilement et fait ce qu'on attend de lui ; il est par ailleurs compulsif quant à son besoin de se montrer digne de confiance et agréable dans ses relations. Le faible niveau d'engagement de ses parents l'a habitué à n'attendre que peu d'attention personnelle de la part des autres. Leur degré élevé de sensibilité l'a amené à ne compter que sur ses actions et sur ses performances pour son épanouissement personnel. Sa conviction de base est la suivante : *« Je suis le genre de personne qui ne peut gagner l'amour et le respect des autres qu'en le méritant. »* Son objectif sera donc de satisfaire et si possible de dépasser l'attente des personnes qui comptent dans sa vie.

Ce genre d'adolescent se sent bien dans les structures d'adulte et apprécie les espérances fondées sur lui. Après avoir passé toute sa journée dans des structures d'adultes imposées, il choisit librement le soir de s'y replacer pour des activités périscolaires. Plus il y a de structures et d'attentes à combler, mieux il se sent. Dans sa pensée, les attentes que l'adulte place sur lui augmentent ses chances de gagner davantage d'approbation et d'attention. C'est ce après quoi il soupire principalement. Des situations mal structurées, mal encadrées le mettent mal à l'aise, car dans ces cas, les règles qui permettent de gagner l'approbation sont imprécises. Ce qu'il craint par-dessus tout, c'est de perdre le peu d'attention ou d'approbation qu'il a gagnée.

Pour éviter que cela se produise, il fait deux choses. D'abord, il recherche compulsivement ou élabore lui-même les règles qui lui gagnent la faveur des autres, puis il s'y tient coûte que coûte. De même qu'un adolescent de type récalcitrant/distant transgresse systématiquement les lois, ainsi un jeune accommodant/compulsif les observe avec la même détermination.

Ensuite, il s'acharne à améliorer ses performances, s'imaginant que les attentes des autres dépassent toujours les résultats qu'il a obtenus. C'est pourquoi il ne peut se satisfaire de ses réussites. Il a appris de ses parents qu'il n'est pas le genre de personne qu'on aimerait naturellement côtoyer. Il a le sentiment qu'il doit constamment persuader les autres qu'il est digne de leur engagement à son égard. Si quelqu'un lui propose de s'engager inconditionnellement auprès de lui, il ne pense pas que ce soit réel. Dans son cœur, il ne croit pas être le genre de personne que les gens pourraient désirer ou aimer sans qu'il fasse quelque chose pour eux.

Sara était une collégienne qui présentait tous les signes d'une adolescente accommodante et compulsive. Elle voulait à tout prix plaire à tout le monde. Elle avait toujours été une bonne élève qui ne donnait à ses parents aucune raison d'inquiétude. Jusqu'au jour où elle manqua un cours la dernière semaine de l'année scolaire.

Ses amies l'avaient invitée à sauter la dernière période d'étude pour les accompagner chez le glacier et déguster une délicieuse crème glacée. Bien que ce fût interdit par le règlement de l'établissement, elle décida, contrairement à ses habitudes, de tenter l'aventure et de sortir avec ses amies. Après tout, c'était la dernière semaine de cours, et elle n'avait aucun travail scolaire à faire.

Un professeur aperçut les jeunes qui quittaient le collège et en informa le principal. Celui-ci téléphona aux parents de chacun des élèves fautifs. Lorsque Sara rentra à la maison ce soir-là, ses parents l'attendaient et ils étaient en colère. Ils lui dirent qu'elle serait sévèrement punie pour avoir enfreint le règlement de l'école. Comme elle allait avoir seize ans dans quelques semaines, ils lui annoncèrent qu'elle devrait attendre encore une année entière avant de passer son permis de conduire.

L'attitude des parents de Sara caractérise bien la manière dont les parents de type faible/élevé réagissent quand l'adolescent ne répond pas aux attentes placées en lui. Leur réaction est excessive en ce qu'ils attachent beaucoup trop d'importance aux actions extérieures et à leurs conséquences. Ces parents se montrent superficiels parce qu'ils ne tiennent pas compte des motivations ni des aspirations profondes de leur enfant. Bien que ces adultes soient très attentifs à leur adolescent et peu enclins à faire des compromissions quand ils sanctionnent le jeune, leur façon de l'éduquer fait de lui un être irréfléchi et sans discernement dans sa façon de composer avec l'autorité.

À sa sortie du lycée, les parents de Sara voulurent que leur fille entre à l'université de leur choix. Docile, l'adolescente se soumit à leur volonté. Mais il se produisit à l'université quelque chose pour Sara sur quoi les parents n'avaient pas compté. Les personnes en autorité dans la classe et le dortoir avaient des attentes tout à fait différentes de celles de ses parents en ce qui concernait la façon de penser et d'agir de la jeune fille. Les parents de Sara eurent le sentiment que leur enfant avait radicalement changé d'attitude et de système de valeurs. À leurs yeux, elle commençait à vivre comme une « incroyante », disant et faisant des choses qui allaient à l'encontre de son éducation chrétienne.

Les parents de Sara ne se rendaient pas compte que leur enfant ne faisait que réagir à son environnement comme ils le lui avaient inculqué dans leur manière de l'éduquer. Elle avait appris d'eux que pour réussir dans la vie, il fallait se soumettre aveuglément aux attentes des supérieurs. Dans son nouvel environnement universitaire, *elle ne faisait que suivre la même stratégie insensée en l'adaptant à son nouveau contexte.* Elle avait décidé d'être le genre de personne que les relations avec ses parents l'avaient conditionnée à devenir : une personne respectueuse des règles. Seulement, celles-ci avaient changé. Et ses parents avaient négligé de lui apprendre comment se laisser contrôler par des réalités plus profondes, comme des convictions personnelles ou des objectifs justes.

L'éducation parentale caractérisée par la maturité. Elle correspond au quadrant supérieur droit du graphique de la figure 5 et caractérise le parent du type élevé/élevé, ou mûr. Cette approche parentale crée un environnement où se développent des attitudes marquées par la *confiance* et la *compassion* chez l'adolescent, qui choisit de vivre dans la dépendance du Christ.

RÉSUMÉ

S'il est vrai que de faire preuve de maturité en tant que parent (niveau élevé d'engagement inconditionnel autant que de sensibilité sans compromission) semble plus facile pour certains que pour d'autres, personne ne commence naturellement par là. La maturité relationnelle (l'amour) ne peut se développer que lorsqu'un parent est confronté avec son enfant, à des difficultés qu'il n'arrive pas à surmonter de façon très mature, et qu'il s'efforce par conséquent de changer les éléments internes qui sont responsables de cette situation.

En fait, aucun parent ne parvient à atteindre un niveau élevé/élevé sans faille. C'est un objectif vers lequel il convient de tendre, mais qui ne doit pas décourager les parents même les plus spirituels lorsqu'ils constatent les nombreux manquements qui jalonnent leur marche. L'adulte le plus mûr prend conscience quotidiennement que tel aspect dans sa façon de penser ou d'entretenir des relations l'empêche d'aimer parfaitement son enfant. Toutefois, il est indispensable que les parents recherchent sans relâche la maturité en luttant contre tout ce qui, à l'intérieur d'eux-mêmes, les empêche d'offrir à leur adolescent un amour inconditionnel ou les empêche de réagir de façon sensible et sans compromission.

La suite de ce livre vise à vous aider dans ce processus. Au chapitre six, nous préciserons les changements intérieurs qui sont nécessaires avant d'être en mesure de développer les attitudes d'un parent du type élevé/élevé. Les chapitres sept et huit décriront les aptitudes requises pour un engagement inconditionnel auprès d'un adolescent. Les chapitres neuf et dix présenteront celles nécessaires à une sensibilité sans compromission.

Quoi qu'il en soit, aucune de ces indications ne fera de vous un parent mûr en un clin d'œil ! Il s'agit d'un processus long, parfois pénible, mais néanmoins joyeux. En constatant que l'amour pour votre adolescent s'approfondit et que votre façon de l'éduquer devient plus responsable et plus réfléchie, vous connaîtrez l'une des plus grandes joies de votre vie.

Notes du chapitre 5

---

1. Pour les différentes phases et un certain nombre de concepts de ce chapitre à propos de la folie, je me suis servi de conférences données en cours et en séminaires par Larry Crabb.

CHAPITRE 6

Ce que doit faire le parent lorsqu'il n'apprécie pas ce que devient son adolescent

L'éducation d'un adolescent est parfois une expérience terrifiante. C'est à cette période que le parent commence à découvrir la véritable identité de son enfant. Cette découverte peut être à la fois passionnante et horrible. Passionnante, parce que de nouveaux aspects de la personnalité de l'enfant se font jour, des aspects qui étaient inconnus jusque-là et qui peuvent maintenant être explorés, accueillis et appréciés par le parent sage. Horrible, parce que certains de ces aspects révèlent pour la première fois aux adultes la condition véritable du cœur de leur enfant.

Les éléments insensés, égoïstes et orgueilleux de la personnalité de l'enfant annoncent sa pauvreté spirituelle et sont le germe de catastrophes éventuelles. Lorsque des parents sages, et aussi les moins sages, prennent conscience de ces lacunes chez leur enfant, ils peuvent ne pas apprécier ce qu'il est en train de devenir. Ils rechercheront désespérément les moyens de changer le type d'adulte qui se prépare.

En observant ma fille Christie entrer dans l'adolescence, j'ai connu à la fois l'enthousiasme et le chagrin. Je pourrais comparer cette expérience à l'éclosion d'un bouton de rose. Quand Christie est née, ma femme et moi avons reçu le précieux bouton de rose (le bébé). Nous n'avions à ce moment-là aucune idée de ce qui se manifesterait lorsque la fleur s'ouvrirait. Durant toute la phase de l'enfance, nous avons eu un aperçu de la couleur de sa personnalité, au fur et à mesure que les pétales s'ouvraient. Mais nous n'avons découvert ce qu'elle était en profondeur que lorsqu'elle a commencé à s'extérioriser plus librement en tant qu'adolescente. Cette phase d'épanouissement de sa personnalité nous intriguait. Cette jeune fille était-elle la même personne que celle qui avait grandi dans notre foyer les douze années passées ?

Au fur et à mesure que la fleur s'ouvrait, nous avons observé l'intérieur avec un sentiment qui était bien plus que de la simple curiosité. Par moments, nous étions fascinés par ce que nous découvrions : l'aptitude de Christie à réfléchir par elle-même, à tirer ses propres conclusions sur la vie, à faire ses choix personnels ; ses aspirations, ses craintes, ses espoirs, ses rêves ; sa manière de percevoir son passé, sa famille et sa place dans le monde ; sa sensibilité, son sens du bien et du mal, et son souci du bien d'autrui. Elle a réellement enrichi notre vie de parents en lui apportant une note d'émerveillement et d'extase.

À d'autres moments, le fait de découvrir ce qui se cachait parfois dans les replis des pétales a transformé ce sentiment d'admiration en terreur, une sensation que nous n'avions jamais éprouvée auparavant. Nous avons été parfois consternés en découvrant où se portaient toutes les énergies de Christie, quels étaient ses objectifs, ce qu'elle recherchait et ce dont elle faisait dépendre son plaisir. Nous avons souvent été profondément affligés par ses fréquents manquements à l'amour, par son refus de consentir à des sacrifices, par sa réticence à affronter des situations difficiles, par sa conception de Dieu et des vérités qui le concernent. Nous avons ainsi constaté que tous les pétales ne dégageaient pas une senteur agréable ; certains étaient envahis par les pucerons et malades. C'était une fleur abîmée que nous avions entre nos mains.

Cela nous a amenés à nous poser la même question que beaucoup de parents se posent : « Que faire lorsque nous n'apprécions pas ce que notre enfant est en train de devenir ? Comment lutter contre les affreuses réalités qui se dressent sur notre route au fur et à mesure que la personnalité de l'adolescent se développe ? »

Trop souvent, les parents réagissent aux luttes inhérentes au développement de l'adolescent et au comportement insensé qu'il adopte par des moyens qui ne servent qu'à diminuer, voire compromettre, l'influence positive qu'ils pourraient exercer. Pour échapper à ce piège, les parents doivent d'abord comprendre pourquoi ils ont toujours une grande influence sur l'adolescent en plein développement, comment ils peuvent compromettre ou mal utiliser cette influence, et comment la rendre optimum quand ils ne sont pas d'accord avec le genre de personne que tend à devenir leur enfant.

L'INFLUENCE DU PARENT SUR L'ADOLESCENT

Beaucoup de gens pensent que les adolescents sont davantage influencés par leurs pairs que par leurs parents. Il arrive parfois que des parents soient encouragés à adopter ce point de vue pour leur permettre de se relaxer et d'accepter le cours naturel des choses. On leur rabâche : « Votre enfant sera ce qu'il voudra être et ce que ses amis voudront qu'il soit, quoi que vous fassiez. Alors pourquoi vous inquiéter pour une chose sur laquelle vous n'avez absolument aucune autorité ? »

Cette approche soulève deux difficultés. D'abord, elle engendre des conséquences fâcheuses. Dire aux parents qu'ils n'ont que peu ou pas de contrôle sur la manière dont leur adolescent évolue, c'est accentuer leurs peurs et les pousser à l'éduquer d'une façon qui réduira encore l'influence positive qu'ils ont sur lui. Ensuite, elle est fausse. S'il est vrai que parfois les camarades exercent une influence prépondérante sur l'habillement, les goûts musicaux et les loisirs de l'adolescent, ils ne l'exercent au niveau des opinions, des croyances et du style relationnel que si les parents font preuve d'extrême négligence dans ces domaines. Dans la grande majorité des cas, ce sont les *parents qui exercent l'influence déterminante dans le développement de la personnalité de l'adolescent.* Cette affirmation repose sur quatre bases.

L'admiration

N'importe quel adolescent brûle du désir d'être admiré par ses parents. Pour y parvenir, il va adopter un comportement et cultiver des traits de personnalité qui lui permettront soit de gagner l'admiration de ses parents, soit de ne rien perdre de l'admiration déjà conquise.

L'envie d'être admiré par ses parents s'enracine dans une aspiration plus profonde que nourrit tout adolescent : celle d'être valorisé et désiré par autrui. Comme aucun parent ne peut faire assez pour répondre à ces aspirations, aucun adolescent ne se sent assez admiré. Il a tendance à considérer l'admiration de ses parents comme l'ingrédient manquant duquel dépend la plénitude de vie ; c'est pourquoi il est prêt à tout sacrifier pour acquérir cet ingrédient ou pour en amasser le plus possible.

L'adolescent auquel il est le plus difficile de venir en aide est celui qui a conclu (en général après que ses parents l'en ont convaincu) qu'il ne sera jamais une personne admirée. Il est alors animé d'un désir de vengeance, cherchant à blesser ses parents et à leur faire subir l'humiliation qu'ils lui ont infligée. Il perçoit habituellement la relation d'aide comme un moyen supplémentaire d'atteindre ce but.

Il faut cependant noter que même l'adolescent vindicatif demeure fortement influencé par ses parents. Il a choisi un style de relations récalcitrant/distant en réaction à ce que ses parents lui ont refusé.

Comme son désir brûlant d'être admiré n'est pas satisfait, il refoule sa souffrance en prétendant être indifférent à ce qu'ils pensent ou disent. C'est en les discréditant qu'il parvient à atténuer quelque peu les conséquences attachées à leur décision de lui refuser leur admiration.

Lorsque l'adolescent est admiré par ses parents, il fait alors l'expérience des plus hauts niveaux de concentration, de motivation et d'enthousiasme face à la vie. Il n'y a rien de tel que le regard admiratif de ses parents pour communiquer à l'adolescent un sentiment temporaire de bonheur et de vitalité. L'admiration est plus stimulante et plus enivrante que n'importe quelle drogue, et elle est un des outils les plus puissants que possèdent les parents pour modeler la personnalité de l'enfant et façonner son style relationnel.

La modification des enregistrements mentaux

La deuxième raison qui explique l'influence que les parents peuvent exercer sur leur enfant concerne une série d'« enregistrements » que le jeune a collectionnés dans sa tête. Ces enregistrements influencent son comportement et ses choix beaucoup plus que ne pourrait le faire n'importe quelle émission de radio ou de télé. Ce sont les mots, les phrases, les idées et les affirmations qui se sont gravés dans son cerveau au cours des interactions les plus pénibles et les plus intimes avec son entourage immédiat. Lors de ces rencontres relationnelles, nombre de préceptes moraux et de leçons sur la vie se sont fixés dans sa mémoire.

Comme l'entourage immédiat de l'enfant se limite d'abord à ses parents ou à ceux qui en tiennent lieu, ces enregistrements mentaux reflètent les valeurs et les opinions de ses parents sur la vie. Ils rejouent pour l'adolescent, décalées dans le temps, les notions que les adultes partageaient dans les premières années de sa vie. *À moins que ces enregistrements ne soient modifiés, ces mêmes notions vont gouverner l'adolescent à son entrée dans l'âge adulte.* Ceux qui ont gravé les premiers enregistrements dans la pensée de l'enfant sont ceux qui sont généralement les mieux placés pour y avoir accès pendant l'adolescence. En décidant de vivre avec l'adolescent des relations sur la base de notions toutes nouvelles, les parents peuvent supprimer les anciennes en les effaçant tout simplement, ou en enregistrant par-dessus de nouvelles notions.

Un niveau élevé d'interaction

Une troisième raison pour laquelle les parents peuvent encore influencer leur adolescent est qu'ils ont un accès largement assuré auprès de lui et qu'ils ont aussi, plus que quiconque, des occasions d'interactions avec lui. Personne d'autre (camarades, professeurs, et même ses vedettes préférées de la chanson) n'a d'accès auprès de lui comme ses parents. Ils peuvent lui témoigner leur attachement quand il est malade, fatigué, déçu, triste ou peiné ; quand il est d'humeur à méditer au coucher, ou au contraire quand il est particulièrement loquace au repas ; quand il a le temps, pendant le week-end ou pendant les vacances ; quand il a vécu certaines expériences pour la première fois (son premier rendez-vous) ou pour la dernière fois (cérémonie de remise de diplômes) ; quand il a connu un échec retentissant ou au contraire une réussite fulgurante. Dans ces circonstances, et dans des centaines d'autres, les parents sont proches de l'adolescent comme personne d'autre. *Une telle proximité exerce toujours une influence.* La question que les parents devraient se poser n'est pas : « Pourquoi n'ai-je pas d'influence sur mon enfant ? », mais : « Pourquoi ai-je si peu tiré parti des contacts que j'ai eus avec lui ? » Répondre à la deuxième question, c'est souvent répondre à la première.

Le contrôle sur son environnement

Si les parents peuvent influencer leur adolescent, c'est parce qu'*ils exercent toujours une certaine influence sur les facteurs les plus importants de son environnement.* Contrairement à ce que de nombreux parents croient, la plupart des jeunes restent dépendants d'eux, et donc exposés à leur influence dans presque tous les domaines importants de leur vie. Pensez un instant à ce que représentent ces domaines de dépendance pour un étudiant : le transport, l'habillement, les activités extrascolaires, la gestion du temps libre, l'utilisation du téléphone, le gîte et le couvert, l'argent de poche, les frais de scolarité, les assurances, les soins médicaux. Entre les mains de parents avisés, chacun de ces domaines peut servir à influencer les choix de l'adolescent, que ce soit à propos de ses relations, de ses responsabilités futures, et même de sa conception de la vie.

Récemment, des parents dont le fils était étudiant à l'université se plaignaient du peu d'influence qu'ils exerçaient sur le style de vie que leur enfant avait choisi. Celui-ci rentrait à la maison à n'importe quelle heure, négligeait ses études ainsi que ses tâches domestiques. Chaque fois que le père ou la mère lui faisait des commentaires sur sa façon de vivre, il éclatait. À quelques reprises, sa colère avait été telle que son poing avait traversé le mur ! Les parents eurent peur et conclurent qu'ils avaient perdu toute influence sur leur garçon. Ils renoncèrent et lui laissèrent le champ libre pour faire tout ce qu'il voulait. Mais comme cela ne semblait pas non plus être la bonne solution, ils se décidèrent à chercher conseil.

Au cours de nos entretiens, ils répétèrent qu'ils n'avaient plus aucune influence sur le jeune homme, bien qu'il dépendît d'eux pour tous les sujets énumérés précédemment. Quand je leur suggérai de lui interdire l'usage de la voiture jusqu'à ce qu'il change d'attitude, ils faillirent suffoquer d'effroi ! La guerre qu'une telle décision allait déclencher leur semblait à l'avance insupportable. *Pour éviter tout conflit avec leur fils, ils avaient bradé leurs moyens de l'influencer dans les domaines importants de l'existence.* En réalité, la possibilité d'exercer une influence sur leur enfant était toujours là. Il suffisait qu'ils l'exploitent. Mais tant qu'ils étaient assujettis au désir de ne pas entrer en conflit avec leur fils, il leur était impossible d'exercer sur lui une influence significative.

Quand les parents n'ont pas conscience qu'ils peuvent exercer sur leurs enfants une influence voulue par Dieu, ou qu'ils n'ont pas la liberté de le faire, c'est que quelque chose ne tourne pas rond, non seulement chez leurs adolescents, mais également chez eux. *Le type d'objectif que les parents poursuivent dans leurs relations avec le jeune détermine dans une grande mesure si leur influence va aller en augmentant ou en diminuant pendant l'adolescence.*

COMMENT UN PARENT RENONCE À SON INFLUENCE

Quand un adolescent devient à l'évidence un insensé, la dernière chose que les parents veulent faire, c'est de renoncer à l'influencer pour lutter contre la folie qui s'installe chez lui. Toutefois, ils perdent souvent cette influence indispensable en tombant dans le piège d'un style de relation que j'appellerai une approche parentale de *consommateur.*

Écoutez l'avertissement de l'apôtre Paul lorsqu'il met en garde ses lecteurs contre le danger d'utiliser ce modèle de relation :

> *Frères, vous avez été appelés à la liberté ; seulement, ne faites pas de cette liberté un prétexte pour vivre selon la chair... Mais si vous vous mordez et vous dévorez les uns les autres, prenez garde de ne pas être détruits (ou consumés) les uns par les autres.*
> (Ga 5.13, 15, mots entre parenthèses ajoutés)

Dans Galates 5, Paul souligne trois caractéristiques d'une approche de type « consommateur » dans la relation parent-enfant. Premièrement, une telle approche se façonne dans un contexte de dépendance mal placée (5.16) de la part du parent : « Je dis donc : Marchez par l'Esprit, et vous n'accomplirez point les désirs de la chair. » Quand un parent ne « marche pas par l'Esprit » ou ne s'en remet pas à l'Esprit pour ce qui est crucial à son bien-être, la source dont il dépend pour sa vie n'est alors autre que la chair, c'est-à-dire sa propre force, ses aptitudes, ses efforts.

Deuxièmement, quand les désirs d'un parent ne dépendent que de ce que sa propre « chair » propose pour la vie (5.17), ils sont alors dirigés vers de mauvaises cibles : « Car la chair a des désirs contraires à l'Esprit, et l'Esprit en a de contraires à la chair ; ils sont opposés l'un à l'autre, afin que vous ne fassiez pas ce que vous voudriez. »

Les désirs qu'un parent gouverné par la chair nourrit à l'égard de ses enfants sont égoïstes et autoprotecteurs par nature. Le parent commence à se fixer des objectifs (contrôler ses enfants, les pousser à la réussite, les empêcher de l'ennuyer, etc.) qui en fin de compte nuisent à ses enfants et les rendent moins ouverts à lui. Et lorsqu'il fait cela, il perd le sentiment de liberté et d'épanouissement attaché à son rôle de parent. Son style parental consume sa propre énergie ainsi que la vitalité de ses enfants, mais même lorsqu'il constate ce qu'il est en train de faire, il est incapable de modifier son approche de façon substantielle. *Aussi longtemps qu'il gardera l'attitude d'un consommateur dans son cœur, dépendant de sa nature pécheresse pour satisfaire ses désirs, ses relations ne seront pour lui rien d'autre qu'un sol nourricier,* dans lequel sa « chair » doit trouver le moyen d'amener les autres à répondre à ses désirs les plus profonds.

Non seulement les parents « consommateurs » se rendent – à tort – dépendants de la chair et cherchent à satisfaire – toujours à tort – leurs désirs dans leurs relations, mais ils *concentrent également toute leur énergie à vouloir changer les autres,* notamment ceux qui leur sont les plus proches. À partir du moment où une personne vise ce but, elle justifie tout comportement qui lui permet d'amener les autres à réagir en sa faveur. Paul continue ainsi sa description du parent « consommateur » dans Galates 5.19-21 :

> *Or les œuvres de la chair sont évidentes, c'est-à-dire inconduite, impureté, débauche, idolâtrie, magie, hostilités, discorde, jalousie, fureurs, rivalités, divisions, partis pris, envie, ivrognerie, orgies et choses semblables. Je vous préviens comme je l'ai déjà fait : ceux qui se livrent à de telles pratiques* [comme le font les consommateurs dans leurs relations] *n'hériteront pas du royaume de Dieu.*

La figure 6 montre l'influence qu'a l'éducation parentale du type « consommateur » sur la relation parent-adolescent. Quand un parent vit avec son enfant des relations à la façon d'un consommateur, son

FIGURE 6

LE MODÈLE « CONSOMMATEUR » D'ÉDUCATION PARENTALE

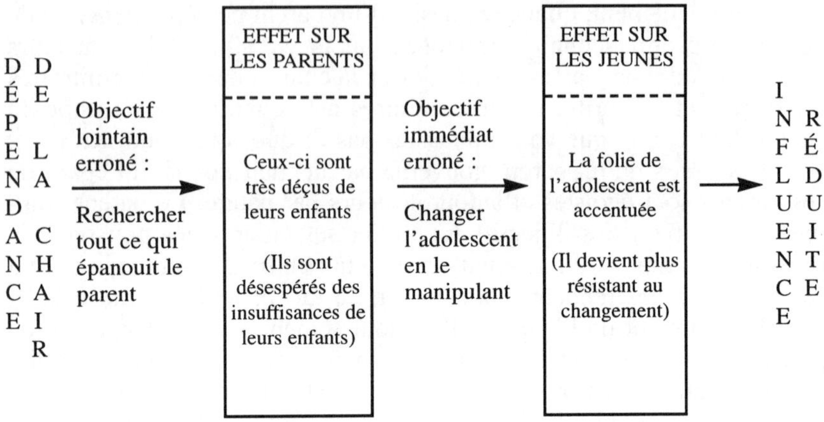

objectif est d'amener son adolescent à satisfaire (ou aider à satisfaire) ses désirs les plus profonds (c'est-à-dire se sentir désiré et laisser une marque réelle sur autrui). Le parent s'appuie alors sur sa « chair », en l'occurrence sur ses aptitudes de parent ou sa propre bonté, pour parvenir à ses fins, et dans sa pensée, tout ce dont il a besoin, c'est d'un peu d'aide des autres, en particulier de sa famille.

En abordant l'adolescent avec cette arrière-pensée, l'adulte ne peut que constater l'incapacité dans laquelle se trouve son enfant de lui procurer tout ce que la chair exige. Sa déception augmente, et les insuffisances de son garçon ou de sa fille prennent des proportions énormes à ses yeux. Les manquements et les défauts de son enfant prennent une telle ampleur que le parent ne voit d'autre chose à faire que de les corriger ou de les éliminer. En fin de compte, sa relation avec le jeune n'est qu'une manipulation pour obtenir les transformations qu'il veut.

Devant ce style d'éducation, l'adolescent réagit généralement en tentant de fuir la pression qu'il ressent en présence de ses parents. Il apprend vite que ceux-ci sont enclins à le manipuler et à exploiter n'importe quelle relation avec lui. *Quel que soit le style de relation insensé qu'il aura adopté pour se protéger, celui s'intensifiera en présence de ses parents.* L'adolescent docile/compulsif s'imposera davantage de règles, espérant qu'en les respectant, il décevra moins son père et sa mère. L'adolescent récalcitrant/distant enfreindra le plus de règles possibles pour décevoir ses parents au point qu'ils n'attendront plus rien de lui et le laisseront tranquille. L'adolescent incompétent/dépendant agira de sorte à paraître de plus en plus malade et désemparé, pour convaincre ses parents que leur déception est injuste et leurs espoirs fondés sur lui déraisonnables. Dans tous les cas de figure, il s'établira entre le jeune et ses parents un fossé plus profond ; de plus, les parents exerceront de moins en moins d'influence dans leur lutte contre la folie de leur enfant.

Quand sa déception croît et que son influence décroît, le parent commence souvent à se désintéresser de la relation ; il l'évite parce que dorénavant elle constitue une menace pour son propre épanouissement. La devise d'un consommateur confronté à des relations décevantes est du genre : *« Je n'ai aucun intérêt à cultiver une relation pénible si elle ne me rapporte rien. »*

Toutefois, avant de se dégager complètement, les parents « consommateurs » vont, la plupart du temps, d'abord tenter de revoir leur style d'éducation (distant, de dépendance, de devoir) dans l'espoir de trouver un moyen plus efficace de rendre les relations avec leurs adolescents plus épanouissantes. Mais quoi que fassent ces parents pour rectifier leur approche parentale ou pour essayer de nouvelles techniques, leurs enfants les considéreront toujours comme des « consommateurs », à moins que ne s'opère en eux un changement plus profond et plus radical qui les fera adopter une manière totalement différente d'éduquer leurs jeunes.

Telle est l'expérience que Michel a vécue dans ses relations avec ses enfants. Chirurgien brillant, il avait appris la valeur de consulter d'autres spécialistes lorsqu'il se trouvait devant un cas défiant les procédures habituelles. Quand il vint me consulter, ce fut au sujet de sa propre famille. Michel avait épuisé toutes ses idées et ne savait plus que faire pour amener ses trois adolescents à réagir plus positivement à son égard. Il espérait que je pourrais lui indiquer une nouvelle technique d'éducation parentale qui se révélerait efficace.

Michel était le type même du parent qui venait me consulter chaque semaine à mon cabinet ou assistait à mes cours sur les tâches parentales, à savoir : instruit, brillant, cultivé et participant assidu à de nombreux séminaires consacrés à la famille. Chrétien engagé qui voyait l'importance d'une vie de famille saine, Michel était lui-même un manuel de principes et de recettes pour l'éducation des enfants. Mais dans son for intérieur, il se sentait frustré, apeuré et pas du tout épanoui, car il estimait qu'aucun de ces moyens ne réussissait. Ses collègues et ses patients avaient beau le porter aux nues, quand il rentrait chez lui, il ne rencontrait que mépris et manque de respect de la part de ses enfants. Il avait pourtant, mais en vain, tout essayé pour les changer et pour modifier les circonstances qui avaient fait d'eux ce qu'ils étaient devenus. Il était tout près, selon ses dires, « d'abandonner la partie et de laisser les malades mourir. »

Michel avait découvert ce que tout parent qui s'efforce de changer ses enfants en s'appuyant sur la « chair » ou sur ses aptitudes naturelles constate, à savoir qu'*aucun effort, aucune aptitude ne peuvent en eux-mêmes et par eux-mêmes transformer les enfants.* Aussi longtemps que les desseins des parents demeurent dépendants de la chair (« Je trouverai moyen de réussir ma vie sans devoir dépendre entièrement du Saint-Esprit »), leur influence sur l'adolescent ne fera qu'accentuer sa folie.

Après plusieurs mois de réflexion et de travail sur lui-même, Michel parvint à une conclusion surprenante : « Vous savez, dit-il, je commence à comprendre, au moins partiellement, pourquoi Dieu m'a confié les adolescents que j'ai. Ce sont des enfants difficiles, mais Dieu savait que j'en avais besoin pour m'amener au bout du rouleau. Avant qu'ils n'entrent dans l'adolescence, je me disais que je saurais me débrouiller. Comme un bon chirurgien, j'avais tout cousu à la perfection, si bien que je n'avais pas besoin du secours pratique de Dieu. Mais lorsque mes enfants commencèrent à saigner – je parle en langage de métier –, je me mis au travail pour recoudre les plaies au plus vite. Toutefois, rien n'y fit à partir du moment où mes enfants atteignirent l'âge de treize ans. Pour la première fois, je ne savais plus que penser ni que faire.

« Je ne sais toujours pas ce qui va advenir de mes adolescents, mais j'ai commencé à faire confiance au Seigneur pour avoir la force et la sagesse de les éduquer d'une manière toute nouvelle, que je n'avais jamais cru possible. Pour cela, il a fallu qu'en moi quelque chose change radicalement avant que je puisse les aimer tout simplement tels qu'ils sont. Je pense qu'ils se rendent compte que j'ai évolué. Et je suis persuadé que cela les impressionne plus que tout ce que j'aurais pu dire ou faire. »

Le changement qu'a connu Michel implique une transformation fondamentale du style parental qu'il utilisait jusqu'alors. Dès qu'il remplaça l'ancien modèle par le nouveau, il commença à exercer une nouvelle influence dans la vie de ses enfants.

COMMENT UN PARENT ACCROÎT SON INFLUENCE

Le modèle d'éducation auquel Michel s'attacha est souligné dans les chapitres cinq et six de l'épître aux Galates. L'apôtre y décrit une autre façon d'entretenir des relations, basée sur le *service* (5.13-14) :

> *Frères, vous avez été appelés à la liberté* [ne pas être asservis à la volonté et aux règles d'autrui pour trouver la

> vraie vie] *; seulement ne faites pas de cette liberté un prétexte pour vivre selon la chair* [c'est-à-dire vous servir des autres pour votre épanouissement égoïste], *mais par amour* [utilisez votre liberté pour rechercher le bien d'autrui et non le vôtre], *soyez serviteurs les uns des autres. Car toute la loi est accomplie dans une seule parole, celle-ci : Tu aimeras ton prochain comme toi-même.*

Pour qu'un parent puisse éduquer dans l'esprit du service, il doit changer la source de sa dépendance, l'orientation de ses désirs et l'objectif vers lequel il dirige de ses énergies (5.22-26) :

> *Mais le fruit de l'Esprit* [le fruit d'une approche dépendante de l'Esprit dans les relations] *est : amour, joie, paix, patience, bonté, bienveillance, fidélité, douceur, maîtrise de soi ; la loi n'est pas contre de telles choses. Ceux qui sont au Christ-Jésus ont crucifié la chair avec ses passions et ses désirs* [ils ont placé leurs désirs en Dieu au lieu de vouloir les satisfaire par eux-mêmes]. *Si nous vivons par l'Esprit, marchons aussi par l'Esprit* [dans nos relations, concentrons notre énergie sur les mêmes points que Dieu]. *Ne devenons pas vaniteux en nous provoquant les uns les autres, en nous portant envie les uns aux autres* [nous remettre à croire que nous pourrons nous en sortir par nous-mêmes en suivant le style parental du consommateur].

Quand un parent opère tous ces changements en vue d'adopter une approche parentale axée sur le service, les relations avec ses adolescents en sont profondément affectées. Comme le montre cependant la figure 7, même en changeant la source de sa dépendance et ses objectifs, la déception que connaît le parent augmente. Mais la raison en est cette fois-ci moins les insuffisances de l'adolescent que les siennes propres. Plus il va au-devant de ses enfants avec l'arrière-pensée de se sacrifier et de les aimer, et non plus avec celle de se protéger et de s'épanouir égoïstement, plus il découvre en lui des manquements qui l'empêchent d'aimer vraiment. Son attention se focalise alors ailleurs. *Au lieu de concentrer toute son énergie à vouloir changer la conduite de ses enfants, il la concentre pour transformer sa propre nature.* Bien qu'il ait davantage à cœur le caractère et le comportement de ses adolescents, il comprend que si l'Esprit de Dieu n'agit pas dans son propre cœur, il ne pourra jamais exercer une influence positive dans leur vie.

FIGURE 7
LE MODÈLE D'ÉDUCATION PARENTALE AXÉE SUR LE SERVICE

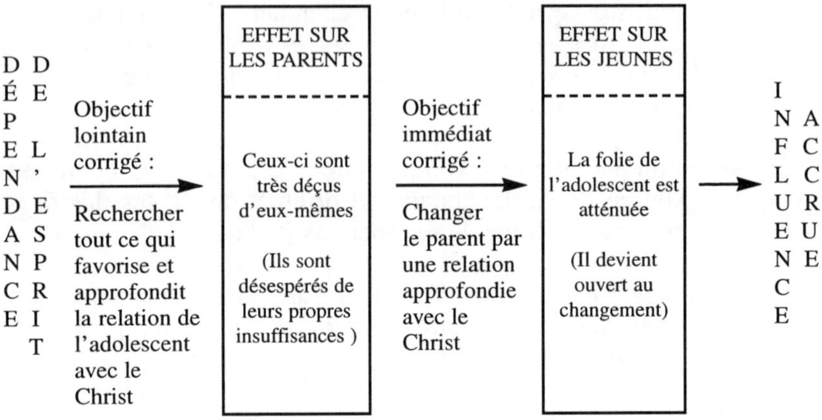

Quand l'adolescent voit chez ses parents les signes visibles d'un brisement et d'une authentique tristesse causés par leurs propres insuffisances, il commence souvent à s'adoucir et à leur confier ses propres difficultés. La relation avec ses parents et la relation de dépendance envers le Seigneur dont ceux-ci jouissent deviennent alors très attirantes pour lui. Il commence à percevoir un nouveau dynamisme chez ses parents, car ils ont désormais comme devise : *« Dans une relation, il vaut la peine d'endurer n'importe quelle souffrance, pourvu qu'elle profite à l'autre dans sa relation avec le Christ. »*

Un parent animé de l'esprit de service exerce une plus grande influence dans la vie de son adolescent. Même s'il n'y a aucune garantie que l'enfant renoncera un jour à ses voies insensées, il y a de fortes chances qu'il soit attiré par une vie de soumission au Christ, puisqu'il en voit la représentation évidente chez ses parents.

Charlotte, une mère seule, a fait cette expérience d'un profond changement dans ses relations avec son adolescente de dix-sept ans. Quand je l'ai rencontrée pour la première fois, son approche parentale était axée sur le devoir ; deux ans plus tôt, son mari l'avait abandonnée pour une autre femme. Pendant des années, elle avait supporté qu'il les maltraite verbalement et émotionnellement, de crainte qu'il ne la quitte ou qu'il ne devienne fou furieux si elle lui répondait. Le mariage ne lui apportait plus rien depuis fort longtemps, mais comme elle croyait que la solitude lui apporterait encore moins, elle n'avait rien fait pour combattre la folie de son époux. En acceptant sans résistance qu'il se comporte ouvertement comme un consommateur dans la famille, elle se comportait elle-même, à un degré moindre et de façon plus subtile, en consommatrice. Comme elle s'appuyait sur ses capacités personnelles pour sauvegarder son ménage et qu'elle était déterminée à se protéger contre toute perte supplémentaire, elle a laissé peu à peu sa famille être « consumée » par les abus de son mari.

Lorsque finalement l'inévitable se produisit et que son mari l'abandonna malgré tous ses efforts, Charlotte comprit qu'elle n'avait plus que Jeanne, sa fille non encore mariée. Toutefois, dans sa colère et son dégoût pour l'incapacité de sa mère à mieux composer avec son papa, Jeanne commença à imiter le comportement de celui-ci et à se montrer abusive à l'égard de sa mère. Une fois de plus, Charlotte accepta les abus, craignant que si elle réagissait, sa fille ne la quitte elle aussi. Inspirée par le devoir, elle répondait aux moindres caprices de sa fille, tout en évitant à son égard la moindre marque d'affection de manière à se protéger contre ses remarques acerbes. La mère perdait ainsi peu à peu toute l'influence qu'elle aurait pu avoir sur le développement de la personnalité de sa fille. À bien des égards, Jeanne était en train de devenir une personne insensée comme son père.

Pour aider des parents comme Charlotte à changer, il faut d'abord les aider à reconnaître deux choses : 1) le style parental qu'ils ont choisi pour faire face aux relations décevantes au sein de la famille et 2) les effets que ce style d'éducation parentale produit vraiment sur chacun des intéressés. Une fois que les parents reconnaissent honnêtement ces deux réalités, il se produit généralement un premier changement en eux. Ils renoncent à investir davantage d'énergie pour que leur approche parentale de consommateur réussisse. Au contraire, ils sont prêts à mettre tous leurs efforts à adopter un autre mode d'éducation. Bien sûr, ce changement exige au préalable que le parent place ailleurs sa dépendance et qu'il oriente différemment ses objectifs dans ses relations.

Lorsque ces changements profonds eurent lieu chez Charlotte, sa fille eut l'impression d'avoir une autre maman. En adoptant une attitude de service, Charlotte trouva la force d'agir de deux manières complètement nouvelles pour elle. Premièrement, elle décida d'aller au-devant de sa fille pour lui exprimer une chaleur émotionnelle et une affection qu'elle n'avait jamais été capable de manifester à qui que ce soit auparavant. Deuxièmement, elle commença à résister aux remarques abusives de sa fille et de son ex-mari en coupant court à toute conversation jusqu'à ce qu'ils changent d'attitude et de ton. Elle eut même le courage de priver Jeanne de certains privilèges (sans toutefois prendre ses distances) jusqu'à ce que celle-ci lui montre plus de respect.

Au début, Jeanne n'apprécia pas les changements qui s'étaient opérés chez sa mère. La première fois que Charlotte refusa de lui frictionner les pieds ou de préparer son bain, elle devint livide. Mais quand elle s'aperçut que sa colère n'avait aucune prise sur sa mère et ne l'intimidait plus, elle commença à la respecter. Elle trouva un peu fort la décision de sa mère de lui interdire l'usage de sa voiture pendant une semaine simplement à cause d'une remarque déplacée, mais avec le temps, Jeanne respecta sa mère pour cette mesure.

Le véritable test pour Charlotte se présenta le jour où Jeanne lui annonça son intention de se rendre en Floride pour les vacances de printemps avec quelques amis plus âgés. Avec raison, la mère jugea que la laisser partir dans ces conditions n'était pas dans l'intérêt supérieur de sa fille. Quand Charlotte lui fit part de son désaccord, la jeune fille rassembla ses affaires et partit s'installer chez son père. Par un tour de force qui exigea une confiance inébranlable en Christ, Charlotte tint ferme et fit face à ce qui la terrifiait le plus : *un abandon total !*

Pour la première fois, Charlotte s'était délibérément mise dans une situation où elle n'avait plus que le Christ pour la soutenir et lui faire sentir l'amour et la sécurité que sa nature de femme réclamait. Comme elle avait choisi le sentier du service à l'égard de sa fille, elle n'avait d'autre choix que de rediriger la dépendance qu'elle plaçait sur sa famille vers le Christ, chose qu'elle avait toujours évité de faire. *Charlotte s'appuyait sur le fait que sa relation avec le Christ seul lui procurerait la force et la joie de vivre, même si tous les autres l'abandonnaient.* En plaçant une telle confiance dans le Christ, elle ne fut pas déçue. Elle découvrit que sa présence et son aide étaient très réelles, ce qu'elle n'aurait jamais pu faire si elle n'avait pas adopté une attitude de service.

Au bout de quelques semaines, Jeanne vint demander pardon à sa mère et la permission de revenir à la maison. Bien que son père lui ait permis de faire tout ce qu'elle avait envie, c'est auprès de sa mère qu'elle recevait ce après quoi elle soupirait le plus : un engagement inconditionnel et une sensibilité sans compromission.

En éduquant sa fille dans l'optique du service et en procédant aux difficiles changements intérieurs que cela impliquait, Charlotte apprit à lui témoigner un amour qui eut des répercussions durables dans la vie de l'adolescente. Jeanne commence maintenant à démontrer par des signes concrets qu'elle devient une personne vraiment différente de son père, des signes qui prouvent que son cœur a changé en réponse aux changements opérés dans le cœur de sa mère.

Il n'existe aucune garantie que les adolescents réagiront comme Jeanne aux changements qui se produisent dans le cœur de leurs parents. Toutefois, les adultes qui acceptent de procéder, comme Charlotte, aux changements nécessaires, ont l'assurance de trouver, comme elle, la force qui les soutiendra, quel que soit le genre d'adulte que leurs enfants choisiront de devenir.

COMMENT UN PARENT CHANGE D'APPROCHE

À tous ceux qui décident de suivre Jésus, en particulier dans sa manière de nouer et d'entretenir des relations, le Seigneur indique qu'un changement radical du cœur est non seulement possible, mais qu'il est nécessaire. La figure 8 illustre le changement auquel il appelle ses disciples dans Luc 9.24.

FIGURE 8

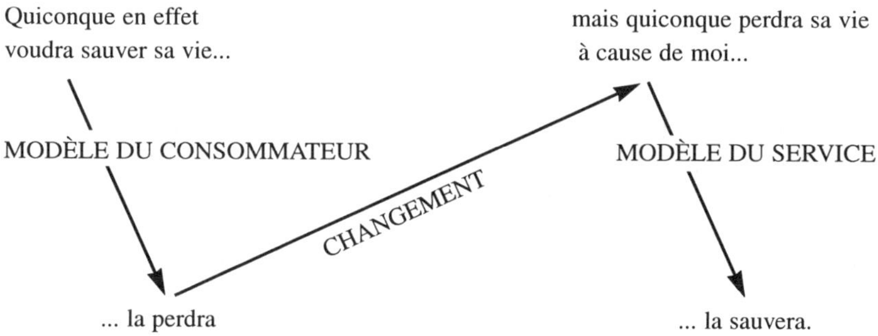

Comment peut s'opérer un tel changement ? Les paroles de Jésus dans Luc 9.23 constituent sans doute la déclaration la plus concise sur ce que doit impliquer toute transition radicale du modèle de consommateur au modèle de service. « Si quelqu'un veut venir après moi, qu'il renonce à lui-même, qu'il se charge chaque jour de sa croix et qu'il me suive », déclare-t-il.

D'après cette exhortation, « perdre sa vie à cause du Christ » implique deux éléments, que Jésus a démontrés lorsqu'il a choisi de subir la crucifixion pour ceux qu'il aimait. La mort du Christ est l'expression par excellence de son *renoncement à lui-même* et du *sacrifice de lui-même*, les deux éléments dont doivent faire preuve les parents, pour être mûrs sur le plan relationnel (un engagement inconditionnel et une sensibilité sans compromission à l'égard de leurs enfants).

Il est intéressant de noter que l'apôtre Pierre introduit ses exhortations adressées aux maris et aux femmes pour qu'ils tendent vers la maturité dans leurs rapports par l'expression *« vous de même »* : « *Vous de même,* femmes, soyez soumises chacune à votre mari » (1 P 3.1) et « *Vous de même,* maris, vivez chacun avec votre femme en reconnaissant que les femmes sont des êtres plus faibles » (1 P 3.7, italiques ajoutés).

« De même » que quoi ? Pierre se réfère à ce qu'il a dit au chapitre précédent :

> *C'est à cela, en effet, que vous avez été appelés, parce que Christ lui aussi a souffert pour vous et vous a laissé un exemple, afin que vous suiviez ses traces ; lui qui n'a pas commis de péchés, et dans la bouche duquel il ne s'est pas trouvé de fraude ; lui qui, injurié, ne rendait pas l'insulte ; souffrant, ne faisait pas de menaces, mais s'en remettait à celui qui juge justement* (1 P 2.21-23).

Donc, « de la même manière » que le Christ a réagi en face de ceux qui le crucifiaient. C'est le modèle que Pierre donne aux hommes et aux femmes qui veulent imiter le Seigneur et réagir comme lui devant ceux qui les déçoivent, les blessent ou les trahissent. *Quand des parents sont dépités devant la folie de leurs adolescents, la seule réaction spirituelle est celle du renoncement à soi et du sacrifice de soi dont le Christ a fait preuve devant ses bourreaux.*

Mais le véritable renoncement à soi et le véritable sacrifice de soi ne sont pas possibles pour celui qui ne fonde pas sur le Christ son besoin de sécurité et d'importance. Personne n'est capable de faire du bien-être d'autrui sa grande priorité s'il n'a pas confié à un Autre le souci de son propre bien-être. Par le renoncement à soi et le sacrifice de soi, l'homme confie à Dieu tout ce qui est essentiel à son bien-être, comme le Christ l'a fait (1 P 2.23). Cet abandon lui permet d'affronter les relations les plus douloureuses, comme le Christ l'a fait (1 P 2.22), en se fixant comme objectifs ceux d'un serviteur plutôt que ceux d'un consommateur.

Le renoncement à soi

Si le renoncement à soi et le sacrifice de soi, à l'image du Christ, sont si essentiels pour une éducation parentale efficace, il est important de comprendre la signification que ces termes revêtent. Pour le parent, renoncer à soi-même ne veut pas dire nier les réalités douloureuses qui le concernent lui ou sa famille. En fait, *pour renoncer à lui-même, un parent doit d'abord reconnaître ce dont il a été privé par ses plus proches.* Il faut qu'il reconnaisse comment, dans leur folie et dans leur égoïsme, les autres l'ont privé de l'amour et de l'importance auxquels il aspirait si fortement.

Le parent pratique le renoncement biblique s'il accepte que ses désirs demeurent insatisfaits par les autres – une décision qu'il ne peut prendre que si, parallèlement, il s'est confié en Christ pour qu'il réponde à ses désirs comme et quand il le voudra. *Le renoncement à soi est donc essentiellement la décision d'aller au-devant des autres avec des objectifs qui reflètent la conviction que le Christ est pleinement suffisant pour répondre aux aspirations les plus intimes du cœur.* Cette décision appelle à la fois un changement de pensée et un changement de comportement. Non seulement le parent doit renoncer à toute exigence de voir ses désirs comblés par les autres (notamment par ses enfants), mais il doit également cesser d'exercer des pressions sur eux pour qu'ils les satisfassent.

Le sacrifice de soi

Le sacrifice de soi fait appel à une deuxième décision qui s'ajoute à la décision du renoncement à soi. Alors que le renoncement à soi est la décision de confier la satisfaction de ses désirs au Christ (en ne cherchant plus à les faire combler par les autres), *le sacrifice de soi est la décision de prendre tous les risques nécessaires pour aider quelqu'un à nouer une relation de confiance avec le Christ.* Cette attitude courageuse exige qu'on soit prêt à s'appuyer sur le Seigneur au milieu de n'importe quel danger et quelle que soit la souffrance à endurer. La décision de « se charger chaque jour de sa croix » est une expérience qui ne peut se vivre que dans le domaine des relations. C'est la ferme volonté de rechercher tout ce qui peut favoriser à n'importe quel prix une relation étroite des autres avec le Christ.

Les cinq cercles concentriques de la figure 9 (page suivante) représentent les différents niveaux de souffrance relationnelle qu'un parent peut endurer s'il témoigne à son adolescent un amour sacrificiel.

Imaginons que cette souffrance relationnelle puisse s'exprimer en volts, comme une secousse électrique. Le cercle le plus intérieur correspond au moindre risque. Plus le parent court de risques, plus il progresse vers les cercles extérieurs.

La plupart du temps, lorsque ses enfants entrent dans l'adolescence, le parent s'est déjà forgé un style de relations qui ne l'expose qu'à un minimum de souffrances relationnelles (25 ou 50 V). Et comme une saine éducation exige du parent qu'il soit prêt à s'exposer à de nombreuses désillusions et à entrer en conflit avec son adolescent afin de rechercher ce qu'il y a de meilleur pour lui, un parent qui est

FIGURE 9
NIVEAUX DE SOUFFRANCE ENDURÉE PAR LES PARENTS

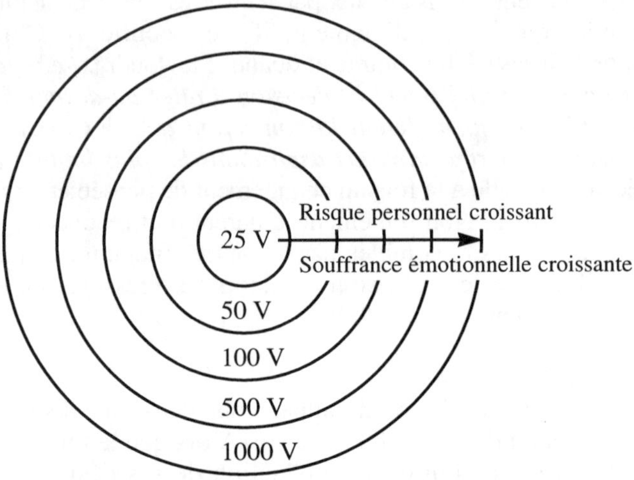

résolu à éviter tout risque « haute tension » ne sera jamais libre d'aimer de façon sacrificielle. Au contraire, il comptera beaucoup sur son style relationnel pour le préserver de grandes souffrances et agira avec son enfant comme un consommateur. Il fera tout pour éviter qu'il ne lui donne des chocs relationnels trop intenses.

L'apôtre Paul s'est souvent exposé aux souffrances les plus grandes en vue du bien-être d'autrui. Dans sa deuxième lettre aux Corinthiens, il enseigne que la confiance en soi (ou la vie dans la dépendance de la chair) ne peut être ébranlée et vaincue qu'en prenant des risques qui nous anéantiraient s'il n'y avait pas le Christ pour nous protéger :

> *Nous ne voulons pas, en effet, vous laisser ignorer, frères, au sujet de la tribulation qui nous est survenue en Asie, que nous avons été accablés à l'extrême, au-delà de nos forces, de telle sorte que nous désespérions même de conserver la vie. Mais nous, en nous-mêmes, nous avions accepté notre arrêt de mort, afin de ne pas placer notre confiance en nous-mêmes, mais en Dieu qui ressuscite les morts. C'est lui qui nous a délivrés et nous délivrera d'une telle mort. Oui, nous espérons qu'il nous délivrera encore* (2 Co 1.8-10).

En menant sa vie de façon si courageuse, Paul semblait compter sur deux promesses de Dieu. Tout parent devrait s'appuyer sur ces mêmes promesses s'il veut courir les risques « haute tension » que comporte nécessairement une éducation dans l'esprit du sacrifice de soi. Premièrement, il doit croire que Dieu l'a créé pour pouvoir supporter une souffrance équivalente à des tensions très élevées, sans perdre pour autant ce qui est vital pour sa force et sa joie en tant que personne. Deuxièmement, il doit croire que Dieu ne permettra jamais qu'il soit soumis à une tension supérieure à celle qu'il peut supporter.

Un parent qui croit fermement en ces deux promesses et agit en conséquence établira avec son adolescent des relations empreintes de profonde confiance et du sacrifice de soi. Celui qui ne s'appuie pas sur ces promesses, nouera avec son enfant des liens caractérisés par beaucoup de crainte et d'autoprotection. La voie que choisit le parent pour cultiver des relations avec son adolescent détermine le degré d'influence qu'il exercera dans sa vie. Plus le parent s'engage dans une voie à haut risque dans l'intérêt de son enfant, plus son influence de parent sera grande.

Le parent qui pratique le renoncement à soi et le sacrifice de soi est sur la voie du changement intérieur. Seul celui qui s'engage sur cette voie étroite saura comment réagir correctement lorsque son enfant commencera, lui, à suivre la voie large. Et sa façon de réagir exercera sur son enfant une forte influence qui incitera celui-ci à emprunter le chemin de la sainteté.

RÉSUMÉ

Prudence ! Si vous utilisez l'approche du consommateur, ne vous fiez pas trop à vos instincts au moment de répondre à votre adolescent. Il est fort probable que ce qui vous semble juste à dire ou à faire ne soit en réalité qu'une réaction inspirée par la crainte et par des objectifs erronés. De plus, votre réaction aura peu de chance d'être utile à votre enfant. Les parents qui n'ont pas encore modifié leur approche parentale partent avec un handicap. Ils ne sont pas libres d'assujettir leur réaction à ce qui contribue au véritable bien de l'enfant. Ce sont souvent leurs propres avantages qui l'emportent et qui leur dictent la manière de se comporter à l'égard de leur adolescent ; leur attitude ne tient pas compte de ses besoins.

Un parent qui agit dans un esprit de service, peut se fier à son instinct. Comme il dépend du Christ et qu'il s'est fixé des objectifs nouveaux, il peut réfléchir et aller au-devant de son enfant avec des intentions radicalement différentes, des intentions inspirées par le renoncement à soi et le sacrifice de soi. Il ne se posera plus la question : « Que dois-je faire avec mon adolescent ? » mais : « Qu'ai-je envie de faire pour lui ? » Ce qu'il souhaite pour son enfant est conforme à ce que Dieu désire pour lui. On imagine alors sans peine la confiance et la liberté que procure une démarche parentale axée sur le service !

TROISIÈME PARTIE

LA COMPÉTENCE

CE QU'UN PARENT D'ADOLESCENT DOIT FAIRE

CHAPITRE 7

Développer avec l'adolescent un type de relation capable de désamorcer les conflits

En face de moi était assis le père d'une jeune fille de dix-sept ans ; c'était un homme d'une vive intelligence et d'une grande sincérité. La question qu'il me posa lui semblait tout à fait logique : Accepterais-je de m'entretenir avec les parents du petit ami de sa fille à propos de leur décision d'interdire à leur fils de fréquenter sa fille ? Mais bien sûr sans laisser paraître que cette démarche était suggérée par lui !

« Si cette décision vous tient tellement à cœur, pourquoi n'allez-vous pas vous-même leur parler ? demandai-je.

- Jamais je ne pourrais faire cette démarche, répondit-il. Elle ne ferait qu'empirer les choses pour ma fille et son petit ami ! »

Je ne désarmai pas et poursuivis : « Comment les choses pourraient-elles aller encore plus mal, puisque votre fille et ce garçon n'ont déjà plus le droit de se voir ?

- Oui, mais actuellement, les deux jeunes peuvent parfois échapper à la surveillance et se voir en secret. Si je prends l'initiative de parler directement à ses parents, ceux-ci risquent d'avoir leur fils plus à l'œil.

- L'idée que votre fille et le garçon sortent furtivement ensemble vous plaît-elle ? » La surprise se devinait dans ma voix.

« Pas du tout ! C'est pourquoi j'avais espéré que vous pourriez intervenir auprès des parents du jeune homme. S'ils pouvaient se rendre compte de ce qu'ils font, peut-être changeraient-ils d'avis et n'obligeraient-ils pas Lise et Robert à vivre de façon malhonnête. Je ne pense pas que ce soit une situation saine pour les deux adolescents de se rencontrer de cette façon. N'êtes-vous pas de mon avis ? »

Pour la première fois, je perçus de l'impatience et de l'irritation dans sa voix. Il ne voyait apparemment pas pourquoi je n'accepterais pas d'aider sa fille et son copain à trouver une solution à ce dilemme.

« Il existe une alternative, une autre façon de tirer Lise et Robert de cette situation embarrassante, dis-je. Si cela vous intéresse...

- Bien sûr que cela m'intéresse, intervint le père. Je suis prêt à faire tout ce qui peut aider ma fille.

- Voici ce que je vous suggère. Parlez à Lise et à Robert. Dites-leur que vous n'appréciez pas de les voir se rencontrer de cette manière et proposez à Robert de l'accompagner pour un entretien avec ses parents au sujet de cette situation. Lorsque vous aurez pris connaissance de leur point de vue et eux du vôtre, peut-être arriverez-vous à trouver une solution satisfaisante pour tous. Entre-temps, demandez à Lise et à Robert de renoncer à leurs rendez-vous. »

En faisant cette proposition, je savais pertinemment que le papa était capable de concevoir un plan similaire par lui-même. Il n'avait pas besoin de mon aide parce qu'il lui manquait les capacités intellectuelles de prendre cette sage décision. Il en avait besoin parce que sa vision comportait un angle mort. Pour une raison quelconque, quelque chose l'empêchait de voir clairement toutes les alternatives. J'avais dans l'idée que ma suggestion ferait vibrer une corde de terreur en lui. Je ne me trompai pas.

« C'est hors de question ! répondit-il. Cela ne marchera jamais. Les risques sont bien trop grands.

- Pouvez-vous m'aider à cerner ces risques ? demandai-je, espérant qu'il accepterait de me parler de ce qui l'effrayait.

- Kevin, vous ne vous imaginez pas ce que ma fille serait capable de faire si elle était obligée de renoncer à son petit ami ! Surtout si elle savait que c'était de ma faute !

- Que pensez-vous qu'elle ferait ?

- Elle ne m'adresserait sans doute plus la parole. » Tandis qu'il prononçait ces mots, je devinai la panique et la douleur dans sa voix.

« Vous avez vraiment peur de la perdre, n'est-ce pas ?

- J'ai le sentiment de ne pas en être loin. » Ses yeux s'embuèrent, indiquant à l'évidence qu'il redoutait cette éventualité. « Je pense qu'elle me haïrait si je faisais quoi que ce soit pour que se rompe sa relation avec Robert. Elle peut devenir de glace à mon égard pendant des semaines si je la contrarie un peu. Pour une intervention de ce genre, elle serait capable de ne plus jamais me parler. »

Il était évident que ce père cédait au chantage émotionnel de sa fille. Dans le conflit qui les opposait, elle avait appris qu'il lui suffisait de prendre ses distances avec son père pour que celui-ci recule et la laisse faire ce qu'elle avait envie. Quant à lui, il avait conclu que pour vivre en bonne entente avec sa fille, il fallait absolument éviter tout différend avec elle, quitte à laisser la situation malsaine perdurer.

Il n'existe rien de plus révélateur qu'un conflit entre un adulte et son adolescent pour exposer la véritable nature et la condition de leur relation. Lorsque la relation est superficielle ou sous-développée, l'antagonisme aboutit à un durcissement de chacun dans sa position et à une hostilité mutuelle. En revanche, quand la relation entre parent et enfant est solide et entretenue, le conflit peut déboucher sur une croissance et une compréhension mutuelles.

RÉACTION AU CONFLIT

De nombreux parents se rendent compte que le type de relation qu'ils entretiennent avec leur adolescent ne permet pas de désamorcer les conflits qui surgissent souvent à cet âge. Quand ceux-ci éclatent, les parents réagissent de trois manières différentes. Ils peuvent, comme le père de Lise, *envisager le conflit comme une réelle menace pour leur relation avec l'adolescent.* Ils chercheront donc à tout prix à éviter la confrontation, ce qui aboutit à un engagement conditionnel et à une sensibilité avec compromission de leur part, et par voie de conséquence à une détérioration de la relation. En apparence, il est possible de maintenir suffisamment d'harmonie pour calmer au moins provisoirement les craintes des parents, mais sous la surface se développe une dépendance destructrice pour que dure l'harmonie relationnelle, mais dans leur propre intérêt.

Les parents peuvent aussi *se servir du conflit pour garder une certaine distance dans la relation.* Ils considèrent alors la confrontation comme un allié qui leur procure l'excuse et les moyens de garder l'adolescent loin d'eux. Chaque fois que l'adulte a l'impression que la relation avec son adolescent s'améliore ou s'approfondit, il déclenche une mini-guerre. Cette réaction crée un environnement caractérisé par peu d'engagement et de sensibilité de la part du parent, ce qui empêche l'intimité, redoutée par l'adulte, de se développer.

Les parents peuvent enfin utiliser le conflit pour *identifier et combattre les faiblesses qu'il met en évidence dans leur caractère et dans celui de leur adolescent.* Ce genre d'adulte fait de la relation avec son enfant une priorité, mais non la priorité absolue. Il ne dépend pas de la relation avec son enfant, ni du conflit qui l'oppose à lui, pour assurer son propre bien-être. Il estime plutôt que la relation et le conflit sont des moyens permettant une relation plus étroite de son enfant avec le Christ, ce qui est son objectif ultime. Aussi, lorsqu'un conflit éclate, il s'en sert pour s'engager plus activement auprès de l'adolescent et se montrer plus sensible à ses besoins comme aux siens propres, besoins que la confrontation met en lumière. Il ne recherche pas le conflit, mais il ne le redoute pas non plus. Il l'accepte comme une expérience qui permet d'apprendre. Il sait que si le problème est géré correctement, il pourra consolider sa relation avec l'adolescent et accroître la maturité de chacun des deux protagonistes.

On peut représenter l'utilisation du conflit sur une échelle indiquant la maturité relationnelle (figure 10). Notez que c'est la manière dont le conflit est géré, et non le conflit lui-même, qui transpose le parent d'une extrémité de l'échelle vers le centre, de l'immaturité à la maturité relationnelle.

FIGURE 10

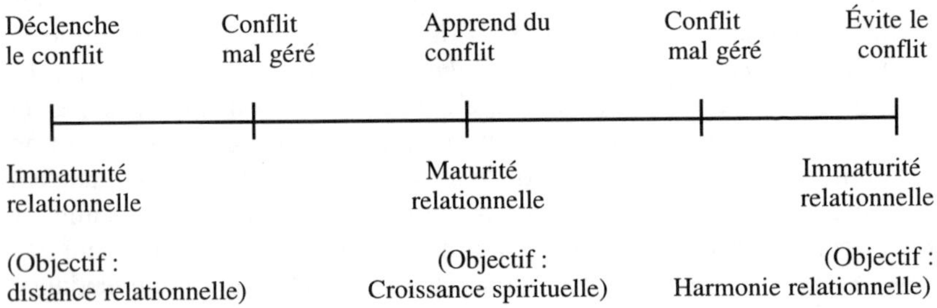

Si les parents veulent utiliser les conflits avec leur adolescent pour favoriser leur croissance spirituelle, ils ont besoin de comprendre ce qu'est un conflit sain, comment bâtir une relation qui lui résiste et comment établir un pont vers un adolescent récalcitrant. Le résultat en sera une approche parentale caractérisée par un engagement inconditionnel et une sensibilité sans compromission.

SAVOIR GÉRER LES CONFLITS AVEC LES ADOLESCENTS

Il n'existe peut-être pas de meilleur exemple de gestion efficace des conflits dans l'Écriture que celui de Néhémie. Bien que le livre de Néhémie ne traite pas à proprement parler d'éducation parentale, Néhémie s'est trouvé devant le même défi que bon nombre de parents d'adolescents d'aujourd'hui : celui d'aider des personnes désillusionnées à trouver une nouvelle raison de vivre quand tout ce en quoi elles s'étaient confiées leur a fait défaut.

Le chapitre cinq de Néhémie nous donne un aperçu du type de relation que le gouverneur a établi avec les gens qu'il fut amené à « materner ». Des mésententes se firent jour entre les Juifs, dont certains usaient de fraude et de violence pour opprimer les autres (Né 5.1-5). Certains décidèrent de porter l'affaire devant Néhémie. Sa première réaction fut la même que celle des parents d'aujourd'hui devant les conflits qui éclatent dans leur famille : « Je fus très irrité lorsque j'entendis leur plainte et ces paroles-là » (Né 5.6).

Souvenez-vous que Néhémie en avait par-dessus la tête. Il avait abandonné une position prestigieuse, celle d'échanson du roi de Perse, et avait bravé de grands dangers pour parcourir des milliers de kilomètres et voler au secours de ses compatriotes. En dirigeant le projet de reconstruire les murailles de la ville pour les arracher à la disgrâce et leur épargner les quolibets de leurs ennemis, il avait consenti à beaucoup de sacrifices personnels. Il aurait certainement apprécié un peu plus de coopération de la part de ceux pour lesquels il s'était tellement investi, mais ce ne fut pas le cas. Au contraire, plusieurs vinrent se plaindre des mauvais traitements que certains de leurs « frères » leur infligeaient. Peut-être même ces récriminations visaient-elles Néhémie et la manière dont il dirigeait les opérations.

Dans ce conflit, il nous est donné de voir en Néhémie le modèle du parent équilibré, un parent qui s'arrête avant de réagir de façon irréfléchie et qui se comporte, dans cette querelle, plutôt d'une manière qui améliore les relations entre les Juifs et développe leur maturité. La réaction de Néhémie souligne plusieurs caractéristiques d'une saine gestion des conflits. Premièrement, le gouverneur encourage la vulnérabilité émotionnelle chez ceux qui, dans sa « famille », sont blessés et en colère. Deuxièmement, il accepte d'être personnellement affecté par la souffrance et les préoccupations qui sont sous-jacentes à leurs plaintes. Troisièmement, il fait ce qui est nécessaire, au milieu de ce conflit, pour apporter immédiatement le maximum de soulagement à leurs souffrances. Quatrièmement, il prend, en pleine crise, l'initiative d'entrer en relations avec eux de manière à tenir compte des besoins et des blessures que le conflit a mis au jour. Finalement, c'est auprès de Dieu qu'il puise l'énergie indispensable à la gestion du conflit et non auprès de ceux qui sont sous ses ordres.

Encourager la vulnérabilité

Néhémie 5.6 rapporte que le gouverneur a prêté une oreille attentive aux plaintes du peuple, malgré l'irritation qu'elles ont d'abord suscitée en lui. Il n'est jamais facile pour un responsable d'encourager les autres à faire connaître honnêtement leurs sentiments, surtout s'il s'est beaucoup dépensé pour eux. S'ils sont francs et ouverts à propos de ce qu'ils ressentent, le responsable se sent presque toujours attaqué. Leurs griefs nourrissent les sentiments d'insuffisance, d'inadéquation et d'échec que ressentent les responsables et les parents. C'est pourquoi il est si facile, pour ces derniers, de réagir spontanément par le mépris lorsque leurs fils ou leurs filles expriment leur souffrance ou leur colère. Mais en agissant ainsi, les adultes découragent leurs enfants de se montrer vulnérables sur le plan émotionnel, et leur apprennent que maman et papa accordent plus de valeur à leur confort qu'à la vérité, à leur propre bien-être plutôt qu'à celui des autres.

Néhémie a encouragé la vulnérabilité dans le conflit. En écoutant sans parti pris ce que les autres avaient à dire sous le coup de la colère, il a permis à la querelle de mettre en lumière les questions qui troublaient ceux qu'il aimait. Cette attitude l'a mis en situation de s'engager davantage envers eux et de se montrer encore plus attentif à leurs besoins.

Je me souviens de la mère et du père d'un adolescent qui sont venus me voir pour me demander de découvrir ce qui troublait leur fils. Au cours de plusieurs mois de relation d'aide, je passai d'innombrables heures à cerner la personnalité de Charles et à écouter ce qui le tourmentait. Le garçon manifestait des signes de dépression grave, et bien qu'il m'ait parlé ouvertement des choses qui l'irritaient et le faisaient souffrir, il n'accepta jamais une entrevue en présence de ses parents.

En cherchant à savoir pourquoi il était si réticent à parler ouvertement à ses parents, je commençai à entrevoir chez lui une grande crainte de se montrer vulnérable devant les autres, en particulier devant sa mère. Il me confia que dans son enfance, il fallait respecter une règle tacite : « Ne jamais bouleverser Maman. » Les seules fois où il dut affronter le regard courroucé et les paroles dures de son père, ce fut lorsqu'il avait transgressé cette loi. Il en conclut que les gens sont fragiles et que des conflits, des propos blessants ou des sentiments de colère pouvaient les meurtrir à vie ou même les détruire. Il prit donc la résolution de tout garder pour lui. Maintenant qu'il était adolescent, il ne savait plus que faire quand les autres le blessaient ou le mettaient en colère. Dire quelque chose, c'était enfreindre le règlement de la maison et faire souffrir les autres, ce qui n'était absolument pas permis d'après ce qu'il avait appris de ses parents. La seule voie qui lui restait, c'était de tout avaler et de renoncer à l'espoir qu'un jour, ce soit différent. C'est cette décision qui le rendait malade.

Quand j'essayai de communiquer mes observations à ses parents, ils se fâchèrent contre moi. « Prétendez-vous qu'il pense que nous serions bouleversés s'il nous disait ce qu'il ressent ? » déclara la mère indignée. « Oui, répondis-je. Je suppose qu'il craint de votre part une réaction analogue à celle que je viens juste de subir. »

Ces parents prétendaient qu'ils souhaitaient savoir ce qui troublait leur fils, mais à condition que cette écoute ne les mette pas mal à l'aise ou ne les humilie pas. Les adolescents reçoivent souvent ce genre de double message de la part de leurs parents. D'un côté, ils les entendent dire qu'ils peuvent tout leur confier. Mais d'un autre côté, s'ils se permettent d'exprimer un avis tant soit peu critique, ils déclenchent une réaction proche de la persécution. De tels doubles messages peuvent réussir à étouffer les conflits ou à les maintenir à un niveau minimum, comme ce fut le cas dans la famille de Charles, mais à la longue, ils empêchent que la relation entre les parents et l'adolescent s'approfondisse et que les membres de la famille croissent en maturité.

Accepter de se laisser toucher

Néhémie prit le temps d'examiner en détail les plaintes formulées par les Juifs. Il ne se contenta pas d'écouter seulement, il réfléchit et prit une résolution (*littéralement* son cœur lui imposa, Né 5.7) ; autrement dit, il se laissa toucher par ces récriminations. Les implications de ce qui trouble vraiment les gens ont une importance énorme pour le dirigeant, parce qu'il découvre souvent qu'il porte une part de responsabilité dans cette situation, ou du moins qu'il a omis de faire tout ce qu'il pouvait pour protéger les siens de ce qui leur a causé des ennuis.

Le conflit dans la relation parent-adolescent place l'adulte dans une position similaire à celle de Néhémie : il faut non seulement entendre ce qui perturbe l'enfant, mais sympathiser avec lui, ressentir comme lui et chercher à savoir en quoi, comme parent, il porte une responsabilité dans la détresse de l'enfant.

J'ai été aux côtés d'un grand nombre de parents au moment où les adolescents décrivaient d'une façon détaillée des événements douloureux qu'ils avaient gardés pour eux-mêmes pendant des années. Je me souviens d'un père à qui sa fille racontait pour la première fois qu'elle avait été victime d'abus de la part d'un garçon du voisinage des années plus tôt. La jeune fille voulait tellement que son père ressente sa souffrance et son humiliation. Elle souhaitait même qu'il reconnaisse partiellement sa responsabilité d'avoir négligé de la protéger de tels dangers lorsqu'elle était petite fille. La réaction du père fut plutôt à peu près celle-ci : « Eh bien, ce sont des choses qui arrivent, tu sais. Tu dois te douter que nous devrons maintenant en informer maman. Ne te fais pas de souci. Je sais comment lui présenter la chose pour qu'elle ne soit pas bouleversée. Tu comprends, elle risque d'être vexée que tu ne le lui aies pas dit plus tôt. »

Peu après, alors que j'étais seul avec l'adolescente, je lui demandai comment elle se sentait maintenant qu'elle avait pu vider son cœur devant son père.

« Pire qu'avant, répondit-elle.

- Pourquoi ?

- Parce qu'il a réagi comme si cela n'avait aucune importance. Comme si c'était peu de chose que ce gars m'ait blessée, humiliée et salie. »

Elle me raconta que lorsqu'elle avait fait part de cet incident au responsable du groupe de jeunes à l'église, il avait pleuré avec elle et l'avait serrée dans ses bras. Quel contraste avec son père ! Quand elle l'informa de ce qui s'était passé, il estima que c'était un détail banal, sans importance, et se préoccupa plutôt de la manière d'éviter une scène avec la mère !

Un événement traumatisant peut causer à l'adolescent une intense souffrance à deux moments particuliers : d'abord lorsqu'il se produit, ensuite quand l'enfant en fait part à ses parents. Quand les Juifs informèrent Néhémie en détail de leur souffrance, le gouverneur sympathisa avec eux. Il n'y ajouta rien, et ne chercha pas à la refouler non plus. Il maîtrisa sa colère et permit à la souffrance du peuple de lui inspirer les mesures adéquates à prendre.

C'est en plein cœur du conflit que certaines des souffrances, des blessures et des désillusions de l'adolescent refont surface. Le parent qui est prêt non seulement à favoriser l'expression de ces détresses enfouies, mais également à se laisser émouvoir par elles, se sert du conflit de la meilleure façon possible.

Soulager la souffrance

Dès que le conflit éclate et que les gens ont l'occasion de faire connaître leurs griefs et leurs sentiments blessés, ils se tournent vers leur chef pour savoir quelle initiative il va prendre. S'il ne fait rien, ou s'il s'efforce simplement d'atténuer le malaise qu'il ressent à cause du conflit, il décourage le peuple. Celui-ci réagira par un plus grand mécontentement, en espérant ainsi forcer le dirigeant à réagir plus efficacement ; le peuple risque aussi de prendre ses distances avec lui, convaincu que quoi qu'il dise ou fasse, rien au fond ne l'affecte.

Comme les Juifs du temps de Néhémie, les adolescents sont capables de supporter beaucoup de désillusions et de contrariétés de la part de leur entourage. En fait, un jeune qui vit au milieu d'autres jeunes déçus et instables fait inévitablement l'expérience de la trahison et du dépit dans ses relations. Les parents ne peuvent rien faire pour empêcher cela. Les difficultés surviennent, toutefois, lorsque les jeunes sont soumis à des tensions relationnelles dans le foyer qui sont aussi grandes ou plus grandes que celles du dehors. Cela, les parents sont largement en mesure de faire quelque chose pour l'empêcher.

Lorsqu'un conflit familial implique un adolescent, les parents devraient être attentifs aux tensions relationnelles trop fortes et inutiles qui affectent le jeune dans la famille. En prenant l'initiative d'atténuer ces tensions dès qu'ils les découvrent, ils permettent à l'adolescent de concentrer son énergie sur la tâche plus importante de découvrir comment vivre dans un monde hostile et imprévisible. C'est ce que Néhémie a accompli en prenant les mesures adéquates au profit du peuple qu'il dirigeait.

Écoutez ce que fit le gouverneur après s'être chargé du fardeau des Juifs mécontents :

> *Je résolus de faire des reproches aux grands et aux magistrats, et je leur dis : Quoi ! vous prêtez à intérêt à vos frères ! Et je convoquai, à leur sujet, une grande assemblée... Ils se turent, ne trouvant rien à répondre. Puis je dis : Ce que vous faites n'est pas bien. Ne devriez-vous pas marcher dans la crainte de notre Dieu... ? Moi, mes frères et mes jeunes serviteurs, nous leur avons prêté de l'argent et du blé. Remettons-leur donc cette dette. Rendez-leur aujourd'hui leurs champs, leurs vignes, leurs oliviers et leurs maisons, ainsi que le centième de l'argent, du blé, du moût et de l'huile que vous avez exigé d'eux comme intérêt. Ils répondirent : Nous les rendrons et nous ne leur demanderons rien, nous ferons ce que tu dis* (Né 5.7-12).

Néhémie s'est montré très sensible aux besoins immédiats du peuple et il lui a donné des preuves qu'il pouvait compter sur lui pour soulager sa misère dans toute la mesure du possible.

Que de fois les parents refusent de prendre des initiatives dans les conflits qui les opposent à leurs enfants ! Ce fut le cas d'un couple qui vint me consulter pour savoir quoi faire avec leur fille de quatorze ans qui ne cessait de se chamailler avec sa mère. La situation était devenue telle que la maman s'enfermait dans sa chambre à coucher dès que Lina rentrait de l'école et y restait jusqu'au retour de son mari deux heures plus tard. La mère agissait ainsi parce que c'était le seul moyen, selon elle, d'éviter chaque après-midi les violentes disputes avec sa fille.

Quand je demandai plus de détails à propos de la situation, j'appris que les querelles semblaient toujours impliquer la relation de Lina avec son petit frère ou sa grande sœur. Ou bien elle interrompait l'un des deux dans ce qu'il était en train de faire, ou elle s'en prenait à sa mère, lui reprochant de faire pour l'un des deux ce qu'elle n'avait jamais fait pour elle. Lorsque je soulignai aux parents ce thème récurrent dans la conduite de leur fille, ils ne parurent pas du tout surpris. Ils me répondirent qu'ils s'en étaient déjà rendu compte, mais qu'ils ne savaient vraiment pas que faire en face de cette situation. Je les soupçonnais de n'avoir aucune idée des mesures à prendre pour résoudre ce conflit, parce qu'ils n'avaient pas examiné la cause profonde de ce qui irritait Lina, ce que normalement le conflit permet justement de faire. Ils s'efforçaient plutôt de maintenir un certain équilibre dans la maison afin d'éviter une deuxième dépression nerveuse à la maman. Mais ils ne savaient comment s'y prendre. En fait, tout ce qu'ils tentaient ne faisait qu'aggraver la situation.

Les initiatives que prenaient la mère et le père après les violentes explosions de colère de Lina ne visaient qu'à atténuer leur souffrance (par exemple en punissant Lina pour qu'elle réfléchisse à deux fois aux ennuis causés, ou en lui offrant un présent pour qu'elle cesse de prétendre n'avoir pas eu ce que son frère ou sa sœur avaient obtenu). Toutefois, les parents n'avaient rien fait pour découvrir les causes profondes des plaintes de Lina.

Je leur demandai : « En réfléchissant à tout ce qui sous-tend les paroles et les actions de votre fille, il me semble qu'elle cherche à vous faire comprendre ceci : "J'ai le sentiment que vous ne m'aimez pas comme vous aimez mon frère et ma sœur, surtout toi, maman." Se pourrait-il qu'il y ait un fond de vérité dans ces propos ? »

Ils se regardèrent d'un air penaud. Le père fut le premier à répondre : « Probablement oui. Voyez-vous, Kevin, dès le début Lina a été une enfant difficile. Toute petite, elle avait un problème d'apprentissage et était hyperactive. Ma femme a toujours eu besoin que chaque chose soit à sa place et que rien ne soit laissé à l'imprévu. Mais avec Lina, contrairement aux deux autres enfants, il lui était impossible de maintenir l'ordre dans la maison et de prévoir l'immédiat. Nous sommes presque sûrs que c'est le stress provoqué par l'éducation de Lina qui a déclenché la première dépression de ma femme. C'est pourquoi elle limite au minimum le temps qu'elle passe avec Lina. »

Plus j'en apprenais sur cette situation, mieux je voyais ce que Lina tentait de faire comprendre par son comportement. Ses parents faisaient doublement fausse route. D'abord, ils ne lui permettaient pas de donner libre cours à ses plaintes. Chaque fois qu'elle essayait de leur dire ce qu'elle ressentait, ils considéraient cette démarche comme un défaut de sa personnalité. Ils ne prêtaient pas attention à elle, changeaient de sujet ou la renvoyaient. Sans s'en rendre compte, ils l'obligeaient à devenir de plus en plus violente pour faire passer son message.

Ensuite, ils eurent le tort de ne rien faire qui pût contribuer à la résolution de son problème ou apaiser la souffrance qu'elle ressentait. Il était indéniable qu'elle *n'était pas* aimée comme les deux autres ni traitée sur un pied d'égalité avec eux. Si ses parents avaient au moins reconnu cet état de choses, cela aurait été d'un grand réconfort pour Lina. Ils auraient pu lui dire : « C'est vrai, chérie, nous avons conscience que nous sommes devant une difficulté. Nous comprenons ce que tu peux ressentir et nous nous en préoccupons. Les problèmes que rencontre maman rendent les choses difficiles pour toi. Nous allons essayer de remédier à tout cela. En attendant, dis-nous franchement quelles sont tes difficultés à vivre dans la famille, et ce que nous pourrions faire pour les soulager. »

Résoudre un conflit en approfondissant la relation de cette façon ne vient pas naturellement à l'esprit des parents qui agissent selon le modèle du consommateur. Ils abordent le conflit en se demandant : *« Que dois-je faire à la lumière de la détresse et du malaise que je ressens ? »* En revanche, les parents qui agissent selon le modèle de service abordent le problème sous un angle tout à fait différent : *« Que puis-je faire pour mon enfant à la lumière de la détresse et du malaise qu'il ressent ? »*

Modifier le style de relations

Si, grâce au conflit, Néhémie a eu connaissance de ce qui préoccupait le peuple, il a aussi appris ce qu'il fallait faire pour se comporter en « parent » radicalement différent pour eux :

> *Dès le jour où le roi m'établit comme leur gouverneur, ... ni moi ni mes frères n'avons vécu des revenus du gouverneur. Avant moi, les premiers gouverneurs accablaient le peuple et percevaient de lui du pain et du vin, outre quarante sicles d'argent ; leurs jeunes serviteurs mêmes régnaient en maîtres sur le peuple. Je n'ai pas agi de la sorte, par crainte de Dieu. Bien plus, j'ai travaillé à la réparation de cette muraille, et nous n'avons acheté aucun champ, et tous mes jeunes serviteurs rassemblés étaient à l'ouvrage... Malgré cela, je n'ai pas réclamé les revenus du gouverneur, parce que le service pesait lourdement sur ce peuple* (Né 5.14-16, 18).

Néhémie se rendait compte à quel point ceux qu'il aimait avaient souffert dans les relations précédentes avec d'autres gouverneurs ; aussi prit-il devant Dieu l'engagement d'établir avec eux des relations radicalement différentes. Le conflit devint un moyen pour lui de savoir comment conduire le peuple « selon ses besoins », d'une manière qui puisse favoriser sa santé et son bien-être (Ép 4.29).

Un jour, au cours d'une vive discussion avec ma fille sur mes raisons de lui interdire de faire une certaine activité avec l'une de ses amies, elle me lança à la figure combien elle se sentait seule et sans amie. Elle en fit retomber la responsabilité en partie sur moi, estimant que je ne me montrais pas très amical à l'égard des copines qu'elle amenait parfois à la maison. En apprenant comment elle et ses amies me percevaient, j'en fus peiné. Bien sûr, je fus tout de suite tenté de réagir en me défendant et de punir ma fille pour sa vulnérabilité émotionnelle. Mais je me ressaisis à temps. Aussi pénible que fût cette expérience, j'étais décidé à apprendre de Christie. Je voulais savoir comment me faire l'ami de ses amies, comment devenir une personne fondamentalement différente dans mes rapports avec les adolescents.

En écoutant Christie, j'appris qu'elle et ses amies avaient souvent été traitées d'une manière peu bienveillante par les adultes (professeurs, parents, etc.). Elle me parla de Catherine, une de nos amies adultes qui la considérait comme « une vraie personne », et cela lui donnait le sentiment d'être importante et bien dans sa peau.

Je savais que je n'étais pas entièrement responsable du fait qu'elle se sentait seule et sans importance, mais que je l'étais néanmoins partiellement. Aussi pris-je la résolution de ne plus me comporter vis-à-vis d'elle comme les « anciens gouverneurs », en l'occurrence comme un père animé d'exigences égoïstes. Je me fixai comme objectif d'établir avec elle une relation qui lui fasse sentir plus profondément qu'elle et ses amies étaient totalement acceptées. Pour cela, je décidai de ne plus agir avec impatience en leur présence, de prendre le temps de les écouter davantage et de saisir toutes les occasions pour mettre en valeur ce qu'il y avait de positif en elles. C'était tout un contraste avec le « pasteur affairé » qu'elles croisaient dans les couloirs de l'église !

Lorsque des parents ou des responsables tirent ainsi profit des conflits, ils s'épuisent. C'est pourquoi il est important de ne pas négliger la quatrième caractéristique d'une saine gestion d'un conflit, telle que la révèle l'expérience de Néhémie.

Puiser des ressources spirituelles

Parents et éducateurs se sentent souvent peu appréciés et vidés lorsqu'ils font face au conflit, même s'ils ont su gérer les difficultés de manière constructive. Remarquez comment Néhémie a trouvé l'énergie pour continuer son œuvre : « Souviens-toi favorablement de moi, ô mon Dieu, à cause de tout ce que j'ai fait pour ce peuple ! » (Né 5.19).

Néhémie n'aurait jamais pu trouver assez de « faveur » aux yeux de ceux qu'il dirigeait pour poursuivre sa tâche. L'influence d'un bon leadership sur le peuple ne suffit pas pour satisfaire les aspirations les plus secrètes du responsable ou du parent. En fin de compte, Néhémie savait qu'il devait puiser l'énergie dont il avait besoin dans sa relation avec Dieu et dans l'impact que son renoncement à soi et son sacrifice de soi avaient sur l'Éternel.

Nous retrouvons le même exemple dans l'histoire de Jésus au jardin de Gethsémané, à la veille de sa crucifixion (Mt 26.36-45). Le Christ demanda à ses amis intimes de se tenir près de lui et de le soutenir au moment où il se préparait pour le plus grand acte de renoncement à soi et de sacrifice de soi que le monde allait connaître. Mais ses disciples cédèrent au sommeil, le laissant seul avec son angoisse.

Il n'y a certainement rien de mal à ce qu'un papa ou une maman, ou un responsable chrétien demande le soutien accessoire de ceux qui leur sont les plus proches. Le Seigneur l'a fait. Mais cela ne reste qu'un appui secondaire. Jésus n'a pas compté avant tout sur l'appui de ses disciples pour avoir la force de se charger de sa croix et pour s'offrir en sacrifice en faveur de ceux qu'il aimait. Lorsque ceux-ci faillirent à son égard, il ne changea pas sa demande d'aide en exigence. Il ne fit pas non plus marche arrière pour emprunter un chemin moins difficile ou moins douloureux ; il ne s'avança pas seul, en martyr. Il s'adressa à son Père, comme l'avait fait Néhémie, pour puiser en lui la force d'offrir sa vie en faveur de gens ingrats mais également accablés de douleurs.

Les parents d'adolescents ne seront pas capables d'affronter les conflits dans leur famille ni de les utiliser pour développer leur maturité et approfondir les relations, s'ils ne puisent pas régulièrement, eux aussi, leur force en Dieu pour supporter la solitude et la souffrance. Celles-ci accompagnent inévitablement la vie avec des adolescents et les efforts déployés pour résoudre honnêtement les conflits qui surgissent. C'est ce qui explique peut-être pourquoi de nombreux parents préfèrent laisser se détériorer leurs relations avec leurs enfants lorsque ceux-ci entrent dans l'adolescence. L'angoisse de devoir supporter la contestation est une partie du prix à payer pour garantir des relations saines avec les adolescents ; mais les parents ne peuvent pas l'endurer longtemps s'ils ne s'humilient pas devant Dieu et s'ils n'implorent pas de lui la force dont ils ont besoin. Lorsqu'ils font cette expérience, ils sont réconfortés par l'espérance et l'assurance que rien (pas même le conflit ni la menace de perdre ceux qu'ils aiment le plus) ne pourra les empêcher de recevoir de la part de Dieu ce à quoi ils aspirent véritablement (1 P 1.3-6).

BÂTIR DES RELATIONS AVEC LES ADOLESCENTS

Comment les parents peuvent-ils établir avec leurs adolescents des relations capables de désamorcer les conflits ?

Je crois personnellement qu'une relation est d'autant plus solide que le niveau d'engagement est plus élevé. L'étude attentive du comportement de Néhémie face aux Juifs mécontents de Jérusalem révèle les différentes étapes que le gouverneur a franchies pour s'engager dans la vie des gens et pour développer ses relations avec eux. Les parents qui tissent des liens solides et durables avec leurs enfants s'engagent avec eux aussi intensément que Néhémie l'a fait avec son peuple. Ils commencent par s'intéresser à leur vie sur le plan intellectuel, puis passent successivement à des niveaux plus profonds : matériel, empathique, dynamique et prolongé.

La figure 11 représente les différents niveaux d'engagement dans l'ordre où, à mon avis, ils doivent se franchir. Des parents qui cherchent à agir auprès de leurs enfants sont parfois tentés de sauter les étapes intermédiaires et d'arriver rapidement au niveau supérieur sans avoir bien développé les étapes précédentes. Leurs enfants se montrent souvent réticents parce qu'ils ne se sentent pas à l'aise dans des relations de niveau supérieur si les adultes n'ont pas pris le temps de cultiver avec eux une relation solide sur les différents plans inférieurs. Les parents qui s'efforcent de s'engager trop profondément et trop vite dans la vie de leurs adolescents s'exposent à de grandes déceptions.

Je pense que de nombreux parents refusent d'approfondir l'engagement auprès de leurs enfants parce que le risque de souffrir augmente au passage d'un niveau à un autre. Les cercles concentriques de la figure 11 correspondent aux différents niveaux d'engagement que les parents peuvent cultiver avec leurs adolescents. Les premiers niveaux comportent moins de risque parce que l'engagement qui leur correspond est moins personnel et exige moins d'intimité. Les cercles les plus extérieurs sont les plus chargés de « risque de haute tension » pour les parents, car ils demandent une plus grande vulnérabilité et plus d'intimité. Les enfants le sentent bien ; c'est pourquoi ils résistent à l'engagement qu'impliquent les niveaux les plus élevés, aussi longtemps qu'ils n'ont pas la certitude que leurs parents ne nourrissent pas des desseins hostiles ou égoïstes.

Le diagramme montre également que les niveaux croissants d'engagement correspondent à une dépense croissante d'énergie des parents. S'engager auprès des enfants épuise. Tant que leur but est leur propre épanouissement, les parents ne feront pas preuve de sagesse dans la dépense de leur énergie. Plus on met de l'énergie au service des adolescents, plus on s'aperçoit qu'il en faut encore davantage. Les parents qui s'engagent fortement auprès de leurs enfants peuvent parfois attendre des années avant de voir leurs efforts appréciés ou récompensés. Le maintien d'un engagement profond à long terme n'est possible que si les adultes poursuivent des objectifs altruistes qui n'exigent pas de changement comportemental visible chez l'adolescent.

FIGURE 11
NIVEAU D'ENGAGEMENT ENTRE PARENT ET ADOLESCENT

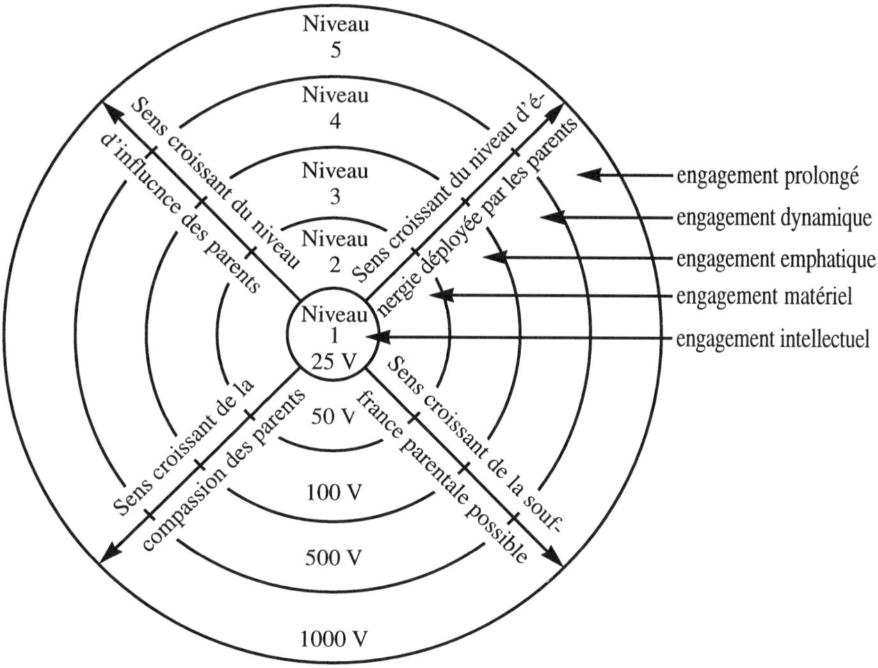

Pour le parent, les deux autres conséquences d'un engagement plus fort dans la vie d'un adolescent sont positives et gratifiantes. À mesure que son niveau d'engagement augmente, son niveau de compassion et d'influence augmente également. Lorsque le parent perd patience envers son enfant et que sa compassion pour lui diminue, le seul remède est un engagement plus prononcé. C'est en prenant mieux conscience des désirs insatisfaits et des échecs de son adolescent que le parent peut éprouver de la compassion pour lui. Or cette prise de conscience ne peut se faire que par un engagement personnel étroit avec l'enfant. Remarquez comment son action auprès des gens a permis à Jésus de comprendre leurs besoins et l'a rempli de compassion à leur égard, comme l'écrit Matthieu :

> *Jésus parcourait toutes les villes et les villages, il enseignait dans leurs synagogues, prêchait l'Évangile du royaume et guérissait toute maladie et toute infirmité. À la vue des foules, il en eut compassion, car elles étaient lassées et abattues comme des brebis qui n'ont pas de bergers* (Mt 9.35-36).

Plus un parent est rempli de compassion pour son adolescent, plus il désire s'engager envers lui. L'engagement suscite la compassion, et celle-ci, à son tour, entraîne un engagement plus intense. Plus l'engagement du parent auprès de son enfant est ferme, plus son influence est grande. Les enfants sont facilement enclins à observer, à suivre et à imiter les personnes qui sont proches d'eux.

Passons en revue les différents niveaux d'engagement que le parent peut rechercher.

Premier niveau : l'engagement intellectuel

Un parent s'engage intellectuellement lorsqu'il prend conscience et juge des circonstances de son enfant, surtout celles qui sont difficiles. Voyons comment Néhémie a cultivé ce niveau d'engagement avec ses frères juifs :

> *Hanani, l'un de mes frères, et quelques hommes arrivèrent de Juda. Je les questionnai au sujet des Juifs rescapés qui étaient restés de la captivité, et au sujet de Jérusalem... Lorsque j'entendis ces paroles* [les circonstances douloureuses auxquelles ils étaient confrontés], *je m'assis, je pleurai et, pendant plusieurs jours, je pris le deuil. Je jeûnai, je priai devant le Dieu des cieux* (Né 1.2, 4).

Relevons quelques caractéristiques de l'engagement intellectuel. D'abord, il peut se faire sans que l'on vive nécessairement les mêmes circonstances que l'autre personne. Néhémie s'est engagé intellectuellement en faveur de ses frères alors qu'il vivait à des centaines de kilomètres d'eux et dans des conditions tout à fait différentes. Il en est de même des croyants d'un pays qui suivent avec intérêt le travail des missionnaires dans un autre pays et qui les soutiennent activement. De même, les parents peuvent s'engager intellectuellement envers leurs enfants, alors même que ceux-ci passent la majeure partie de leur temps à l'école, plongés dans un environnement très différent de celui des parents.

Notez quel a été le moyen par lequel Néhémie s'est engagé intellectuellement envers les gens qu'il aurait la charge de conduire plus tard : une grande curiosité face à tout ce qui les concernait. C'est ce qui a poussé le gouverneur à s'intéresser aux détails troublants de leur vie. *La curiosité au sujet des expériences que vivent leurs enfants à l'école, dans leurs relations et au sein de la famille, est le meilleur outil dont disposent les parents pour commencer à s'intéresser de près à eux.* Si au début les jeunes ne distillent pas volontiers les informations les concernant, les parents peuvent néanmoins savoir ce qui se passe chez l'adolescent en lisant et en interrogeant des personnes compétentes dans ce domaine.

Toutefois, la saine curiosité à laquelle je fais référence n'a rien à voir avec une préoccupation morbide. Certes, quand un parent adopte l'approche du consommateur, la curiosité qui le pousse à mieux connaître son enfant peut facilement se transformer en besoin obsessionnel de savoir tout ce que l'adolescent pense ou fait. En réalité, l'objectif d'un tel parent n'est pas de mieux cerner la personnalité de l'adolescent, mais de se protéger lui-même contre toute surprise ou tout ennui qu'il pourrait causer. Il n'est pas capable de poser à son fils ou à sa fille des questions ouvertes et empreintes de compassion ; au contraire, pour obtenir l'information dont il a égoïstement besoin, il interroge l'enfant, l'intimide et pénètre dans sa vie privée. En fin de compte, une telle approche résulte en une diminution de prise de conscience et d'engagement, parce que l'adolescent juge nécessaire pour ne pas troubler l'adulte, de reculer et de dissimuler une grande partie de ce qu'il vit et ressent.

L'autre moyen que Néhémie a utilisé pour s'engager intellectuellement envers les autres est la prière. Nous ne devrions jamais sous-estimer la prière qui prend à cœur les circonstances des autres pour mieux intercéder en leur faveur. Quand un parent prie sincèrement pour son enfant, il s'investit forcément dans sa vie, et sa compassion pour lui devient plus authentique et plus grande. L'apôtre Paul ne se contentait pas simplement de prier pour ceux envers qui il s'était engagé. Il leur disait souvent clairement comment il priait pour eux et pour quel sujet particulier, ce qui augmentait d'autant plus son engagement intellectuel envers eux.

Un dernier élément au sujet de l'engagement intellectuel concerne l'effet qu'il a sur les parents. Même si ce n'est que le point de départ d'un engagement plus profond, il peut déjà entraîner des réactions vives. Néhémie fut visiblement et puissamment marqué par tout ce qu'il apprit des circonstances dans lesquelles vivaient ses frères juifs.

À mon avis, il est pratiquement impossible aux parents d'un adolescent de s'engager intellectuellement dans l'univers de leur enfant sans être poussés, comme le fut Néhémie, à pleurer, à prier et à s'engager davantage. On a peine à imaginer tout ce qu'un adolescent doit supporter presque journellement. Beaucoup de parents ne prennent pas le temps de voir à quoi ressemble la vie vue à travers les yeux d'un adolescent. En omettant de le faire, ils passent à côté de la seule porte d'accès à un engagement plus profond et plus significatif dans la vie de leur enfant.

Deuxième niveau : l'engagement matériel

Le parent s'engage matériellement envers son adolescent lorsqu'il prend des mesures concrètes pour l'aider à retrouver la dignité et faire l'expérience de l'amour au milieu des circonstances pénibles auxquelles il fait face, quelles qu'elles soient. Il fallut à Néhémie quatre ou cinq mois après s'être engagé intellectuellement envers les gens en difficulté à Jérusalem, pour trouver un moyen de s'engager matériellement en leur faveur. Néhémie 2.1-5 rapporte comment il a cherché une occasion de venir en aide concrètement à ses frères juifs en retournant à Jérusalem pour les aider à reconstruire les murailles écroulées.

> *Je pris le vin et je l'offris au roi. Jamais je n'avais paru triste en sa présence. Le roi me dit : Pourquoi as-tu le visage triste ? Tu n'es pourtant pas malade ; ce ne peut être qu'un chagrin de cœur. Je fus saisi d'une grande crainte, et je répondis au roi : Que le roi vive éternellement ! Pourquoi n'aurais-je pas le visage triste alors que la ville où sont les tombeaux de mes pères est détruite et que ses portes ont été dévorées par le feu ? Le roi me dit : Au fait, que demandes-tu donc ? Je priai le Dieu des cieux et je répondis au roi : S'il plaît au roi, et si son serviteur a sa faveur, envoie-moi en Juda, vers la ville des tombeaux de mes pères, pour que je la rebâtisse.*

L'exemple de Néhémie montre que l'engagement matériel ne se limite pas à des actes occasionnels de miséricorde destinés à aider les autres à se sentir mieux. Il s'agit plutôt d'actions réfléchies accomplies pour faire comprendre aux autres qu'ils sont toujours aimés par Dieu et qu'ils ont de la valeur à ses yeux. C'est pourquoi il est impossible de s'engager sur ce plan-là en faveur de qui que ce soit avant de s'être intéressé à lui sur le plan intellectuel. Ce n'est qu'après avoir découvert ce que vivent les autres qu'on peut savoir où et comment leur exprimer la présence et l'amour de Dieu d'une manière efficace. Néhémie vint à Jérusalem comme le représentant de Dieu pour délibérément « chercher le bien des fils d'Israël » (2.10), et pas seulement pour les aider à se sentir mieux.

De nombreux parents pourraient penser à tort qu'ils ont atteint ce niveau d'engagement lorsqu'il ont répondu aux besoins matériels de base de leurs adolescents ou qu'ils leur ont donné tout ce qu'ils réclamaient. Toutefois, de tels soins, dispensés par devoir ou par habitude, ne parviennent pas à communiquer un réel engagement.

Imaginons, par exemple, une mère qui rentre chez elle et trouve sa fille de seize ans vautrée sur le canapé, en plein découragement. « Qu'y a-t-il ? » demande-t-elle. « Je suis la seule personne de mon école qui n'a pas de rendez-vous avec un garçon ce week-end ! », répond l'adolescente. « Si ce n'est que cela, je connais un moyen de te chasser les idées noires, reprend la maman. Viens, enfile ton manteau, nous allons faire des courses. »

Je soupçonne que l'intervention de la mère a peu fait pour favoriser chez sa fille le sentiment d'être toujours aimée par Dieu et d'avoir de la valeur à ses yeux, bien que ce soit son attitude hautaine qui l'a empêchée d'avoir un rendez-vous. Peut-être même l'adolescente verra-t-elle l'effort de sa mère pour lui remonter le moral en lui achetant une jolie robe comme une confirmation des mensonges auxquels elle croyait sur elle-même. « Quel genre de fille suis-je pour qu'on ait des attentions spéciales pour moi seulement quand on me prend en pitié ? »

Si la mère avait cherché à comprendre en quoi l'incident affectait sa fille, peut-être aurait-elle eu plus d'information avant de réagir. En fait, elle aurait ainsi pu apprendre que la jeune fille avait déjà décliné les invitations de trois garçons dans l'espoir d'être invitée par un autre qu'elle trouvait plus beau. Elle aurait également pu découvrir qu'ainsi affalée sur le divan, la jeune fille était désespérée devant sa propre folie et qu'elle pensait à la cruauté et au manque d'égards dont elle avait fait preuve envers les trois premiers garçons, se disant qu'après tout elle n'avait que ce qu'elle méritait pour avoir été si snob.

Enrichie de ce savoir, la mère aurait pu poser un geste concret en vue de redonner à sa fille la perspective de Dieu. Ainsi, elle aurait pu lui dire : « Tu sais, ma chérie, je suis fière de la manière dont tu te remets sérieusement en question dans tout ça. Je n'ignore pas que c'est difficile, et je ne pense pas que beaucoup d'autres jeunes seraient prêts à le faire. Incidemment, j'aimerais bien passer ce week-end avec toi. Je t'aime, même quand tu te comportes comme une snob. J'ai envie de passer ces moments avec toi. Que penses-tu de l'idée de me tenir compagnie ? Nous trouverons certainement quelque chose à faire ensemble. Et puis, nous pourrons discuter des changements à apporter dans le domaine de tes fréquentations. »

La maman aurait pu trouver des dizaines d'autres moyens pour s'engager réellement auprès de sa fille. Si le but de la mère avait été d'aider concrètement sa fille à découvrir l'influence positive que sa vie pouvait encore avoir, elle aurait cultivé en elle le sentiment de sa dignité. Si son but avait été de faire prendre conscience à sa fille de l'amour dont elle était toujours l'objet, elle aurait développé en elle la certitude qu'elle était encore une personne digne d'être aimée.

Le parent qui cherche à s'engager de façon tangible auprès de son adolescent devra faire preuve de patience pour deux raisons. D'abord, il se peut qu'il doive rester au niveau de l'engagement intellectuel pendant plusieurs mois avant de trouver l'occasion favorable pour toucher profondément son enfant par un geste de bonté. Ensuite, il faut parfois un certain temps avant que le jeune s'ouvre et accepte l'engagement de l'adulte. Un adolescent peut repousser plusieurs invitations de ses parents à faire quelque chose de significatif avec eux avant d'en accepter une. Les adultes devront mettre à profit ce temps d'attente pour continuer d'étudier la situation de l'enfant, comme l'a fait Néhémie pour le peuple (Né 2.11-18), guettant le bon moment et la bonne occasion pour offrir leur engagement concret.

Troisième niveau : l'engagement empathique

À ce niveau d'engagement, l'adulte arrive à comprendre les dynamiques personnelles (désirs non comblés et plans insensés) qui poussent le jeune à être ce qu'il est ; il répond alors à l'adolescent avec douceur et empathie. Ce stade reste inaccessible au parent tant que l'enfant ne se sentira pas suffisamment accepté et en sécurité pour laisser tomber sa garde et donner à l'adulte un aperçu authentique de ce qu'il est. C'est pourquoi le parent devra rester engagé sur le plan matériel pendant des mois avant que ne s'ouvre la porte donnant accès à un engagement plus profond.

Prenons un exemple. Si un père consent à passer de longues heures avec son fils pour réparer sa moto en panne, le garçon peut tôt ou tard se décider à lui confier des aspects plus intimes de sa vie. Lorsque le garçon voit son père lui consacrer de façon tangible une partie de son temps pour l'aider à se sentir en confiance et aimé, il commencera peut-être à souhaiter que son papa le connaisse plus intimement. Le jeune aspirera notamment à être aidé dans des domaines qui le déconcertent beaucoup plus que les morceaux épars de sa machine. Mais étaler devant son père les parties brisées de son être est plus difficile et plus risqué qu'étaler devant lui les pièces brisées de sa moto. C'est en observant comment son père va réagir devant le moteur en panne que l'enfant saura s'il est prudent de lui confier aussi ses problèmes personnels. Les habitants de Jérusalem ont finalement conclu qu'ils n'avaient rien à craindre en ouvrant leur cœur à Néhémie, car ils avaient pu étudier le gouverneur pendant tous ces mois où ils l'avaient côtoyé alors qu'ensemble il reconstruisaient les murailles de la ville. Néhémie a conquis le droit de s'engager plus profondément auprès des Juifs en cultivant au préalable un engagement soutenu à un niveau inférieur. Néhémie 8.1-12 fait état de l'ouverture du cœur des Israélites non seulement à Néhémie et à ses frères, mais également à Dieu. Au moment où le peuple confesse sa souffrance et son péché, le gouverneur réagit avec une compassion et une empathie qui ouvrent la voie à un engagement encore plus profond.

Quatrième niveau : l'engagement dynamique

À ce stade de l'engagement, le parent peut aider l'adolescent à opérer les changements nécessaires pour qu'il ne devienne pas le genre de personne vers lequel il tend actuellement (un être assujetti à ses stratégies insensées pour trouver la vie en dehors du Christ). Toutefois, l'adulte ne peut atteindre ce niveau d'influence que s'il s'est d'abord soumis de tout cœur à la tâche exigeante de poursuivre l'engagement sur les plans intellectuel, matériel et empathique avec l'adolescent.

Nous consacrerons tout le chapitre suivant à étudier comment cultiver l'engagement au niveau empathique et dynamique. Il semble que peu de parents aient l'expérience et le savoir-faire pour s'engager auprès de l'adolescent à ces niveaux-là. Certains parents réussissent si bien à comprendre les circonstances de leurs enfants et à les aider à les gérer, qu'ils en oublient que ces niveaux d'engagement ne sont que des étapes intermédiaires en vue d'un but plus élevé : la transformation radicale de la vie de leurs enfants.

Il faut porter au crédit de Néhémie que tout gouverneur, architecte et ingénieur qu'il fût, il ne perdit jamais de vue son rôle essentiel : amener ceux qui dépendaient de lui à changer radicalement leur manière de vivre. Le chapitre 9 de Néhémie relate l'un des plus grands réveils spirituels mentionnés dans la Bible parmi le peuple de Dieu. La dynamique fondamentale qui avait poussé ce peuple à vivre loin de Dieu a été changée. Grâce à l'engagement de Néhémie dans la vie des

Juifs de Jérusalem, ceux-ci ont fait l'expérience d'une nouvelle dépendance de Dieu et ont radicalement changé leur façon de vivre.

Même si les parents ne doivent pas s'attendre à ce que ce changement dynamique de vie s'opère naturellement ou facilement chez leurs enfants, ils ne doivent cependant jamais renoncer à tendre vers cet objectif. Quand les parents commencent à s'engager dans la vie de leur enfant, même au tout premier niveau, ils entrent dans un processus qui peut aboutir, grâce à Dieu, à la transformation complète de sa vie. La règle la plus importante à observer, c'est de ne jamais reculer. Ne vous désengagez jamais, mais attendez patiemment l'occasion favorable d'approfondir l'engagement.

Cinquième niveau : l'engagement prolongé

Le niveau le plus profond d'engagement n'est rien d'autre que la volonté du parent de rester résolument aux côtés de son enfant à chacun des quatre premiers niveaux jusqu'à ce que l'adolescent atteigne une maturité telle qu'il sera capable de s'engager à son tour auprès des autres. L'exemple de Néhémie nous enseigne que cela peut prendre du temps. Plusieurs années après avoir pris connaissance des dures conditions de vie des Juifs de Jérusalem, Néhémie était encore fortement et dynamiquement engagé à leurs côtés, et prêt à combattre leurs voies insensées et coupables (Né 13).

C'est avec des adultes que je connais depuis leurs années d'études secondaires que j'entretiens les relations les plus gratifiantes. Quand je considère la vie quotidienne et le ministère de quelques-uns de ces anciens adolescents, et quand je constate les résultats qu'un engagement prolongé peut avoir dans une vie, je prends conscience du privilège que j'ai de travailler parmi les jeunes et d'être le père d'une adolescente. Plus je m'engage dans la vie des jeunes, plus je me sens co-ouvrier avec Dieu dans l'œuvre de transformation durable et profonde qu'il opère dans leur vie.

S'ENGAGER AUPRÈS D'UN ADOLESCENT REBELLE

Lorsque les parents ont négligé de développer les différents niveaux d'engagement auprès de leur enfant avant son entrée dans l'adolescence, il y a des chances qu'ils constatent chez lui une résistance à leur approche une fois devenu adolescent.

De tels parents doivent toutefois comprendre que même dans ce cas, un adolescent réfractaire ne peut pas complètement les empêcher de s'engager auprès de lui aux différents niveaux examinés. Plus ils s'efforceront de poursuivre l'engagement dans l'ordre indiqué, plus ils ont des chances de trouver le défaut de la cuirasse chez leur enfant.

Quand un parent rencontre de la résistance de la part de l'adolescent, il doit veiller à respecter sa décision. Même s'il est normal et bon que l'adulte exprime ses regrets, il doit se garder de manifester de la colère ou du désespoir. Car ce serait alors exercer une pression sur l'enfant et dépendre de lui de façon malsaine. En respectant le désir du jeune qui ne veut pas s'exprimer ni passer du temps avec ses parents, ceux-ci lui témoignent du respect. Mais ils ne doivent pas pour autant renoncer à demander un engagement de la part de l'enfant ni cesser de lui offrir le leur. Lorsque le désir d'engagement du parent procède d'un esprit de service, il est bien rare que l'adolescent puisse s'y opposer longtemps.

Les parents devraient toujours voir dans la réticence et le malaise qu'éprouve l'adolescent devant leur désir d'engagement un reflet de leur style relationnel et une remise en question de leur façon d'éduquer. Il se peut que l'enfant réagisse ainsi négativement à cause des motifs impurs qu'il décèle chez le parent et dont celui-ci n'a pas conscience. Quand un parent constate une résistance chez l'adolescent, il faut absolument que d'une manière tout à fait amicale, il attire son attention sur ce sujet et l'amène à en discuter ouvertement et librement. Très souvent, le jeune expliquera ce qui lui rend l'engagement difficile.

En fin de compte, les adultes doivent se souvenir que ce après quoi leur enfant soupire plus que toute autre chose est une relation qui ne lui fasse jamais défaut. S'ils lui offrent un engagement inconditionnel même au niveau le plus superficiel, il est fort probable qu'il s'adoucira à leur égard et qu'il souhaitera un engagement plus substantiel de leur part.

RÉSUMÉ

Vous engager inconditionnellement, c'est vous engager dans la vie de votre enfant quels que soient le climat ou les conditions du moment. Parfois, le climat ne vous semblera pas du tout propice, ou sera même tout à fait désagréable. Votre engagement pourra aussi vous obliger à supporter l'opposition, voire accepter la confrontation. Mais si vous persistez dans votre engagement inconditionnel, même dans les pires situations, votre enfant finira par se sentir hautement apprécié et fortement aimé.

L'engagement auprès d'un adolescent est différent de celui auprès d'un enfant : il doit se faire aux conditions du jeune, en respectant ses attentes. Le parent doit donc manifester de l'intérêt face à ce qu'il fait, pense et ressent. Il doit pénétrer dans son univers et en faire partie, discuter avec l'adolescent des choses qui le préoccupent et le troublent, et lui faire comprendre son désir d'être à ses côtés au moment où il décide de la vie qu'il veut mener dans le monde.

Ce genre d'engagement envers un jeune oblige les adultes à entrer dans un monde qui, à bien des égards, leur paraît étrange et peu familier, un monde qui les met mal à l'aise et les déroute parfois. Mais l'engagement inconditionnel leur impose de prendre cette initiative. Lorsqu'il est conditionnel, c'est le contraire qui se produit. Il force le jeune à entrer dans le monde des adultes pour y trouver la présence active après laquelle il soupire. Peu de jeunes sont prêts à faire cela pour bien longtemps.

Le maintien et l'approfondissement de la relation avec votre enfant dépendent principalement de vous et de vos initiatives pour lui proposer un engagement inconditionnel, quel qu'en soit le prix.

CHAPITRE 8

Comprendre le comportement de l'adolescent

Les parents ne peuvent guère offrir un engagement inconditionnel à leur adolescent s'ils ne savent pas au préalable ce qui se passe dans son for intérieur. La plupart des jeunes pensent que personne, et en tout cas pas leurs parents, n'accepterait de s'engager réellement envers eux s'il les connaissait en profondeur. Souvent, l'adolescent ne peut croire que l'engagement des autres soit inconditionnel tant que ceux-ci n'ont pas découvert qui il est véritablement, et maintenu néanmoins leur engagement.

Comme les jeunes ont généralement peur de s'exposer au regard des autres, c'est en étudiant leur comportement que les parents découvrent le mieux qui ils sont vraiment. Ce sont les paroles et les actions de l'adolescent qui constituent pour ses parents une fenêtre ouverte sur son cœur. C'est donc souvent en apprenant à lire entre les lignes des faits et des propos de leur adolescent que les parents seront capables de mieux le comprendre et de lui communiquer un amour inconditionnel.

Roger était un lycéen qui n'avait pas connu beaucoup d'engagement de la part de sa famille dans son enfance. Tout petit déjà, il avait choisi un style relationnel qui empêchait les autres membres de la famille de le connaître vraiment et de s'engager envers lui. À l'âge de six ans, il avait été victime d'abus sexuel de la part d'une baby-sitter. Il avait gardé cet incident pour lui. Comme cela s'était produit à plusieurs occasions et qu'il n'avait rien fait pour l'empêcher, il en éprouvait beaucoup de honte. Il se faisait des reproches et croyait que si un membre de la famille l'apprenait, il perdrait aussitôt le respect et l'amour des siens. Pour empêcher que cela n'arrive, il décida d'adopter avec sa famille un comportement de gentil petit garçon bien tranquille, un comportement qui ne laisserait pas deviner qu'il était en réalité « ce genre de personne qui permettait à une baby-sitter de commettre sur lui cette chose horrible ». Si les sages petits garçons qui ne font jamais rien de mal évitent d'attirer sur eux une attention négative, ils sont privés également de toute forme d'attention positive. C'était le cas de Roger. Comme il était calme, il se sentait souvent délaissé et exclu des conversations et des activités de ses parents et de ses cinq frères et sœurs aînés. Leur attitude renforçait son idée qu'au fond, il devait être de ceux qui ne donnent à personne envie de s'engager à leurs côtés.

La famille de Roger ne prêta pas attention à son style relationnel et ne comprit pas qu'il dissimulait toutes sortes de craintes et d'idées injustifiées. Ses parents pensaient que sa timidité était un trait normal de sa personnalité. En réalité, ils appréciaient hautement la paix et la tranquillité que leur garçon contribuait à maintenir dans la maison ; aussi n'eurent-ils jamais l'idée de s'interroger sur l'origine de sa timidité et de l'encourager à faire connaître librement ce qu'il ressentait. Lorsque Roger entra dans l'adolescence, sa timidité ne lui servit plus beaucoup pour le protéger de l'attention négative des autres. En fait, elle entraîna pour lui de graves complications sociales. Il se montra incapable de nouer des amitiés solides avec ses camarades ; ses parents se mirent à lui faire des reproches quant à sa timidité, car elle les excluait de la vie du dernier de leurs enfants encore sous leur toit. Comme sa gaucherie l'empêchait de gagner l'engagement d'autrui après lequel il soupirait tant, il se sentit encore moins adéquat en tant que personne, ce qui ne fit qu'accroître sa gêne. Ceci donna une deuxième occasion aux parents de Roger non seulement de reconnaître que quelque chose ne tournait pas rond chez lui, mais aussi de découvrir ce qui lui faisait peur. Pourtant, ils ne cherchèrent jamais les causes de ce malaise croissant de leur fils ; ils laissèrent la situation empirer sans s'attaquer à la conviction intime de Roger, à savoir qu'il était un être « dégoûtant » que personne ne pourrait aimer.

L'isolement dans lequel Roger s'était progressivement enfermé devint si oppressant qu'il se risqua à sortir de son style relationnel habituel et confia à l'un des responsables du groupe de jeunes de l'Église qu'il avait besoin d'aide. Celui-ci le mit en rapport avec moi, et à partir de ce moment, chaque semaine, nous consacrâmes du temps pour essayer de cerner ensemble la personnalité du jeune homme. Plus tard, Roger accepta que j'inclue ses parents dans nos discussions ; pour la première fois, toute la famille comprit la raison d'être de la timidité de l'adolescent et put lui proposer un véritable engagement inconditionnel. Une fois que ses parents connurent les secrets les plus profonds et les plus sombres du passé de leur fils, ils purent s'attaquer aux convictions fausses qu'il s'était forgées sur lui-même en démontrant que cette découverte de son for intérieur n'avait fait qu'accentuer leur désir d'être proches de lui.

CINQ APTITUDES NÉCESSAIRES POUR COMPRENDRE L'ADOLESCENT

Le but de ce chapitre est de communiquer aux parents les moyens d'offrir un engagement inconditionnel à leurs adolescents. Le livre des Proverbes décrit cinq aptitudes fondamentales indispensables aux parents qui agissent selon le modèle de service. Grâce à ces aptitudes, les adultes pourront discerner au fur et à mesure les besoins de leur adolescent et y trouver la réponse appropriée.

Première aptitude : le parent doit réorienter ses objectifs vers son adolescent

> *Celui qui se tient à l'écart ne recherche que son désir,*
> *Il se déchaîne contre toute raison.*
> *Ce n'est pas à l'intelligence que l'insensé prend plaisir,*
> *C'est à la manifestation de ses pensées* (Pr 18.1-2).

Salomon dénonce le danger constant qui menace tout parent dans sa relation avec l'adolescent, celui de permettre à des objectifs égoïstes ou insensés de le détourner de l'éducation que Dieu voudrait qu'il lui dispense. D'après Proverbes 18.1, les parents qui se laissent gouverner par des objectifs erronés dans la relation avec leurs adolescents s'exposent à deux conséquences. D'abord, ils seront perçus par leurs enfants comme étant « hostiles » ; ensuite, ils ne seront pas capables de se faire une opinion juste d'eux-mêmes ni de leurs enfants.

S'ils veulent comprendre leur adolescent et pouvoir mieux l'accompagner, ils doivent d'abord apprendre à discerner leurs objectifs insensés, puis les abandonner pour poursuivre des objectifs de service.

Discerner les objectifs insensés. Pour cela, le parent doit d'abord identifier la nature de ces objectifs et reconnaître quand il leur est asservi. *La caractéristique fondamentale d'un objectif insensé est qu'il peut être facilement déjoué.* Ce qui le rend insensé, c'est qu'il vise à satisfaire un désir crucial que les parents sont dans l'incapacité de satisfaire en dehors de Dieu.

L'objectif insensé du parent détaché est de trouver son épanouissement dans la vie en évitant le plus possible de porter la responsabilité pour ce que l'adolescent va devenir. Il aura beau déployer tous ses efforts pour réussir cette entreprise, il sera frustré par l'une ou l'autre chose suivante. Ou bien il ne parviendra pas à faire taire la petite voix de sa conscience qui le rend instinctivement responsable du développement de l'enfant, ou bien il trouvera la vie insipide et inintéressante, car pour que la vie ait un sens, il faut intensifier l'engagement relationnel et non le fuir.

L'objectif insensé du parent qui est dépendant sur le plan relationnel est de chercher l'épanouissement dans la vie en assumant toute la responsabilité pour ce que l'adolescent devient. Ce parent verra son plan déjoué, parce qu'il ne parviendra pas à exercer sur l'adolescent un contrôle suffisant pour que l'enfant lui procure le sentiment de plénitude après lequel il soupire.

L'objectif insensé du parent intransigeant est de chercher l'épanouissement en s'accaparant la responsabilité des vertus de son enfant et en rejetant sur lui la responsabilité de ses vices. Mais ce but aussi sera déjoué lorsque l'adulte constatera la disparition progressive des qualités de l'enfant et la prolifération de ses défauts, tandis que le jeune essaie désespérément de maintenir le sentiment de son identité et de son importance personnelles.

Ainsi, quand les objectifs des parents sont insensés, ils sont facilement contrecarrés par des adolescents qui refusent de coopérer. Or, les plans déjoués fournissent aux parents l'une des meilleures occasions pour se rendre compte qu'ils agissent selon le modèle parental du consommateur.

Dieu a placé en chacun de nous un système d'alarme qui se déclenche lorsque nous sommes engagés sur une voie insensée. Il s'agit d'une série de *signaux émotionnels*[1] qui indiquent à tout moment et de façon fiable la nature de l'objectif poursuivi. Ainsi, l'apôtre Paul exhorte ses lecteurs à considérer leur colère comme un signal les avertissant des dangers qui les guettent aussi bien dans l'attitude adoptée que dans les actions commises (Ép 4.26).

Les émotions sont des signaux qu'on peut ranger dans trois catégories, chacune d'elles révélant un aspect différent des objectifs insensés que poursuit la personne. La première catégorie inclut les émotions qui se rattachent à la colère, comme l'agressivité, la frustration et le mépris. Lorsqu'une personne éprouve un de ces sentiments, c'est souvent le signe que l'objectif insensé qu'elle poursuivait a été bloqué. Elle a été privée de quelque chose qu'elle estimait indispensable à son épanouissement. *Dans la relation parent-adolescent, la colère du parent contre l'enfant indique généralement que le jeune contrecarre la réalisation d'un objectif insensé de l'adulte.* Il n'est pas étonnant que l'Épître de Jacques souligne que la colère de l'homme n'accomplit pas la justice de Dieu (Jc 1.20). Lorsque le parent aborde l'enfant en ayant des objectifs qui risquent d'engendrer des frustrations, il est certain qu'il ne poursuit pas le genre d'objectifs qui favorisent une vie droite et juste au sein de la famille.

Les parents doivent savoir bien distinguer entre leurs désirs et leurs buts pour leurs enfants. Quoique mon désir soit que ma fille obtienne d'excellents résultats à l'école, qu'elle range correctement sa chambre et qu'elle ramasse ses affaires, ces choses ne devraient jamais être mon but en tant que parent. S'ils l'étaient, je serais déçu et fâché contre ma fille (qui a pleins pouvoirs sur ces choses) lorsqu'elle les contrarierait en n'agissant pas selon mes attentes.

Je dois donc clairement communiquer ces choses comme étant des désirs aussi bien à Christie qu'à Dieu, et me fixer comme but de maîtriser dans l'amour ma réaction envers ma fille lorsque celle-ci ne parvient pas à répondre à mes attentes. Mon but doit être de réagir d'une manière qui manifeste mon engagement inconditionnel envers ma fille, quelle que soit sa façon de répondre à mes désirs. Mais je dois par ailleurs pouvoir agir fermement sans faire de concessions si elle décide de ne pas en tenir compte, par exemple en la privant de certains avantages jusqu'à ce qu'elle accepte de les respecter.

Pour atteindre de tels buts, il suffit que j'exerce un contrôle sur moi-même et non sur Christie, supprimant ainsi la frustration que j'éprouverais si j'essayais de peser sur elle. Par la même occasion, elle apprendra qu'elle seule est responsable de maîtriser ses pulsions, et non moi. En me fixant comme but de faire goûter à ma fille les conséquences douloureuses de sa désobéissance ou de ses mauvais choix, je la place dans les meilleures conditions pour lui apprendre la nécessité de la maîtrise de soi.

La deuxième catégorie d'émotions que peut connaître un parent touche à la crainte : l'anxiété, l'inquiétude, la pression et le stress sous ses différentes formes. Ces signaux indiquent généralement que la réalisation du but insensé qu'on s'est fixé est incertaine. La crainte est le sentiment qu'éprouve celui qui place sa confiance en quelqu'un ou quelque chose, mais qui n'est pas sûr du résultat. *Quand un parent fait l'expérience de la peur avec un adolescent, c'est qu'il s'appuie sur une stratégie insensée que le jeune menace.* Il y a une exception, bien entendu, s'il existe un réel danger de violence physique ou de dommage quelconque. Dans ce cas, la crainte serait salutaire et devrait pousser le parent à rechercher une protection physique pour lui-même et pour sa famille, en faisant par exemple appel à la police.

La troisième catégorie d'émotions découle de la culpabilité. La honte, la gêne et l'apitoiement sur soi en sont les exemples les plus fréquents. Lorsqu'une personne éprouve un de ces sentiments sans avoir transgressé les lois morales de Dieu, c'est généralement le signe qu'elle n'a pas réussi à atteindre un de ses buts insensés. Étant donné que la réalisation d'un objectif insensé comporte une promesse de vie, l'échec peut entraîner la honte et le désespoir chez celui ou celle qui a eu la folie de croire que son épanouissement dépendait de ses performances. Ainsi, un parent peut se sentir coupable ou honteux s'il a le sentiment de ne pas avoir été un parent parfait ou si son fils ou sa fille n'ont pas réussi à être des enfants parfaits.

Lorsque les émotions d'un parent lui signalent qu'un but qu'il poursuit est compromis, il peut réagir en changeant de cap ou en faisant plus d'efforts pour atteindre malgré tout le même objectif. De nombreux parents choisissent automatiquement la deuxième solution tout simplement parce qu'ils ne sont pas conscients du but qu'ils poursuivent. Ils savent que certains événements ou certaines circonstances déclenchent colère, peur ou culpabilité en eux, mais ils ne prennent pas le temps de réfléchir et de reconnaître les objectifs inconscients qui pourraient en être la cause. Au contraire, ils supposent que la meilleure chose à faire est de trouver le moyen de balayer ces émotions négatives ; ils obtiennent alors l'apaisement en empruntant d'autres voies pour atteindre les mêmes buts.

Les parents avisés comprennent que les émotions négatives ont quelque chose d'important à leur apprendre sur eux-mêmes. Si une de leurs stratégies pour connaître l'épanouissement est menacée par l'adolescent, ils découvrent alors qu'ils ont été insensés de vouloir contrôler ce qui leur échappe. *Ils permettent à leurs émotions de les avertir de la nécessité de modifier radicalement le but qu'ils poursuivent.*

Même des démarches qui peuvent sembler correspondre, pour les parents, à l'intérêt supérieur de l'enfant peuvent s'appuyer sur des objectifs insensés. Ainsi, quoique tout parent devrait désirer que son enfant devienne une personne spirituelle, un tel but ne devrait jamais devenir une stratégie pour trouver l'épanouissement. Car cela signifierait que l'adulte ne dépend plus du Christ mais de son enfant ou de ses propres aptitudes pour bien l'élever. *Un parent peut nourrir le désir profond de voir son enfant prendre une bonne direction dans la vie sans pour autant faire dépendre sa propre vie et son épanouissement de la réalisation de son souhait.* Les parents avisés n'ont qu'un objectif : poursuivre leur engagement dans un esprit de service quel que soit le genre de personne que deviendra leur enfant. Ils savent que la vie ne dépend pas des résultats de leur approche parentale, mais de Celui en qui ils ont placé leur confiance dans leur démarche en tant que parents.

Réévaluer l'appui dont on dépend. Une fois que le parent s'est reconnu des objectifs insensés, il est important qu'il les confesse pour ce qu'ils sont : des péchés contre Dieu. Le pardon est toujours accordé à celui qui confesse son péché et qui implore le secours divin pour changer d'attitude (1 Jn 1.9). Avant que l'adulte ne déclare sa faute cependant, il doit comprendre d'où elle procède. *Derrière tous les objectifs ou les choix insensés se dissimulent des désirs insatisfaits que le parent cherche à combler par quelque chose ou quelqu'un, plutôt que par Dieu.* Une fois qu'il a fait le lien entre ses buts insensés et ses aspirations profondes auxquelles personne, hormis Dieu, n'a pu répondre et ne pourra jamais le faire, il peut alors se repentir. Remarquez les différents éléments que le prophète Osée inclut dans la repentance :

> *Israël, reviens à l'Éternel, ton Dieu,*
> *Car tu as trébuché par ta faute.*
> *Prenez avec vous des paroles de repentance,*
> *Et revenez à l'Éternel.* [Changement de focalisation.]
> *Dites-lui : Pardonne toute faute,*
> *Et reçois-nous favorablement !*
> *Nous t'offrons, au lieu de taureaux,*
> *L'hommage de nos lèvres.* [Changement d'objectif.]
> *L'Assyrien ne nous sauvera pas.*
> *Nous ne monterons pas sur des chevaux*
> *Et nous ne dirons plus à l'ouvrage de nos mains : Notre Dieu !*
> *Car auprès de toi l'orphelin trouve de la compassion.* [Changement d'appui.]
> (Os 14.2-4)

Pour Osée, la repentance est un changement de point d'appui dans la vie d'une personne, c'est-à-dire de la source vers laquelle elle se tourne pour satisfaire ses désirs profonds de compassion et d'amour indéfectible. Elle cesse alors de s'appuyer sur ses stratégies insensées, sur « l'ouvrage de [ses] mains » pour trouver « la compassion ». Elle fait connaître à Dieu ses besoins les plus secrets et s'attend à lui pour leur satisfaction. Ce genre de repentance n'est jamais pour le parent avisé une expérience menée une fois pour toutes. Il devra constamment changer son point d'appui dans ses efforts continuels pour répondre à l'adolescent dans une perspective de service.

Se fixer un nouvel objectif. Lorsque le parent ne s'appuie plus sur lui-même mais sur Dieu, il est libre de poursuivre des buts tout à fait différents dans ses relations avec l'adolescent, des buts en accord avec des principes parentaux tirés de l'Écriture. Non seulement ses actions mais les dispositions de son cœur également seront au service de l'adolescent.

La figure 12 présente les deux critères permettant de déterminer si les actions et les réactions du parent sont bibliques. Le premier est la loi morale de Dieu quant à l'action, le second sa loi morale quant aux intentions (c'est-à-dire aux objectifs). Un parent qui veut se comporter d'une façon tout à fait biblique et dispenser l'éducation correspondante se soumettra aux lois divines à la fois dans ses actions et dans ses objectifs.

FIGURE 12
LES CRITÈRES D'UNE ÉDUCATION PARENTALE BIBLIQUE

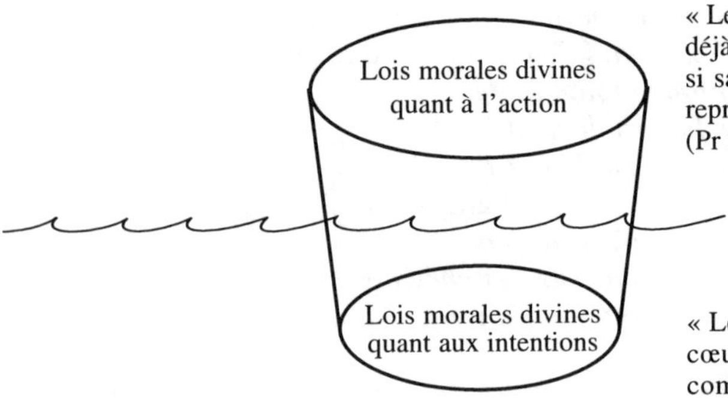

« Le jeune garçon laisse déjà voir par ses actions si sa conduite sera sans reproche et droite. » (Pr 20.11)

« Les désirs dans le cœur de l'homme sont comme des eaux profondes. » (Pr 20.5, Segond, nouvelle édition de Genève)

Lorsque l'action d'un parent en faveur de son adolescent se situe en dehors des lois morales de Dieu, il peut être certain que ses intentions l'étaient déjà. L'adulte ne peut commettre des actions non bibliques s'il a des intentions en accord avec l'Écriture.

Mais l'inverse est possible. *Les parents peuvent engager des actions apparemment bibliques tout en ayant des intentions qui ne le sont pas.* Nombre d'adultes vivent dans l'illusion d'être des « parents bibliques » simplement parce que leurs actions semblent bonnes, alors qu'en réalité, elles entraînent des conséquences néfastes chez les enfants à cause des intentions égoïstes et insensées qui inspirent leurs actions.

Aux yeux de tous, Normand et Francine passaient à la fois pour des parents modèles et pour des chrétiens consacrés. Ils furent donc profondément ébranlés, et leur entourage avec eux, lorsque leur fille adolescente dut être hospitalisée pour des problèmes nutritionnels. Personne ne pouvait comprendre pourquoi ce couple idéal avait une fille qui refusait obstinément de s'alimenter.

En se basant sur le premier critère seul (les lois divines pour l'action) personne n'aurait pu trouver Normand et Francine en défaut. Aucune de leurs actions de parents ne paraissait contraire aux Écritures. Les règles et les valeurs familiales semblaient raisonnables. Leurs réactions en tant que parents avaient l'air parfaitement justifiées. Et pourtant, leur fille était littéralement en train de se tuer elle-même.

Au cours de mes consultations avec la famille, tandis que j'en apprenais un peu plus sur l'approche parentale de Normand et de Francine, j'acquis la certitude qu'ils violaient, en tant que parents, l'une des lois morales de Dieu d'une façon très subtile. D'une manière très réelle, ils exaspéraient leur fille, c'est-à-dire qu'ils rendaient virtuellement impossible qu'elle puisse goûter à l'appréciation et à l'amour d'autrui sans transgresser les commandements divins (s'en prendre à son propre corps).

L'emploi du temps de Milène avait toujours été rempli par des activités que ses parents avaient choisies pour elle ou par celles qu'elle choisissait elle-même, mais qu'elle savait souhaitées par eux. Chaque fois qu'elle avait exprimé un désir personnel, ses parents l'avaient découragée en le lui interdisant ouvertement ou, plus subtilement, en ignorant ses requêtes.

Pour empirer les choses, Milène ne fut jamais encouragée à retirer de la satisfaction personnelle des activités accomplies pour ses parents ; pourtant, dotée de nombreux talents naturels, elle s'acquittait généralement fort bien des tâches qui lui étaient confiées. Son père et sa mère s'attribuaient le mérite de la qualité de son travail et ne manquaient pas une occasion de mettre en avant les occasions, la formation et l'inspiration que la jeune fille leur devait.

Lorsqu'elle entra au lycée, Milène était à bout. Ses parents restaient insensibles à son profond désir d'être aimée pour ce qu'elle était et d'être appréciée pour ce qu'elle faisait. Ils lui avaient inculqué l'idée que pour être aimée et appréciée, il fallait qu'elle se conforme en tous points à leurs désirs. Après avoir consacré ses années d'école primaire, puis de collège à se plier à leurs souhaits, elle se rendit compte que son attitude ne lui procurait pas ce après quoi elle soupirait tant.

Finalement, au comble du désespoir, elle rechercha un moyen de se faire aimer et respecter pour elle-même. À la grande surprise de ses parents, et même contre leur volonté, elle décida de s'inscrire au club de gymnastique de l'école. Négligeant de nombreuses activités dans lesquelles ses parents auraient préféré qu'elle s'investisse, elle renonça à tout pour devenir la meilleure gymnaste possible. En peu de temps, grâce à ses talents, elle conquit l'admiration de l'entraîneur, de ses camarades de club et d'une grande partie des élèves du lycée. Après que le nom de Milène fut maintes fois cité à la page sportive des journaux locaux, même ses parents changèrent d'idée et se sentirent fiers et honorés par les prouesses de leur fille.

Il semblait que Milène avait enfin trouvé une stratégie efficace. Mais comme toutes les stratégies insensées, celle-ci présentait également un défaut. Pour rester au top niveau, il fallait que Milène soit toujours mince, ce qui n'est pas facile pour une jeune fille en pleine croissance, et pour conserver la ligne, elle commença à restreindre son nombre de calories en réduisant ses rations.

Au début, cette discipline alimentaire sembla servir ses résultats sportifs ; aussi décida-t-elle de faire de son régime nutritionnel un principe de vie. Plus tard, quand la perte de poids eut des répercussions sur sa force physique et diminua ses performances, elle en conclut qu'elle était sûrement trop lourde et décida de manger encore moins. Finalement, quand elle fut trop affaiblie pour participer à des compétitions, la maîtrise extraordinaire de son poids remplaça la gymnastique comme stratégie pour lui attirer l'amour et le respect d'autrui. Elle estima que cette tactique valait la peine d'être poursuivie, même si elle exigeait qu'elle renonce à tout le reste. Elle en vint à préférer la mort à une vie dépourvue de l'amour et du respect qu'à son avis seule la minceur pouvait lui procurer.

Pour venir en aide à Milène, je compris que j'allais devoir lutter pour que Normand et Francine découvrent leur responsabilité dans les problèmes de leur fille. Je savais qu'ils ne comprendraient jamais le comportement de l'adolescente tant que l'impact que pouvait avoir leur façon de l'éduquer leur échapperait. Et comme leur démarche parentale enfreignait si subtilement les lois morales de Dieu quant aux actions, je savais que je devais d'abord leur montrer que leur transgression se situait dans le domaine des lois morales quant aux intentions.

Tandis que nous explorions comment leur volonté d'être les parents d'enfants « supérieurs » provenait d'expériences douloureuses qu'ils avaient vécues l'un et l'autre dans l'enfance et dans l'adolescence, je compris que la raison profonde qui se dissimulait derrière leur comportement terre à terre, méthodique et perfectionniste était le besoin de se protéger eux-mêmes. L'intention derrière leur approche en tant que parent visait pour une grande part à empêcher que ne se répètent les expériences pénibles qu'ils avaient endurées autrefois. En se rendant compte qu'ils avaient transgressé les préceptes de Dieu dans leurs intentions à l'égard de Milène, ils virent du même coup en quoi ils avaient désobéi aux commandements divins quant aux actions concrètes. En décidant lucidement de poursuivre un autre objectif dans leur façon d'éduquer Milène, leurs actions commencèrent à changer elles aussi.

Les changements qui s'opérèrent chez les parents ne furent pas immédiatement suivis d'effets chez leur fille. Mais leur nouvel objectif d'engagement inconditionnel commença à dérouter l'adolescente. Son désarroi me fournit l'occasion de lui souligner la folie de ses convictions concernant l'amour et le respect, qui pour elle dépendaient de l'admiration qu'elle gagnait par le haut niveau de ses performances.

Une fois que les parents ont appris à réorienter leurs objectifs, comme l'ont fait Normand et Francine, ils peuvent commencer à comprendre le comportement souvent déconcertant de leurs adolescents. Ils sont alors en mesure, comme jamais auparavant, de saisir des indices sur ce qui se passe dans le cœur de leurs enfants.

Deuxième aptitude : apprendre à lire entre les lignes des propos de l'adolescent

> *Les paroles de la bouche d'un homme sont des eaux profondes ;*
> *La source de la sagesse est un torrent qui jaillit.*
> *... Les lèvres de l'insensé se mêlent aux disputes,*
> *Et sa bouche appelle les coups.*
> *La bouche de l'insensé cause sa ruine,*
> *Et ses lèvres sont un piège pour son âme.*
> (Pr 18.4, 6-7)

Les paroles d'un individu sont souvent lourdes de significations, et trahissent ce qui se passe réellement au-dedans de lui. Lorsqu'un insensé prend la parole, il « piège son âme » ou démontre malgré lui pourquoi il mérite « les coups ». C'est en prêtant une oreille très attentive aux propos de l'adolescent que les parents peuvent découvrir les stratégies ou les desseins insensés de son cœur.

Il est bien rare qu'un adolescent ait la capacité ou le courage de dire tout haut ce qu'il pense ou ressent vraiment. Et même quand les jeunes décident de mettre leur prudence de côté, ils n'ont pas acquis assez de dextérité dans l'art de la communication verbale pour exprimer par des mots leurs pensées et leurs émotions les plus secrètes. Les parents n'obtiendront pas beaucoup d'informations en langage clair de leurs adolescents ; pourtant, ils peuvent avoir de l'enfant une connaissance meilleure s'ils sont prêts à écouter les messages cachés derrière les paroles exprimées.

Il ne faut évidemment pas imaginer que derrière chaque parole d'adolescent se trouve un message caché. Quand un adolescent rentre de l'école et déclare à sa mère qu'il meurt de faim et qu'il voudrait un casse-croûte, la mère manquerait bien sûr de sagesse si elle lui demandait : « Que désires-tu *vraiment* ? » Ce qu'il veut vraiment, c'est ce qu'il a explicitement déclaré : un casse-croûte. Lorsqu'un parent cherche à tout prix à décoder ce genre de propos de son enfant pour y découvrir un message secret, il se comporte en vautour psychologique et risque de se l'aliéner.

Mais quand l'adolescent rentre de l'école et qu'à la question de sa mère : « Comment s'est passée ta journée ? » il répond : « Barbante comme toujours », elle aurait des raisons de suspecter un message caché derrière ces paroles. Elles résonnent de désespoir ou de cynisme.

Si les parents veulent vraiment venir en aide à leurs enfants, il est vital qu'ils ne ratent pas de tels messages. Ils disposent de deux moyens pour perfectionner leur habileté d'écoute et d'interprétation des messages cachés de leur enfant. Ils peuvent d'abord repérer le genre de mots qui, dans sa bouche, véhiculent d'habitude un message caché. Ensuite, ils peuvent réfléchir à l'impact qu'ont sur eux les mots prononcés par leurs adolescents, et se laisser interpeller par ces mots.

Reconnaître les messages implicites. Certains des mots et des expressions qu'utilisent les jeunes sont presque toujours chargés d'une signification implicite. Ainsi, les mots et les expressions imagées et hautes en couleurs renseignent beaucoup plus sur ce que pense l'adolescent de lui-même et de son entourage qu'un vocabulaire soigné ou routinier.

Découvrez le message caché derrière les phrases suivantes :

Un fils de dix-sept ans : « C'est incroyable, maman ! Faut-il toujours que *tu sois sur mon dos ?* J'aimerais sortir un peu et me changer les idées. »

Une adolescente de seize ans : « Je ne sais vraiment pas ce que tu as contre lui. Au moins, lui, *il me traite comme une personne !* »

Un garçon de quatorze ans : « Je n'ai pas envie d'aller où que ce soit avec toi ce soir. Je préférerais plutôt *avaler du poison !* »

Une fille de treize ans : « Que dois-je faire quand mon père me dit des choses *sales ?* Chaque fois qu'il s'approche de moi, j'ai envie de *sauter par la fenêtre.* »

Un fils de quinze ans : « Ne me réveille pas demain matin. *Si seulement je pouvais ne plus me réveiller du tout !* »

Une jeune fille de dix-sept ans : « Parfois, j'aimerais pouvoir changer qui je suis. J'en ai assez d'être *piétinée* par tout le monde. »

Un adolescent de dix-huit ans : « Papa, j'en ai assez d'être traité par toi comme *un moins que rien.* Je voudrais bien voir comment tu réagirais si je te rendais la pareille... »

Il est évident qu'un certain vocabulaire permet à l'adulte de pénétrer dans le sanctuaire des sentiments cachés de son enfant. Les paroles prononcées sur le ton de la colère, de l'effroi ou de la honte sont également souvent chargées de messages cachés. Il en est de même des mots que l'adolescent répète constamment sans s'en rendre compte. Remarquez à quel point, dans le monologue suivant, les mots répétés par une lycéenne révèlent un désir insatisfait dans sa vie :

> *Je n'entretiens en ce moment aucune bonne relation avec qui que ce soit. Je pensais avoir une bonne relation avec Suzie, vous savez, une relation qui me permette de tout partager, mais je me demande actuellement si elle était vraiment bonne. Marc est un ami, mais pas aussi bon que cela. Nous n'arrivons pas vraiment à partager ouvertement. Quant à mon père, il ne sait pas comment partager quoi que ce soit avec quelqu'un. Ma mère, elle, pratique le partage à sens unique : elle parle tout le temps, on n'a plus qu'à l'écouter. J'ai finalement renoncé à jouir d'une bonne relation. À une certaine époque, j'avais pensé que j'aurais pu établir une bonne relation si j'étais plus extravertie ou plus confiante, mais...*

Se laisser toucher personnellement. Si votre enfant avait prononcé les mots qui précédent, qu'auriez-vous ressenti ? En quoi ces propos vous auraient-ils affecté ? Vous seriez-vous laissé ébranler par eux ?

Sur la figure 13, l'échelle mesure à quel point un parent se laisse toucher par les propos de son adolescent. Si le but du parent se limite à rester en bons termes avec lui (agir selon le modèle du consommateur), il fera en sorte que les paroles de son adolescent ne déplacent jamais l'aiguille en dehors du demi-cercle de faible impact de l'échelle. Il devra trouver les moyens d'empêcher non seulement les messages implicites – bons ou mauvais – mais également les messages explicites de l'atteindre. Pour se protéger, il intégrera une des quatre stratégies suivantes à son mode de relations.

Premièrement, il peut choisir de *ne prêter aucune attention aux propos de l'enfant.* Il se branche sur une tout autre longueur d'onde que lui et ignore complètement ce qu'il dit. C'est ce qui se produit quand l'adulte est inaccessible ou très occupé.

Deuxièmement, il peut *soumettre tout ce que le jeune déclare à une perception sélective* et décider de n'écouter que ce qui lui permet de maintenir l'aiguille dans la zone d'impact faible. Il ne peut même pas permettre aux propos positifs de l'enfant de dépasser cette limite, car ce serait du même coup accepter de se rendre vulnérable également aux propos négatifs.

FIGURE 13

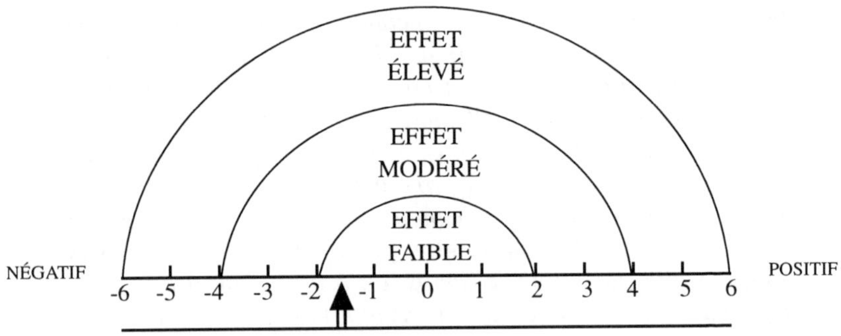

ÉCHELLE DE MESURE
(Effet des paroles de l'adolescent sur ses parents)

Une troisième façon de se protéger consiste à *délibérément mal interpréter les propos de l'enfant,* ce qui laisse ce dernier impuissant. Il aura beau tout tenter pour influencer ses parents, il se sentira frustré parce qu'il n'aura jamais sur eux l'effet souhaité.

La quatrième tactique est d'*attacher une importance exagérée* à tout ce que l'enfant dit. Le moindre propos fait bouger l'aiguille. En agissant ainsi, le parent entraîne l'adolescent à ne jamais oser dire quoi que ce soit qui puisse le toucher. L'enfant apprend par les rudes expériences qu'il vit avec ses parents que le plus petit mouvement imposé à l'aiguille risque de la faire aller à l'extrémité de l'échelle. Il apprend donc également à limiter ses paroles au strict minimum et à peser soigneusement chaque mot pour éviter de déclencher la moindre réaction chez ses parents.

Le but des parents équilibrés et vraiment adultes devrait être de devenir des auditeurs attentifs, capables d'accorder à toutes les paroles prononcées par leur adolescent l'importance que celui-ci a cherchée, consciemment ou non, à leur donner pour toucher ses parents. Toutefois, accepter d'être touché par les propos du jeune ne signifie pas pour autant qu'il se laisse contrôler par lui. Un parent sain permet à l'adolescent de le toucher sur le plan émotionnel, mais pas sur le plan de la volonté. Les paroles de l'enfant pourront le mettre en colère, l'effrayer et même l'humilier, mais il ne permettra pas que ces émotions inspirent ses actions. Seuls ses objectifs soigneusement définis pourront lui dicter comment agir à l'égard de l'adolescent.

Pour que le parent se laisse toucher par le message que l'adolescent a voulu lui communiquer, il faut qu'il accepte de réfléchir et de se poser des questions comme : « Qu'ai-je ressenti à la suite de cette discussion ? », « Qu'y avait-il dans ces propos pour que je me sois senti si mal à l'aise ? », « Que cherche-t-il à me faire ressentir ou accomplir par les mots qu'il a utilisés ? », « Que cherche-t-il à me faire comprendre ? », « Quel est le message caché dans ses paroles, qu'il a peut-être peur de me le délivrer explicitement ? » Une telle réflexion prépare le parent à utiliser une troisième faculté pour comprendre le comportement de l'adolescent.

Troisième aptitude : ouvrir les portes au dialogue avec l'adolescent

Celui qui répond avant d'avoir écouté,
Voilà bien pour lui stupidité et confusion !
... Un cœur intelligent acquiert la connaissance,
Et l'oreille des sages recherche la connaissance.
... Le premier qui plaide sa cause paraît juste ;
Vienne sa partie adverse, et elle lui demandera des preuves.
(Pr 18.13, 15, 17)

Salomon souligne fortement l'importance d'écouter avant de répondre. Toutefois, au verset 15, il établit une distinction entre deux formes d'écoute : passive et active. Une personne se sert de ses « oreilles » pour « acquérir la connaissance ». Elle joue un rôle actif dans le processus de l'écoute. Le verset 17 indique que la meilleure façon d'écouter activement est de poser les questions adéquates qui vont directement au cœur de l'interlocuteur. Les parents qui ont appris à décoder les messages implicites dans les propos de leurs enfants sont prêts à franchir l'étape suivante et à leur poser les bonnes questions qui les inviteront à expliciter ce qu'ils ont cherché à faire passer implicitement. Lorsque des parents utilisent des questions pénétrantes dans ce but, ils encouragent le jeune à parler des désirs et des mobiles de son cœur, chose que les adolescents ne font que s'ils sont interrogés avec tact par un adulte qui a de la maturité.

Certaines questions que les parents posent à leurs enfants ferment plutôt les portes du dialogue qu'elles ne les ouvrent. Celles qui ont la faculté d'encourager l'échange se caractérisent par trois éléments : elles sont *non défensives, ouvertes* et d'*inspiration biblique.*

Poser des questions non défensives. D'après Proverbes 18.15, le sage pose des questions pour acquérir la connaissance ou la compréhension, pour découvrir la vérité, quel qu'en soit le prix. Mais trop souvent, l'objectif du parent est différent de celui-là. *Il cherche à éviter que la vérité n'éclate au grand jour* ou du moins, il cherche à se protéger par les questions qu'il pose.

S'il adopte une attitude défensive, le parent ne peut espérer atteindre les zones profondes du cœur de son enfant. Ses questions comporteront un message implicite avertissant l'adolescent de ne pas répondre d'une manière qui puisse augmenter la souffrance ou le malaise de l'adulte. Le jeune est contraint de dissimuler ou de faire des entorses à la vérité dans sa façon de répondre. Voici quelques exemples de questions défensives que posent les parents, avec le message caché qu'elles renferment.

> « Que veux-tu dire en affirmant que nos règles familiales sont rigides et injustes ? » (Sous-entendu : « Oserais-tu m'accuser de te traiter injustement ? Je ne le supporterai pas. »)
> « Pourquoi fais-tu toujours des remarques blessantes à mon sujet ? Qu'ai-je fait pour les mériter ? » (Sous-entendu : « Quoi que tu puisses penser de moi, rien ne justifie que tu me fasses du mal. Alors n'essaie pas. J'exige que tu ne dises plus rien de méchant à mon sujet. »)
> « Pour qui te prends-tu pour te comporter comme si tu avais le droit de faire ce que tu veux sans te soucier du tort que tu causes ? » (Sous-entendu : « Tu n'as pas le droit d'être le genre de personne que tu es. Il vaudrait mieux que cela cesse. »)
> « Quand ai-je dit ou fait quelque chose qui t'a laissé croire que je ne t'aimais pas ? » (Sous-entendu : « Ce n'est pas de ma faute si tu ne te sens pas aimé. Ce n'est pas gentil de m'en rendre responsable. »)

Remarquez que les questions défensives sont souvent introduites par des mots comme *qui, que, quand, pourquoi.* Dans leur essence, ces mots poussent la personne à défendre sa position, à justifier ce qu'elle pense ou ressent plutôt qu'à expliquer, illustrer ou réfléchir. De telles questions claquent la porte à un dialogue approfondi entre le parent et son adolescent. Tôt ou tard, celui-ci conclut qu'il n'a jamais le droit de nourrir des pensées ou des sentiments qui blessent ou troublent ses parents. Il apprend donc soit à dissimuler ses sentiments, soit à nier qu'il éprouve quelque émotion qui puisse mettre ses parents mal à l'aise.

Poser des questions ouvertes. Celles-ci encouragent l'adolescent à parler librement de l'origine de ses soucis ou du but de ses actions. Elles ne demandent pas des réponses stéréotypées et concises, et ne manipulent pas l'enfant pour qu'il réponde exactement ce que ses parents attendent de lui. Voici quelques exemples de questions ouvertes, certaines très structurées, d'autres moins. Remarquez comment *les questions moins structurées (ouvertes) encouragent la poursuite de la communication,* alors que les questions plus structurées ont plutôt tendance à la limiter.

Plus structurée :	« Es-tu fâché contre moi ? »
Moins structurée :	« Dis-moi ce que tu ressens exactement envers moi. »
Plus structurée :	« Essaies-tu de me faire céder devant toi ? »
Moins structurée :	« Je ne sais pas exactement ce que tu attends de moi. Peux-tu m'éclairer ? »
Plus structurée :	« Tu crains de passer pour bizarre aux yeux des autres, n'est-ce pas ? »
Moins structurée :	« Tu sembles hésiter. Je me demande ce qui te retient. »
Plus structurée :	« Je ne comprends pas pourquoi tu ne peux pas. Ne serais-tu pas un peu égoïste ? »
Moins structurée :	« Je ne comprends pas ton refus. Peux-tu me dire ce qu'il signifie ? »
Plus structurée :	« Ne désires-tu pas ce qu'il y a de meilleur pour chacun ? »
Moins structurée :	« Dis-moi exactement ce que tu souhaites. »

Lorsque le parent vise à obtenir de son enfant un élément précis d'information, il a intérêt à formuler une question très structurée (par exemple : « Où as-tu fixé ton rendez-vous, et à quelle heure seras-tu rentrée ? »). Ce serait absurde de sa part de dire : « Je me demande si tu rentreras à la maison après ton rendez-vous. » Mais si le parent cherche à connaître ce qui se passe au plus profond du cœur de l'adolescent, il vaut mieux qu'il pose des questions moins structurées, comme : « Je suis curieux de connaître tes sentiments pour le garçon que tu fréquentes. Acceptes-tu de m'en parler ? J'aimerais tant savoir où tu en es. »

Poser des questions d'inspiration biblique. Pour connaître à fond le cœur de son adolescent, l'adulte doit poser des questions judicieuses et inspirées par une compréhension biblique de ce qui motive les gens. Un parent qui possède cette connaissance sait d'emblée que son enfant éprouve de la déception. Dans son for intérieur, le jeune se désespère devant le fait que ses désirs secrets d'amour indéfectible n'ont jamais été satisfaits par qui que ce soit dans ce monde.

Un parent perspicace sait également que l'adolescent raisonne de façon insensée quant à la manière de combler ses désirs insatisfaits et qu'il se demande que faire des stratégies qu'il avait l'habitude d'utiliser pour obtenir la satisfaction de ses désirs.

Les parents qui abordent leurs enfants dans cette perspective ont un avantage certain. En regardant leurs adolescents avec les « lunettes » de l'Écriture, ils peuvent apercevoir les réalités profondes dans leur vie et poser les questions qui amèneront les jeunes à parler de leurs désirs non comblés et de leurs plans insensés (figure 14). À partir du moment où l'adolescent accepte de s'exprimer ouvertement sur ces deux sujets, le parent peut commencer à l'instruire sur la nature de ces deux réalités (ce qu'il désire réellement ne peut être satisfait que par le Christ ; ce qu'il s'efforce d'accomplir est voué à l'échec, car c'est contre le Christ). Tant que la nature des aspirations et des manœuvres de l'adolescent n'aura pas fait l'objet d'une discussion franche, le parent aura bien du mal à présenter le Christ comme pouvant répondre aux besoins essentiels de celui-ci.

FIGURE 14
LES LUNETTES BIBLIQUES DU PARENT

Le lecteur trouvera ci-après plusieurs exemples de questions que les parents munis de « lunettes bibliques » peuvent poser.

Questions destinées à faire parler l'adolescent de ses aspirations non satisfaites :

- « Qu'espères-tu retirer de ton année scolaire ? »
- « Qu'est-ce qui fait que l'école est pour toi un lieu redoutable ? »
- « Si tu disposais d'une baguette magique et que tu puisses tout changer en ce qui concerne tes parents ou tes amis, que changerais-tu ? »

Questions destinées à faire parler l'adolescent de ses stratégies :
- « Si tu pouvais réaliser tout ce que tu voulais cette année en classe, que choisirais-tu ? »
- « Qu'est-ce qui t'irrite et te déçoit le plus ces derniers temps ? »
- « Si tu disposais d'une baguette magique et que tu puisses changer quoi que ce soit en toi, que changerais-tu ? »

Des questions comme celles-ci sont d'excellents outils pour les parents qui savent ce qu'ils cherchent et qui ne craignent pas de s'engager fortement dans la vie de leurs enfants. Les adultes qui abordent un adolescent avec une perspective biblique de la personne humaine savent ce qu'ils vont trouver en lui. Ils savent aussi quelles questions poser pour éveiller l'attention et orienter la conversation sur ces sujets. Ils connaissent enfin d'avance les réponses que fournira l'adolescent au moment où il sera disposé à épancher son cœur.

Pourtant, les mots ne sont qu'un aspect du comportement de l'adolescent que les parents peuvent étudier. Ses actions en sont un autre. Leur interprétation requiert une autre compétence.

Quatrième aptitude : rattacher le comportement à des désirs insatisfaits et à des stratégies insensées

L'Éternel ne laisse pas le juste souffrir de la faim,
Mais il repousse l'avidité des méchants...
Ce que redoute le méchant, c'est ce qui lui arrive ;
Et ce que désirent les justes, Dieu le donne...
Ceux qui méditent le mal ne s'égarent-ils pas ?
Mais ceux qui méditent le bien agissent avec bienveillance et vérité.
(Pr 10.3, 24 ; 14.22)

En tant qu'individus qui entrent dans une phase de folie exacerbée, les adolescents sont sur une route fort dangereuse. L'auteur du livre des Proverbes affirme que celui dont le raisonnement est faussé s'expose tôt ou tard à deux calamités : 1) ses désirs resteront insatisfaits, et 2) ses manœuvres destinées à l'épanouir et à le protéger échoueront et auront même des conséquences néfastes. Les parents doivent tenir pour acquis que ces choses arriveront à leurs enfants à un moment donné de leur vie d'adolescents ou de jeunes adultes. Ceux qui veulent comprendre le comportement de leurs jeunes doivent pouvoir saisir ce qu'ils expriment de leurs désirs non comblés et de leurs stratégies insensées.

La figure 15 montre les quatre formes principales du comportement de l'adolescent qui se développent alors que s'intensifie sa déception. L'adolescent adopte d'abord un comportement marqué surtout par le style de relations qu'il a appris dans son enfance et qu'il perpétue. Ce sera son mode relationnel normal aussi longtemps qu'il lui garantira la sécurité, l'amour et le sentiment de sa valeur personnelle. Vers le milieu de l'adolescence, les nouvelles crises et déceptions déclenchées par la puberté ébranlent généralement la confiance de l'adolescent dans cette stratégie. À ce moment-là, sa première réaction consistera à exagérer ou à accentuer son style relationnel pour que ce qui était efficace dans l'enfance continue de l'être, en dépit de tous les obstacles que l'adolescence a placés sur son chemin.

FIGURE 15
LES FORMES DU COMPORTEMENT DE L'ADOLESCENT

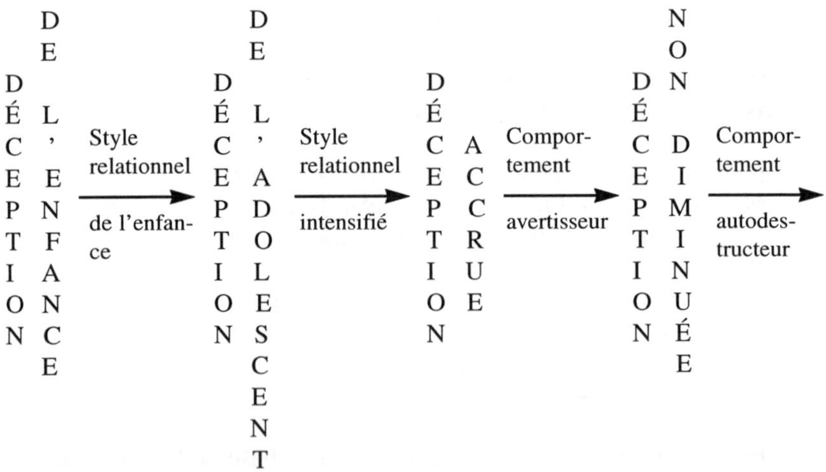

Quand l'adolescent accentue son style relationnel hérité de l'enfance, il ne remet pas en cause ses stratégies insensées. Il n'a pas encore atteint le niveau de désespoir qui le poussera à revoir complètement les fondements de son existence. Il continue d'agir en grande partie comme il le faisait étant enfant, mais avec une énergie, une activité et une tension accrues. Le brave petit enfant docile est en passe de devenir un brave petit enfant compulsif. Il fait tous ses efforts pour passer du stade de bon à celui de meilleur ! L'enfant récalcitrant et espiègle devient peu à peu un enfant rebelle et méchant. Habitué à mal faire, il tâche dorénavant de faire pire ! L'enfant incompétent et dépendant évolue vers une incompétence et une dépendance encore plus grandes. Il ne se satisfait plus d'attirer l'attention de l'adulte, il veut désormais toute son attention.

Si après avoir renforcé les caractéristiques du mode de relations qu'il a hérité de l'enfance, l'adolescent éprouve une désillusion accrue dans sa vie, il adoptera un comportement tout à fait nouveau, un *comportement avertisseur.* Comme le dépit qu'il rencontre dans l'existence lui devient presque insupportable, il envoie des S.O.S. par des attitudes destinées à secouer son entourage ou à capter son attention. Derrière ces attitudes se cache souvent un message à ses parents : *« Au secours, maman ! Au secours, papa ! Je souffre tellement que je ne sais plus que faire. »*

Chez l'enfant docile/compulsif, ce comportement avertisseur se traduira souvent par la transgression des règles imposées par l'autorité de tutelle. L'adolescent rebelle/distant pourra attirer l'attention en prenant des initiatives inhabituelles pour se rapprocher d'une personne exerçant l'autorité. Quant au jeune incompétent/dépendant, il se peut qu'il prenne ses distances avec le représentant du pouvoir et se montre plus rebelle à son égard.

En général, les parents sont désemparés ou menacés devant le comportement avertisseur de leurs enfants ; aussi, réagissent-ils mal, soit en les repoussant, soit en ne tenant aucun compte des signaux émis et en les considérant comme inhérents à la crise de l'adolescence.

Si les parents ne perçoivent pas le message caché dans le comportement de l'adolescent et qu'ils ne prennent pas des mesures pour soulager sa déception, deux choses peuvent se produire. Si le comportement avertisseur offre au jeune le moyen de manipuler son entourage et de le rendre moins décevant, il l'adoptera comme un nouveau style relationnel insensé. L'enfant docile peut se transformer en enfant rebelle, le rebelle en docile, et l'incompétent en docile ou en rebelle.

En revanche, si le comportement avertisseur de l'adolescent ne réussit pas à atténuer son dépit, il ne verra pas d'autre solution que d'adopter une façon de vivre autodestructrice. *Il est rare qu'un jeune se réfugie dans ce type de comportement avant d'avoir adressé un ou plusieurs signaux d'alarme à son entourage.* Le comportement autodestructeur peut prendre la forme de tentatives de suicide, d'actions téméraires ou comportant des dangers physiques graves, telles que la toxicomanie et les troubles nutritionnels.

Lorsque les parents voient l'adolescent passer du style relationnel de l'enfance au comportement avertisseur, puis autodestructeur, ils peuvent se faire une idée assez précise de ce qui se passe dans son for intérieur. L'enfant perd de plus en plus l'espoir de voir ses désirs comblés un jour (Pr 13.12), et s'exaspère de plus en plus en constatant l'échec de ses stratégies insensées (Pr 19.3). Les adultes qui prennent conscience de cette situation doivent impérativement mettre en œuvre une dernière aptitude, celle qui redonnera espoir à l'enfant saturé de dépit et lui vaudra, plus que toutes les autres initiatives, l'engagement inconditionnel de ses parents.

Cinquième aptitude : exprimer par des mots les pensées et les sentiments de l'adolescent

> *La langue des sages rend la connaissance meilleure,*
> *Mais la bouche des insensés déverse la stupidité...*
> *Une langue douce est un arbre de vie,*
> *Mais la perversité qui est en elle brise l'esprit...*
> *La mort et la vie sont au pouvoir de la langue ;*
> *Celui qui l'aime en mangera les fruits.*
> (Pr 15.2, 4 ; 18.21)

Les parents qui veulent comprendre et aider leur enfant doivent apprendre à lui communiquer des « paroles de vie », des paroles qui le frappent et expriment ce qu'il pense et ressent.

De telles paroles jouent un triple rôle. Premièrement, elles aident le jeune à comprendre son propre comportement. Lorsque l'adulte traduit en mots pour l'enfant ce que celui-ci est en train de vivre, il lui communique une connaissance salutaire et vivifiante. « Vois-tu, Grégoire, il me semble que tu languis après quelqu'un qui saurait t'apprécier vraiment pour ce que tu es. Presque tous tes efforts sont orientés vers la satisfaction de cette aspiration. Mais ils ne semblent pas couronnés de succès. Je pense que c'est la raison pour laquelle tu te sens si vide ces derniers temps. »

Des propos de ce genre, tenus avec tact et compassion, font comprendre à l'adolescent qu'il existe des raisons logiques pour expliquer ce qu'il pense et ressent. Nombre d'enfants souffrent pendant des années en s'imaginant secrètement qu'ils sont fous. Un discours comme celui proposé plus haut leur prouve qu'ils sont parfaitement sains d'esprit. Le problème qui les agite est commun à tous : vouloir trouver la dignité et l'amour dans un monde déchu.

Deuxièmement, les paroles de vie fournissent aux parents l'occasion de voir leur enfant confirmer ou rejeter les conclusions qu'ils ont tirées de son comportement. Lorsque les adultes auront pris le temps d'écouter ce qu'il y avait derrière les propos de l'adolescent, de lui poser des questions ouvertes et de rattacher son comportement à des désirs non satisfaits et à des stratégies insensées, leurs conclusions seront généralement exactes. Mais pour en avoir la certitude absolue, ils ont encore besoin de connaître la réaction de l'enfant. Si celui-ci réagit comme si leurs pressentiments étaient complètement déplacés, les parents devront les revoir et réfléchir davantage sur la situation de l'adolescent.

Enfin, les paroles peuvent servir à communiquer à l'enfant l'engagement inconditionnel des parents. Lorsqu'ils l'informent qu'ils sont au courant des difficultés qui l'assaillent, ils lui transmettent un message d'espoir : « Je vois qui tu es vraiment : le genre de personne envers laquelle j'ai envie de m'engager davantage. De voir ainsi des morceaux épars de ta vie me pousse encore plus à t'aimer. »

Lorsque les parents développent la capacité de s'impliquer dans la vie de leur adolescent en étant bien au clair sur ce qui se passe en lui, ils prennent vie pour lui et peuvent stimuler sa soif de relations plus étroites avec le Christ. Ces parents sont tout le contraire de ceux qui se comportent en parents « morts », qui entrent en relations avec leur enfant en n'étant seulement conscients que de leur propre intérêt. Les interactions avec lui étouffent son désir de communion intime avec le Christ.

Quand les parents découvrent vraiment leur enfant, ils trouvent en face d'eux un être désespéré dont les tentatives insensées pour gagner l'amour et l'impact qu'il recherche si ardemment ont échoué. Le chapitre suivant étudiera comment répondre au désespoir d'un adolescent en plein désarroi.

RÉSUMÉ

D'après la manière dont j'ai décrit l'engagement inconditionnel dans les deux derniers chapitres, est-ce une qualité que vous aimeriez vous voir offrir à votre tour ? Si je l'ai bien décrite, c'est quelque chose dont vous devriez avoir envie. Vous rappelez-vous que quelqu'un vous ait jamais proposé ce type de relation ?

Des années de travail avec des parents d'adolescents m'ont appris que si de nombreux adultes sont incapables de fournir cet accompagnement inconditionnel à leur adolescent, c'est parce qu'eux-mêmes n'en ont jamais profité.

Ne soyons pas étonnés de ce que peu de personnes aient bénéficié de cet engagement dans leurs relations. Par la question qu'il pose, Salomon semble indiquer que c'était sa propre expérience : « Mais un homme fidèle, qui le trouvera ? » (Pr 20.6). La qualité de l'amour de chacun est entachée par le péché, qui continuera d'empoisonner notre existence jusqu'à la mort.

La qualité de l'amour et de l'engagement qu'un être humain offre aux autres peut s'améliorer au fil des ans, mais elle n'atteindra pas des sommets tant qu'il n'aura pas lui-même fait l'expérience de l'engagement inconditionnel d'autrui. La relation suprême qui permet à un parent de savoir ce qu'est l'engagement inconditionnel est celle qu'il entretient avec le Christ. Les aptitudes décrites dans ce chapitre ne sont pleinement maîtrisées que par des parents ayant expérimenté eux-mêmes le genre d'engagement que lui seul peut offrir.

Notes du chapitre 8

---

1. Pour plus d'informations sur les émotions, voir les pages 118 à 126 du livre *Approche biblique de la relation d'aide*, de Lawrence J. Crabb, Ligue pour la Lecture de la Bible, et les pages 158 à 173 de *Se comprendre et comprendre les autres*, du même auteur, Éditions la Clairière, Collection Sentier.

CHAPITRE 9

Comment répondre aux désirs profonds de l'adolescent

Mon épouse et moi-même étions dans la cuisine au moment où la radio annonça que les enseignants de notre école reprenaient leur service après deux semaines de grève. Soulagés, nous avons crié la bonne nouvelle dans la grande pièce pour que nos filles l'entendent. Nous pensions qu'elles se réjouiraient avec nous, elles qui s'étaient plaintes de ne plus voir leurs amies et qui craignaient que l'année scolaire ne se prolonge en été pour rattraper le temps perdu. Nous étions sûrs que Christie, notre aînée, bondirait de joie et retrouverait avec un plaisir non dissimulé les bancs de l'école, d'autant plus que son premier semestre avait été très satisfaisant. Sa réaction fut tout à fait autre que celle que nous attendions. La déception se lisait sur son visage, et de grosses larmes perlèrent dans ses yeux. Quand nous lui avons demandé ce qui n'allait pas, sa réponse nous surprit. « Je déteste l'école. J'aimerais n'avoir plus jamais besoin d'y retourner. Je n'y ai pas d'amies, et tout le monde me méprise. »

Les sentiments de Christie à propos de l'école furent une révélation pour nous. Nous ne l'avions jamais entendue se lamenter ainsi auparavant. En essayant de la faire parler davantage de ce qu'elle ressentait, nous avons appris que beaucoup de ses relations à l'école l'avaient déçue d'une manière que nous n'avions jamais perçue auparavant. Pendant la grève, elle avait eu le temps de réfléchir à la façon dont elle avait été traitée ; la soudaine perspective de renouer ces relations et de risquer de nouvelles désillusions lui parut accablante. Plus Tina et moi discutions avec elle de sa douleur, plus les choses empiraient. Quand elle comprit que nous ne permettrions pas qu'elle n'aille pas à l'école pour le restant de la semaine, elle s'éloigna en colère et s'enferma dans sa chambre.

Nous nous sentions à plat, Tina et moi. Bien que nous ayons tous deux choisi comme carrière d'aider les parents à composer avec leurs adolescents en crise, nous ne savions pas trop que faire avec notre propre fille en plein désarroi. Il était évident pour nous que Christie découvrait avec une acuité particulière ce qu'était la vie dans un monde incapable de répondre à ses aspirations secrètes. Il était non moins évident que pour elle, nous la décevions en tant que parents en ne lui permettant pas d'éviter les gens et les circonstances qui menaçaient d'augmenter sa peine. Ma femme et moi savions que notre réaction à son égard et que ses désirs insatisfaits du moment étaient très importants. C'est dans le contexte d'événements comme celui-ci que notre fille devait apprendre quelques-unes des leçons les plus précieuses sur la vie, sur elle-même et sur Dieu.

Lorsque les enfants se sentent trahis et qu'ils sont déçus par leurs relations, ils passent par une véritable crise intérieure. Leur sentiment de sécurité et de dignité personnelle, leur désir de laisser leur marque, leur besoin d'être aimés et désirés, tout cela se trouve brusquement menacé. En pleine crise, les adolescents commencent à se faire toutes sortes d'idées insensées à propos de leurs aspirations non réalisées. La manière dont les parents réagiront face à leur enfant dans la tourmente contribuera grandement soit à confirmer soit à contrer ces raisonnements erronés. À aucun autre moment il n'est aussi important pour les parents de réagir de façon biblique à leurs enfants que lorsque ces derniers découvrent le goût amer du désespoir face aux aspirations non comblées. Pour cela, il faut que les parents sachent d'abord comment les jeunes font face à leur propre désespoir.

COMMENT L'ADOLESCENT RÉAGIT EN FACE DE SON DÉSESPOIR PERSONNEL

Pour comprendre comment l'adolescent réagit lorsque les événements de la vie le privent de ce qu'il désire ardemment, il faut d'abord comprendre à quelles conclusions il arrive lorsque cela se produit. Étant donné que chaque jeune nourrit le projet insensé de réussir sa vie sans avoir recours à Dieu, *ses convictions fondamentales devant les événements de la vie visent à maintenir intacte sa prétention illusoire à l'autosuffisance.* Il esquive ainsi deux réalités pénibles : la nature imprévisible et hostile de son entourage et sa propre nature impuissante et dépendante. Aucun adolescent n'accepte le fait que le monde ne sera jamais l'endroit où sa soif sera pleinement assouvie, ni le fait que lui-même ne sera jamais capable d'y trouver sa satisfaction par ses propres efforts.

Quand les circonstances de la vie privent pour un certain temps l'adolescent d'un sentiment de sécurité et d'importance, l'une des premières déductions qu'il en tire est que quelque chose ne va pas en lui. Il tient approximativement le raisonnement suivant :

> *J'ai l'impression que tout va bien pour les gens autour de moi. Le monde doit donc être un endroit où l'on vous traite bien si vous êtes bien vous-même. Comme je ne reçois pas de lui ce que je désire vraiment, quelque chose doit être complètement détraqué ou tordu en moi. Le secret de la vie réside donc dans ma capacité à trouver un moyen pour amener le monde à me donner ce que je désire, même si je ne suis pas bien en tant que personne. Pour cela, je dois imaginer une solution afin que le monde me voie différemment.*

L'adolescent constate un abîme entre ce qu'il se croit obligé d'être avant que les autres acceptent de satisfaire ses désirs et ce qu'il croit être à leurs yeux au moment présent. Pour lui, la vie, c'est-à-dire la satisfaction de ses aspirations intimes, dépend de son aptitude à combler ce fossé.

Normalement, au moment où l'enfant entre dans l'adolescence et découvre les nouvelles attentes d'autrui quant à sa façon de raisonner, de nouer des liens et de paraître, le fossé commence à se creuser. Il se voit alors comme un déficient sur les plans mental, relationnel, physique ou sexuel. Des échecs dans l'un ou l'autre de ces domaines se gravent dans sa mémoire et contribuent à ce qu'il se perçoive comme une personne indigne et ne méritant pas d'être aimée. Il est certain que les autres découvriront le genre d'individu qu'il est et qu'ils le mépriseront s'il leur permet de le connaître vraiment. L'image qu'il s'est forgée de lui-même devient la motivation qui le pousse à tout faire pour modifier la perception que les autres ont de lui. Il se dit que plus le fossé est étroit, moins le monde sera dur et décevant pour lui.

En plus des conclusions que l'adolescent tire au sujet du monde et de lui-même, il en tire également face à l'avenir. Il se dit que l'avenir sera insupportable s'il ne trouve pas le moyen de maintenir le fossé peu profond. Il risque de sombrer dans la dépression et de perdre toute motivation si ses efforts pour combler le fossé ne sont pas couronnés de succès. « Pourquoi insister ? se lamente-t-il. Je ne serai jamais capable de devenir la personne que les autres veulent que je sois. J'ai essayé, mais je n'ai pas réussi à me changer. »

Quand l'adolescent arrive à une telle conclusion, à son désespoir vient s'ajouter beaucoup de mépris. Bien qu'il veuille diriger son mépris contre le monde qui lui refuse ce qu'il désire intensément, ses conclusions insensées l'amènent à orienter la plus grande partie de ce mépris contre lui-même. Après tout, comment pourrait-il reprocher au monde de ne pas lui accorder ce qu'il souhaite ? Le monde est un endroit plein de richesses pour ceux qui ont ce qu'il faut. Il existe assez de gens heureux autour de lui pour le lui rappeler. S'il faut blâmer et mépriser quelqu'un, c'est bien lui.

L'adolescent tire également des conclusions fondamentales au sujet de Dieu. Il prétend que Dieu ne veut pas de relation avec lui aussi longtemps que le fossé n'est pas comblé. Et comme Dieu exige de lui beaucoup plus que les autres, il doit également être davantage frappé par ses insuffisances. La communion avec Dieu est hors de portée ; peut-être n'est-elle même pas souhaitable. Le jeune préférera après tout croire que Dieu n'existe pas. En éliminant Dieu, l'adolescent élimine du même coup certaines exigences draconiennes, rendant ainsi plus accessible le but qu'il se propose d'atteindre.

C'est peut-être pour cette raison que nombre de jeunes ont une aversion marquée pour l'Église et pour la religion. Tout contact avec les enseignements divins et la Bible ne fait qu'élargir le fossé et met davantage en relief leurs manquements personnels. Comme pour eux, la vie dépend du comblement de ce fossé, se rapprocher de Dieu équivaut à se rapprocher de la mort.

Très souvent, les adolescents qui aiment aller à l'église sont ceux du type docile et compulsif. Ces jeunes ont une volonté de fer pour observer tous les commandements qui leur sont imposés au nom de Dieu. Ils arrivent ainsi à utiliser l'obéissance à certaines règles de vie chrétienne comme une stratégie pour réduire le fossé. C'est une ironie tragique puisque ce qui devait engendrer une véritable dépendance de Christ seul devient plutôt le moyen pour le jeune de réaffirmer son autodépendance. *Aussi longtemps que l'enfant trouve le moyen d'être « le genre de personne dont l'entourage et Dieu peuvent être fiers », il n'éprouvera pas le besoin d'une relation personnelle avec un Dieu qui désire faire pour lui ce qu'il croit être en mesure d'acquérir par lui-même, à savoir corriger ses propres déficiences et satisfaire les aspirations de son âme.*

Si le christianisme ou un ensemble de préceptes chrétiens sont présentés aux adolescents comme un moyen de combler le fossé, autrement dit de gagner l'amour et le respect des autres, de tels préceptes perdent leur caractère chrétien. En effet, ils enseignent aux jeunes comment obtenir la satisfaction des désirs profonds sans les confier au Christ.

Dans le Psaume 62, David se présente comme un homme devant un abîme. Il avait de lui-même l'image d'un être faible, cible du mépris de beaucoup de gens. La plupart d'entre eux refusaient certainement de lui accorder ce que son cœur désirait :

> *Jusques à quand vous jetterez-vous sur un homme,*
> *Chercherez-vous à le tuer,*
> *Comme une muraille qui penche,*
> *Comme une clôture qui se renverse ?*
> *Oui, ils tiennent conseil pour le renverser de son poste élevé,*
> *Ils prennent plaisir au mensonge ;*
> *Ils bénissent de leur bouche*
> *Et maudissent intérieurement.*
> (Ps 62.4-5)

Essayez d'imaginer le conseil qu'un jeune homme dans la même situation que David obtiendrait de ses parents ou de ses amis. Demandez-vous quel conseil vous donneriez à votre adolescent. Serait-il comparable à celui que David a donné à son âme ? Le roi a trouvé un moyen de lutter contre son désespoir, qui n'exigeait pas qu'il doive corriger ses déficiences personnelles ni changer la façon dont les autres le percevaient. Vers le milieu du Psaume 62, il écrit :

> *Oui, mon âme, fais silence devant Dieu !*
> *Car de lui vient mon espérance.*
> *Oui, c'est lui mon rocher et mon salut,*
> *Ma forteresse : je ne chancellerai pas.*
> *Sur Dieu reposent mon salut et ma gloire ;*
> *Le rocher de ma force, mon refuge, est en Dieu.*
> *Confiez-vous en lui en tout temps, peuple,*
> *Épanchez vos cœurs en sa présence !*
> *Dieu est notre refuge.*
> (Ps 62.6-9)

Les convictions insensées que les jeunes élaborent ne leur permettent pas de réagir au désespoir des désirs non satisfaits. Au contraire, ils redoublent d'efforts pour combler le fossé et amener leur entourage à les voir différemment. Et chaque jeune semble mettre au point sa propre méthode pour y parvenir.

La stratégie de l'adolescent docile/compulsif

L'enfant docile qui croit que l'épanouissement s'acquiert en répondant aux aspirations des autres, essaie de réduire le fossé en améliorant son image. Il s'affaire à corriger les défauts que les autres lui montrent. Une remarque du genre « Tu dois être bien paresseux » suffit à élargir considérablement le fossé et à inciter l'adolescent à prendre des mesures énergiques pour empêcher qui que ce soit de prononcer à nouveau ces paroles. La moindre critique peut le perturber pendant des semaines et l'amener à se lancer dans une campagne d'amélioration de soi.

Je me souviens d'une lycéenne nommée Paméla, que j'ai vue en consultation. Elle ne vivait que pour gagner l'approbation de son père. Comme elle tenait par-dessus tout à être acceptée de lui, elle faisait tout son possible pour qu'il n'ait pas à lui lancer un regard désapprobateur ou à lui adresser un reproche verbal. Elle s'imaginait que pour être acceptée en tant que personne, il fallait qu'elle devienne une créature que personne, surtout pas son père, ne puisse jamais critiquer. Elle se souvenait n'avoir fait part qu'une seule fois à son père d'un souhait non réalisé. Il avait promis de lui consacrer son week-end pour ses seize ans, mais quelques semaines avant l'anniversaire de sa fille, il avait oublié sa promesse et prévu un voyage d'affaires justement à cette date. Quand Paméla lui fit part de sa déception, il se mit en colère et lui reprocha son égoïsme et son ingratitude après tout ce qu'il avait fait pour elle. Il commit l'erreur habituelle des parents axés sur le devoir : *il interpréta à tort le désir non comblé de sa fille comme une exigence déraisonnable.*

Les paroles de son père firent sur Paméla l'effet d'une avalanche. Elle décida de ne plus jamais faire connaître ses désirs à qui que ce soit, d'accepter tout ce qu'on lui offrirait et de toujours se montrer reconnaissante. Cette stratégie eut des conséquences néfastes sur toutes ses relations. En se basant sur son comportement, ses parents s'imaginèrent qu'elle était la fille la plus heureuse du monde. Les autres adolescents appréciaient sa compagnie parce qu'elle n'exigeait rien de personne. Ils profitèrent de sa bonté, car elle ne faisait jamais aucune remarque sur la manière dont ils la traitaient ou sur ce qu'ils lui demandaient de faire. À l'école, tous avaient beaucoup d'admiration pour elle, et dès qu'un élève avait besoin de quelque chose, il s'adressait à Paméla. Entre-temps, la jeune fille se sentait de plus en plus seule et avait fortement l'impression qu'elle n'était pas aimée pour ce qu'elle était vraiment. Elle était convaincue que si les gens découvraient ce qu'elle ressentait, ils la repousseraient. Tout en réussissant à réduire le fossé en se rendant agréable aux autres, ceux-ci ne lui donnaient pas ce qu'elle désirait : l'acceptation et l'amour qu'elle réclamait de tout son être.

Lorsque les adolescents sont encouragés à réagir à leur dépit et à leur désespoir en s'améliorant (que ce soit l'amélioration de leur personnalité, de leurs talents ou de leurs aptitudes), ils s'exposent à des désillusions plus grandes ultérieurement. Ils s'attendent à ce que le monde les récompense pour avoir réussi à être ce que leur entourage attendait d'eux. Mais les efforts les plus méritoires pour s'améliorer ne réussiront jamais à procurer le type d'admiration et d'affection que l'adolescent guette chez les siens.

La stratégie de l'adolescent incompétent/dépendant

L'adolescent de type incompétent/dépendant a une toute autre méthode pour combler le fossé. Il suppose qu'il pourra le faire non pas en essayant de s'améliorer pour paraître compétent aux yeux de son entourage, mais en donnant plutôt de lui-même une image de plus grande incompétence pour que les autres exigent moins de sa part. Il sait s'y faire pour montrer qu'il est trop limité et trop inexpérimenté pour que les autres puissent espérer quoi que ce soit de lui. Il s'efforce de les convaincre de lui accorder l'attention, le respect et l'affection qu'il souhaite sans exiger de lui ce qu'ils attendent habituellement d'autrui. Il est persuadé qu'il ne peut espérer la satisfaction de ses aspirations secrètes qu'en faisant appel à la sympathie de ceux qui l'entourent.

Samuel était un lycéen qui utilisait beaucoup cette stratégie. Très tôt dans la vie, il était parvenu à deux conclusions qui influencèrent sa façon de réagir à la souffrance de ses désirs non satisfaits. Premièrement, il se dit qu'il avait beau faire tous ses efforts, il ne parviendrait jamais à gagner le même respect et la même attention que les autres. Dans ses succès scolaires ou sportifs, dans les travaux domestiques et même dans les jeux de société pratiqués en famille, Samuel n'arrivait jamais à la hauteur de ses deux demi-frères plus âgés. Cela lui donnait évidemment un sentiment d'infériorité et lui faisait craindre de perdre le peu d'attention que ses parents lui accordaient. Son père biologique n'avait presque jamais de temps pour lui. Quant à son beau-père, il était beaucoup plus proche de ses deux fils que de Samuel. L'énergie et l'attention que sa mère lui prodiguait à lui seul avant son remariage, il devait maintenant les partager avec trois autres personnes. Devenu adolescent, Samuel fut persuadé qu'il ne possédait pas les talents et les capacités qui lui auraient valu le respect de son entourage. Il en souffrait tellement qu'il évitait de faire quoi que ce soit où il risquait d'être comparé à ses demi-frères. Il refusa de participer aux mêmes corvées domestiques qu'eux, de pratiquer les mêmes sports qu'eux, et même d'étudier les sujets dans lesquels ils excellaient. Il finit par fuir toute responsabilité, ce qui ne manqua pas de préoccuper ses parents. Samuel arriva ainsi à sa deuxième conclusion quant à la manière de gérer la douleur dans son cœur : il lui était au moins possible d'attirer l'attention des autres en les persuadant qu'il était un être de rang inférieur.

Le beau-père interpréta les dérobades de Samuel comme de la paresse et de l'irresponsabilité. Étant donné que ses propres fils ne fuyaient pas leurs responsabilités, il avait peu de patience envers Samuel. Il ne croyait pas que les désillusions que l'adolescent avait connues dans le passé puissent l'empêcher de se comporter de façon responsable maintenant. Il sermonna sévèrement le garçon et le punit en le privant de télévision et de téléphone pendant des périodes de plus en plus longues.

Le beau-père de Samuel faisait erreur en examinant les difficultés de l'enfant à travers un seul verre des « lunettes parentales », celui des stratégies insensées. Quant à sa mère, elle se trompait en n'utilisant que l'autre verre, celui des désirs non comblés. Comme elle se culpabilisait parce que Samuel avait été privé de la relation enfantine normale avec son père, elle se dit qu'on ne pouvait exiger de ce fils ce qu'on attendait des deux autres. Elle commença à prendre la défense de Samuel et à trouver des excuses pour justifier son comportement. Elle attribua à tort ses problèmes comportementaux uniquement à sa soif d'attention et d'engagement paternels non étanchée. Le beau-père, lui, reprochait injustement à Samuel de vouloir obtenir la satisfaction de ses désirs sans prendre sa vie en mains. La mère cherchait à diminuer le niveau des exigences et à accroître celui de l'engagement, tandis que le beau-père exigeait davantage de l'adolescent tout en se désengageant de lui en attendant que son comportement change. Aucune des deux réactions n'aidait vraiment le jeune homme, car elles ne tenaient pas compte à la fois de ses désirs non réalisés et de ses stratégies insensées.

Finalement, après plusieurs discussions, la mère de Samuel persuada son mari de laisser l'adolescent tranquille et de lui abandonner à elle le soin de s'en occuper seule. Elle commença à inonder le garçon d'attentions et de privilèges spéciaux, ce qui donnait raison à Samuel : il pouvait tout obtenir en se dépeignant comme une victime de la négligence de son père. Toutefois, au lycée, son style de relation, qui consistait à passer pour un garçon incompétent et à attirer la pitié des autres, commença à entraîner des conséquences fâcheuses. Ses camarades le jugèrent de moins en moins intéressant, et ses professeurs se montrèrent de plus en plus réticents à lui accorder des faveurs comme le faisaient ses maîtres précédents. Ses notes habituellement sous la moyenne devinrent franchement mauvaises. Plus son environnement scolaire lui parut hostile, plus il dépendait de sa mère pour cultiver une certaine estime de soi. Mais il commença à éprouver de la honte face à cette dépendance et se mit à avoir du ressentiment contre sa mère parce qu'elle la nourrissait. Il se sentait pris au piège. Tout en regrettant beaucoup d'être devenu tributaire d'elle à ce point, il était paniqué à la pensée de devoir faire face à la vie. *Il était persuadé qu'il n'obtiendrait jamais le respect des autres s'il n'arrivait pas à les convaincre de la nécessité de réduire leurs exigences à son égard.* Plus il prenait de l'âge, plus il lui semblait que le seul endroit où cette stratégie opérait bien était auprès de sa mère.

Ce type de manœuvre empêche inévitablement l'adolescent de cultiver l'indépendance émotionnelle et sociale, ainsi que les compétences nécessaires à une saine estime de soi. Quand des enfants comme Samuel ont la possibilité de réagir au dépit et au désespoir en se gardant de toute responsabilité et de tout échec potentiel, ils s'emprisonnent dans une dépendance malsaine qui constituera plus tard leur plus grand empêchement à l'éclosion d'un authentique sentiment de valeur intrinsèque en tant que personne humaine.

La stratégie de l'adolescent rebelle/distant

Ce type d'adolescent ne cherche pas à combler le fossé en améliorant son image ou en demandant aux autres de réduire leurs exigences. Il s'efforce plutôt d'éloigner quiconque pourrait constater ce fossé dans sa vie. Sa stratégie est de se créer un monde à lui, un monde peuplé de gens qui n'attendent pas grand-chose de lui et qui ne le considèrent pas comme déficient dans les domaines importants. Il ne peut permettre à quiconque agit moralement mieux que lui ou le critique de s'approcher de lui ; cela l'oblige habituellement à prendre ses distances avec les représentants de l'autorité (parents, professeurs, etc.), avec les adultes et avec les camarades qui réussissent mieux que lui. *Il pense pouvoir soulager la souffrance de ses désirs non réalisés en fuyant ou en détruisant toute relation qui met sa déficience en lumière.*

Une lycéenne dont j'ai eu à m'occuper avait justement ce profil de jeune dure. Chaque fois qu'un professeur ou un responsable de l'Église cherchait à parler à Jeanne, ne serait-ce que pour lui dire un mot gentil, elle regardait ailleurs et prétendait n'avoir pas entendu. Elle savait que tôt ou tard, à force de n'avoir aucune réaction de sa part, les gens finiraient par renoncer et la laisser tranquille. Exaspérés par sa passivité, ses parents avaient fini par ne plus chercher à communiquer avec elle ou la motiver à faire ce qu'ils attendaient d'elle. Ils croyaient qu'en adoptant à son égard la même attitude froide qu'elle affichait envers eux, cela lui donnerait une bonne leçon. Ils ne tinrent aucun compte de ce qu'elle disait ou faisait, espérant ainsi la ramener à son bon sens. Ils oublièrent le fait que derrière le comportement de leur fille, il y avait des désirs non réalisés et des projets insensés, que leur réaction ne faisait qu'encourager.

En grandissant, Jeanne avait vécu un désespoir continuel dans la présence de ses parents. Elle ne se souvenait pas de moments où ses parents l'avaient entourée de leur affection. Ils étaient intelligents, instruits, et leur carrière professionnelle était une réussite. Ils étaient donc très occupés et surtout incapables de comprendre et de supporter leur fille lorsqu'elle rencontra des difficultés d'apprentissage en primaire.

Tant qu'elle avait été toute petite, ses parents l'avaient gâtée et comblée de leur attention et de leur affection. Elle était leur « petite princesse », la future héritière de leur réussite en termes de carrière, de statut social et de revenu. Mais lorsqu'ils s'aperçurent des limites intellectuelles de leur fille, les parents adoptèrent un style de relations très différent. Ils confièrent l'essentiel de son éducation et de ses soins à une tante âgée qui vivait avec eux. Ils s'intéressaient rarement au travail scolaire de Jeanne et ne toléraient pas que ses difficultés soient évoquées ou discutées. Ils adoptèrent une approche terre à terre à son égard, se gardant d'exprimer toute attente ou tout commentaire à son sujet, et n'offrant que peu d'engagement. En prenant ainsi leurs distances avec Jeanne, ils trouvèrent un certain soulagement à la déception et à la honte qu'ils ressentaient à propos de leur fille.

Jeanne se rendit compte du rejet de ses parents et supposa évidemment qu'il était dû à un défaut en elle. Elle passa des années à tenter par tous les moyens imaginables de regagner leur affection. Mais ils s'étaient faits à l'idée que leur fille ne serait jamais le genre de personne dont leur famille pourrait être fière.

En entrant dans l'adolescence, Jeanne commença à manifester ouvertement le mécontentement qu'elle ressentait d'être considérée par ses parents comme une brebis galeuse, image dont elle ne parviendrait jamais à se défaire. Il n'y avait pas moyen d'échapper à l'abîme qui la séparait d'eux quand elle était en leur présence. Et lorsqu'elle essayait d'exprimer sa peine et sa colère, elle ne faisait que les confirmer dans leurs opinions sur elle. « Cette gamine cessera-t-elle un jour de trouver de nouveaux moyens de nous décevoir et de nous faire honte ? » Ils se détachaient encore davantage d'elle. Jeanne fut alors persuadée que son unique chance de devenir une personne à part entière était de se construire une vie entièrement nouvelle qui excluait ses parents et tous ceux qui l'avaient connue de près jusqu'à présent.

Pour échapper à sa souffrance, Jeanne remplaça ses relations familiales par des relations de camaraderie. Auprès des jeunes, elle trouva l'acceptation et l'amour qu'elle recherchait. Mais avec le temps, l'adolescente s'aperçut que tous ceux avec qui elle s'était liée finissaient, d'une manière ou d'une autre, par réagir comme ses parents.

Déçus d'elle, ils se montraient froids envers elle et l'ignoraient parfois complètement. *La seule façon pour elle d'échapper à la souffrance était de ne pas nouer de relations durables.* Sa stratégie la condamnait à une existence solitaire et sans espoir, dans laquelle elle était constamment à la recherche d'un groupe de personnes qui seraient momentanément pour elle la famille qu'elle avait perdue.

Les adolescents réagiront inévitablement à leur désespoir par des moyens insensés et destructeurs à moins que quelqu'un s'engage avec eux et leur montre une alternative biblique. L'une des responsabilités les plus déterminantes que les parents aient à endosser consiste à réagir au désespoir de leur adolescent d'une manière qui l'aidera à découvrir le chemin biblique vers le véritable épanouissement.

PRÉPARER UN PARENT À RÉAGIR AU DÉSESPOIR DE SON ADOLESCENT

Une fois que Christie, en colère, se fut réfugiée dans sa chambre après que nous lui eûmes dit qu'elle devait retourner à l'école le lendemain, je me demandai comment réagir en tant que père. J'examinai d'abord la possibilité d'ignorer l'incident. Après tout, Christie passait peut-être par une mauvaise phase. Peut-être aussi était-elle fatiguée et susceptible du fait qu'elle était restée cloîtrée dans la maison depuis le début de la grève des enseignants. Peut-être valait-il en effet mieux ne pas réagir à l'incident et laisser l'adolescente tranquille pour le restant de la soirée.

Pourtant, quelque chose en moi me dit qu'en ignorant ainsi la souffrance de Christie, je ratais l'occasion importante de lui venir en aide. Ce serait minimiser la peine qu'elle éprouvait dans les relations avec ses camarades d'école et considérer comme anodin le sentiment de trahison qu'elle ressentait.

Or, c'était bel et bien un souci important pour elle, une réalité douloureuse de la vie à laquelle elle continuerait d'être confrontée pendant le restant de ses jours. Si je passais outre, même cette seule fois, je risquais de lui enseigner que pour être heureux, il fallait devenir insensible et garder ses distances. Si elle adoptait ce principe comme un moyen de survie dans un monde décevant, il lui faudrait alors nier l'influence que les autres ont sur son état d'âme. Elle deviendrait alors insensible non seulement aux méfaits d'autrui, mais également à leurs bienfaits. Elle n'aurait plus la capacité de jouir de relations profondes avec autrui et de partager les peines et les joies avec eux. Bien que ce fût tentant, je décidai de ne pas ignorer ce que Christie était en train de vivre et de ne pas considérer son expérience comme un mauvais moment qui passerait, pourvu que je la laisse se débrouiller seule.

Une autre réaction tentante fut de tenir un petit discours de circonstance à ma fille. J'aurais pu lui demander de s'asseoir et lui apprendre à gérer son désespoir en lui disant que la situation n'était pas aussi catastrophique qu'elle le croyait. Que les gens ne la boudaient pas vraiment. Qu'elle n'était vraiment pas le genre de personne que les autres blesseraient ou trahiraient intentionnellement. Que le monde n'était pas vraiment aussi horrible qu'elle le croyait. Que le fossé qu'elle ressentait n'existait pas. Mais je savais que le message que décoderait Christie ne ferait que lui poser davantage de problèmes plus tard.

Un parent qui tient ce genre de discours à son adolescent lui enseigne de façon subtile qu'il sera heureux à condition de se voir lui-même et de voir le monde toujours de façon positive, et que la vision constamment négative de soi et de son environnement exclut toute espèce de bonheur et de joie. Que pour trouver la joie, il faut se persuader que soi-même et les autres sont foncièrement bons, même si notre cœur semble nous convaincre du contraire.

Un tel message ne fait que renforcer deux convictions insensées chez l'adolescent, à savoir qu'*il est parfaitement suffisant en lui-même et par lui-même pour bien prendre sa destinée en mains, et que Dieu ne l'est pas.* Tant que l'adolescent est encouragé à nier le caractère sérieux et désespéré de ses circonstances, il peut vivre dans l'illusion qu'il est capable de bien gérer ses affaires sans Dieu. Et s'il reconnaissait combien ses circonstances sont graves et désespérantes, la vie deviendrait insupportable ; même Dieu ne pourrait pas lui donner ce qu'il faut pour endurer la souffrance.

Lorsque les adolescents apprennent à gérer leur désespoir de cette façon, ils entrent dans l'âge adulte sans être bien préparés à affronter honnêtement les complexités et les drames de la vie réelle. Devenus adultes, ils seront enclins à ne pas reconnaître la gravité des problèmes rencontrés, jusqu'au jour où ceux-ci deviennent tellement énormes qu'ils ne peuvent plus les sous-estimer. Cependant, à ce moment-là, ils devront subir des conséquences irréversibles et gémir sous le poids du désespoir, un désespoir auquel ils n'auront jamais appris à faire face ni à trouver un soulagement. Un désespoir qui pourrait les pousser à prendre des initiatives désastreuses et destructrices.

En réfléchissant à la souffrance de Christie et à la façon dont j'allais probablement réagir, j'envisageai un moment de l'aborder en lui proposant une façon de s'améliorer. « Après tout, me dis-je, si Christie pouvait se montrer un peu plus sociable, un peu plus douée, un peu plus sportive, ou au moins un tout petit peu plus studieuse, ses camarades et ses professeurs lui témoigneraient peut-être plus de respect. » Mon idée n'était rien d'autre que de proposer à ma fille de rendre les personnes de son entourage moins décevantes en s'efforçant d'améliorer l'image qu'elle leur donnait d'elle-même.

De prime abord, l'idée de s'améliorer peut sembler tout à fait chrétienne. La Bible encourage l'être humain à changer et à se développer en bien. Mais quand on dit à un adolescent de faire face au rejet et à ses sentiments d'indignité en perdant du poids, en améliorant ses succès scolaires ou sportifs, en changeant son style vestimentaire, en acquérant des aptitudes sociales, etc., on le pousse à construire sa vie sur un principe erroné : *La qualité de ma vie dépend de la qualité de l'image que je projette aux yeux des autres.* Lorsque les jeunes se conforment à ce principe, ils s'appuieront sur leurs propres efforts d'amélioration, et non sur leur relation avec le Christ, pour étancher la soif de leur cœur. Ils seront alors soumis à une pression constante pour devenir plus performants de manière à être mieux considérés par les autres.

Tout encouragement donné à l'adolescent pour qu'il s'améliore ou qu'il cultive ses dons en vue de rendre sa vie moins pénible l'incitera à utiliser ses atouts et ses talents dans un but erroné. Les parents n'ont certainement pas tort de pousser leurs enfants à développer les dons que Dieu leur a accordés. Ce serait une erreur de ne pas le faire. Mais il ne faut jamais exhorter le jeune à s'engager dans cette voie avec la pensée de faire du monde une source d'épanouissement personnel. *En cultivant ses dons et en s'améliorant, l'homme doit toujours chercher à être mieux équipé pour aimer et servir autrui au nom du Christ.*

Lorsque l'adolescent est incité à mettre en œuvre des stratégies visant à l'améliorer chaque fois qu'il se sent désespéré, il deviendra une personne perpétuellement agitée, jamais bien dans sa peau. Comme il vit dans un monde hostile et imprévisible, il connaîtra toujours une certaine dose de désespoir et éprouvera toujours le besoin d'améliorer ceci ou cela en lui. Et si, malgré tous ses efforts d'amélioration, le monde ne devient pas un lieu accueillant, il se reprochera la manière dont les autres le traitent.

En poursuivant ma réflexion sur la meilleure manière de venir en aide à Christie, il me vint à l'esprit que je pourrais lui dire comment mieux affirmer sa personnalité et exiger le respect auquel elle avait droit de la part de ses camarades. Je me dis qu'elle pourrait prendre quelques-unes de ses amies à part, leur dire le traitement qu'elles lui avaient fait subir et leur faire comprendre qu'à l'avenir elle espérait être mieux considérée. Je ne voyais aucun mérite particulier à encourager ma fille à demeurer passive devant les préjudices que lui infligeaient ses pairs.

Comme j'allais monter à l'étage pour inciter Christie à rencontrer ses camarades, une autre idée me traversa l'esprit. Quoique le fait de leur révéler ce qu'elle souhaitait et ce qu'elle ressentait semblait justifié et nécessaire, je compris que j'allais encourager ma fille à le faire pour de mauvaises raisons. En effet, si je lui suggérais d'aller trouver ses amies dans le but de soulager sa souffrance et d'obtenir qu'elles répondent mieux à sa soif d'amour indéfectible, je ne ferais que renforcer l'idée selon laquelle le but de l'amitié est de procurer l'épanouissement. Je l'aurais alors encouragée à devenir une meilleure consommatrice.

Si les adolescents veulent cultiver des amitiés saines, il faut qu'ils apprennent à être honnêtes à propos de leurs désirs et à faire face à l'irrespect ou aux abus des autres. Mais ils doivent être encouragés dans ce sens plutôt pour approfondir leurs relations et promouvoir leur croissance mutuelle, et non pour obtenir en retour la réalisation de leurs désirs. Les jeunes qui utilisent l'affirmation de soi pour être mieux traités par les autres seront plus enclins à considérer leurs relations comme la source principale de leur bonheur plutôt que le Christ.

Je suis presque gêné d'admettre que j'ai également sérieusement envisagé d'apprendre à ma fille à gérer sa douleur en se payant du bon temps. Tandis que j'excluais le déni, l'amélioration de soi et l'affirmation de soi comme de bonnes réactions possibles, je me dis : « Pourquoi ne pas monter tout simplement à l'étage et dire à Christie de prendre son manteau pour sortir avec moi ? » Nous serions allés dans un magasin pour choisir la nouvelle chaîne stéréo dont elle rêvait depuis un certain temps. Pourquoi ne pas l'aider à chasser de son esprit les pensées qui l'accablaient en lui proposant de les remplacer par des plaisirs matériels ?

Mais je n'eus pas à réfléchir longtemps à cette solution, car les implications à long terme de cette stratégie me sautèrent aux yeux. En suivant ce conseil, Christie serait vite devenue esclave. En découvrant qu'elle pouvait atténuer temporairement n'importe quel désespoir en se plongeant dans des plaisirs matériels, elle risquait d'adopter régulièrement ce moyen pour gérer ses déceptions. Pour rendre sa vie supportable dans un monde déchu, elle serait devenue dépendante des plaisirs au lieu de s'appuyer sur le Christ.

En encourageant leurs enfants à s'adonner à toute activité susceptible de chasser leurs émotions désagréables, les parents contribuent au développement de personnalités asservies. L'adolescent sera vite prisonnier des habitudes suivantes, pour n'en citer que quelques-unes : dépenser de l'argent, manger, pratiquer du sport à outrance, regarder la télévision, mener une vie sexuelle déréglée.

En tentant de répondre au désespoir de ma fille, je me demandais comment l'aider à trouver du réconfort sans pour autant accentuer ses tendances insensées. Je suis persuadé qu'il est impossible aux parents de réaliser une telle tâche tant qu'ils n'auront pas saisi deux choses. D'abord, il faut qu'ils comprennent comment satisfaire vraiment les besoins profonds du cœur de l'adolescent d'après l'Écriture. Ensuite, il faut qu'ils lui ouvrent la voie.

Comprendre comment Dieu répond aux désirs de l'adolescent

Lorsque les parents encouragent leur adolescent à trouver un remède à son désespoir en faisant quelque chose pour changer ou nier les circonstances qui l'entourent, ils ne font que le confirmer dans l'idée que le Christ ne suffit pas pour répondre à ses désirs profonds, quelle que soit la situation. *La voie que propose l'Écriture pour satisfaire les désirs profonds de l'adolescent ne lui impose pas de changer ou de nier quoi que ce soit.* Les psalmistes parlent fréquemment de ce qui se trouve sur ce chemin :

> *Goûtez et voyez combien l'Éternel est bon !*
> *Heureux l'homme qui se réfugie en lui !*
> *Craignez l'Éternel, vous, ses saints !*
> *Car rien ne manque à ceux qui le craignent.*
> (Ps 34.9-10)

> *Comme un père a compassion de ses fils,*
> *L'Éternel a compassion de ceux qui le craignent...*
> *Mais la bienveillance de l'Éternel dure d'éternité en éternité pour ceux qui le craignent,*
> *Et sa justice pour les fils de leurs fils.*
> (Ps 103.13, 17)

> *L'Éternel est près de tous ceux qui l'invoquent,*
> *De tous ceux qui l'invoquent avec vérité ;*
> *Il réalise les souhaits de ceux qui le craignent,*
> *Il entend leur cri et les sauve.*
> (Ps 145.18-19)

Lorsqu'un adolescent est désespéré à cause de ses désirs non satisfaits, la Bible lui recommande de faire la chose la moins naturelle qui soit : *craindre le Seigneur.* C'est la seule condition qu'il doit remplir pour trouver le repos devant l'échec de ses stratégies insensées mises en œuvre pour trouver la stabilité, l'estime et l'amour. L'auteur du livre des Proverbes déclare : « La crainte de l'Éternel mène à la vie, et l'on passe la nuit rassasié, sans être visité par le malheur » (19.23).

Pour craindre le Seigneur, l'adolescent doit mener sa vie de façon à ce qu'elle reflète sa confiance que Dieu peut et veut accomplir ce qu'il a déclaré. Dans les temps de désespoir, le jeune doit réagir d'une manière qui reflète sa foi en Dieu seul pour satisfaire ses désirs profonds, quand et comme il le décide.

Lorsqu'un adolescent a choisi de remettre à Dieu ses aspirations les plus secrètes, ses parents remarqueront deux caractéristiques dans son comportement. D'abord, *ce qui émanera de lui, ce sera un sentiment de calme et non de stress ou de panique.* Comme il s'attend au Seigneur pour obtenir la stabilité, l'importance et l'amour qui semblent lui faire défaut, il n'a plus besoin de s'agiter pour arracher ces bienfaits à son entourage. Il pourra vivre serein et détendu malgré les fossés autour de lui.

Chacun des types d'adolescents mentionnés dans ce chapitre ressentira la paix d'une manière différente. Pour Paméla, l'adolescente docile/compulsive, ce repos pourra signifier côtoyer les autres sans chercher leur approbation à tout prix, cesser de conjecturer sur ce qu'ils attendent d'elle et se fixer comme but d'être elle-même dans ses rapports avec eux.

Pour Samuel, le jeune incompétent/dépendant, goûter la paix consistera à vivre au milieu des autres sans chercher à les convaincre de son infériorité, sans leur permettre de placer des espérances sur lui et sans se sentir obligé de partager leur point de vue sur sa compétence.

Pour une adolescente de type récalcitrant/distant comme Jeanne, trouver le repos voudra dire accepter d'évoluer au milieu des autres sans chercher à les repousser avant qu'ils n'aient, eux, une occasion de la rejeter. Cela voudra dire cesser de fuir les gens susceptibles de la faire souffrir ou de la décevoir.

Ensuite, le comportement d'un adolescent qui craint Dieu se caractérise par *la volonté de faire face aux situations qui l'effraient et menacent de lui ravir la stabilité, l'importance et l'amour dont il jouit.* En comptant sur Dieu pour le protéger et pourvoir à ce qui est vital, il manifeste le désir de courir des risques élevés au profit des autres, montrant ainsi clairement qu'il est animé d'un esprit de service.

Encore ici, prendre des risques aura évidemment des significations différentes pour chacun des adolescents mentionnés plus haut. Ils seront fonction de ce qui le menace et de ce qu'il aura appris à utiliser pour se défendre. Ce qui effraie Paméla et les adolescents dociles/compulsifs comme elle, c'est la crainte d'encourir la désapprobation. Elle s'en protège en s'efforçant d'être toujours conforme aux goûts et aux attentes de la personne qu'elle côtoie. Être au service des autres, ce sera, pour elle, tout faire pour leur bien, même lorsque c'est quelque chose qu'ils désapprouvent. Les adolescents de ce type font un grand pas vers la maturité le jour où ils sont capables de se comporter ainsi à l'égard de leurs parents.

Ce qui effraie le plus les jeunes dépendants comme Samuel, c'est de se trouver dans des situations où ils font de leur mieux pour bien accomplir leur travail, et ne réussissent pas à satisfaire les exigences des autres. Ils se protègent de cet écueil en n'essayant même pas de bien faire dans des domaines où leur incompétence risquerait d'être évidente. Pour eux, prendre une attitude de service signifiera faire tout leur possible pour réussir dans quelque chose qui vise le bien de leur prochain, même s'ils ne réussissent pas aussi bien qu'un autre.

Les jeunes qui sont rebelles comme Jeanne ne sont pas hantés par la perspective de décevoir les autres, comme c'est le cas des adolescents de types docile ou incompétent. Ils redoutent, au contraire, d'être déçus ou rejetés par ceux sur qui ils ont appris à s'appuyer. Ils se mettent à l'abri de ce danger en choisissant de ne plus dépendre de qui que ce soit. Ces jeunes, une fois animés du désir de servir les autres, accorderont leur amitié et leur confiance à ceux qui les auront déçus ou blessés dans le passé.

La vie de l'adolescent ne sera caractérisée par le repos et le goût du risque que lorsqu'il aura compris et mis en pratique ce que signifie « craindre le Seigneur ». Pour pouvoir guider leurs enfants vers ce but, les parents doivent non seulement avoir compris ce que cela implique pour eux-mêmes, mais également s'en faire les modèles et les initiateurs auprès de leurs adolescents.

Démontrer ce que veut dire la crainte du Seigneur

> *Celui qui craint l'Éternel possède grande confiance,*
> *Et ses fils ont un refuge auprès de lui* (Pr 14.26).

J'étais ainsi à me creuser la tête pour savoir que faire, tandis que Christie était assise dans sa chambre à ruminer son immense désespoir, envisageant peut-être même le suicide. Je me sentais pourtant paralysé, craignant de m'engager tant que je n'étais pas sûr d'avoir trouvé la bonne solution.

À des moments comme ceux-là, il m'est arrivé de souhaiter que Dieu fût un peu plus explicite dans les Écritures. J'aurais aimé trouver un verset qui me dise exactement que faire en face d'une adolescente qui se sentait trahie par ses proches et ses amies. J'avais beau feuilleter ma Bible, je ne trouvais que des passages comme Psaume 112.1-2, Psaume 128.1-4 et Proverbe 14.26, qui tous me disaient que la seule chose vraiment efficace pour promouvoir le bien de ma famille était de « craindre le Seigneur ».

Bien sûr, tandis que l'univers de Christie s'écroulait, le Christ était le seul qui fût vraiment capable de lui procurer stabilité, force et sécurité. Toutefois, le stress et la panique qui se sont emparés de moi lorsque j'ai vu la détresse de ma fille m'ont amené à me demander si je croyais vraiment que le Christ suffisait pour *moi* au moment où *ma* famille était ébranlée. Le fait que mon premier réflexe devant la douleur de ma fille ait été de vouloir arracher Christie à la souffrance qui l'accablait, et de régler au plus vite ce qui me donnait un sentiment d'échec en tant qu'homme et en tant que père, me révéla que je m'appuyais sur mes propres capacités pour prouver que j'étais tout ce que mon entourage attendait de moi, c'est-à-dire le père d'une jeune fille heureuse et bien équilibrée.

Ce qui me frappa tout à coup, tandis que je réfléchissais ce soir-là, est que la manière de réagir à ma fille (quelles paroles utiliser ou quelles actions choisir) avait beaucoup moins d'importance que ce sur quoi je m'appuyais en réagissant. Ce qui était fondamental, c'est que moi je craigne le Seigneur, que je choisisse de croire que Dieu suffit pleinement pour répondre à mes aspirations profondes, quelle que soit la façon dont Christie allait réagir à ses circonstances décevantes. Si cette crainte du Seigneur n'est pas une réalité en moi, il y a de fortes chances pour que ma réaction au désespoir de ma fille, même soigneusement pesée, ne fasse que la plonger davantage dans sa folie.

S'il est vrai que seul l'Esprit de Dieu peut engendrer chez l'adolescent cette foi que Dieu peut et veut procurer, et que personne d'autre n'a jamais pu donner, les Écritures tiennent cependant les parents pour responsables de créer l'environnement favorable au développement d'une telle certitude chez l'enfant. D'après les auteurs des Psaumes et des Proverbes, l'élément le plus important pour créer ce climat est la manière dont les parents démontrent ce que veut dire craindre le Seigneur.

En montant à l'étage pour parler à Christie ce soir-là, je ressentais la paisible certitude que je pouvais vraiment aider ma fille. J'ignorais encore ce que j'allais dire ou faire, mais je savais qu'en raison de ce que Dieu est, je n'étais pas tenu d'arracher ma fille à son chagrin ni d'orienter le déroulement de notre conversation. Comme le

Seigneur suffit pleinement, je pouvais me reposer sur la certitude que rien de fondamental à mon existence ou à celle de ma fille n'était en jeu. Je pouvais risquer de m'engager davantage dans sa vie, tout en sachant que cela m'obligerait à y découvrir sans doute d'autres circonstances pénibles que je n'avais pas le pouvoir de modifier, mais je savais aussi que je n'avais pas besoin de les changer pour aider vraiment Christie. J'étais enfin prêt à réagir de façon biblique.

COMMENT RÉAGIR DE FAÇON BIBLIQUE AU DÉSESPOIR DE L'ADOLESCENT

En entrant dans la chambre de Christie, je pensais à une dizaine de choses différentes que j'aurais pu dire ou accomplir et qui étaient vraiment selon les Écritures. Réagir au désespoir de l'adolescent d'une manière biblique ne veut pas dire recourir à certaines paroles ou actions magiques. Je crois cependant que pour être selon Dieu, la réaction de l'adulte devrait toujours refléter qu'il comprend ce qui se passe chez son enfant, ce qui le plonge dans le désespoir et ce qui peut lui procurer guérison et soulagement au milieu de sa souffrance. Les parents qui ont une compréhension biblique de ces trois éléments, réagiront de trois manières importantes. D'abord, ils feront davantage que simplement soulager la peine de leur enfant. Il s'efforceront de la partager et de la comprendre. Ensuite, ils inviteront l'adolescent à réfléchir avec eux sur ce qu'il convient de faire de son désespoir. Enfin, ils lui enseigneront comment trouver la satisfaction de ses aspirations profondes selon les Écritures.

Partager la souffrance de l'adolescent

Pour que leur réaction soit inspirée de l'Écriture, les parents doivent s'efforcer de promouvoir chez leur enfant une relation plus étroite avec le Christ. Si leur seul but est d'amener l'adolescent à se sentir mieux, ils risquent d'altérer les circonstances qui sont précisément là pour découvrir tout ce qu'une relation avec le Christ pourrait lui procurer. Quant aux parents, ils s'exposent eux-mêmes à connaître le stress et la panique en s'imposant de changer et de contrôler les circonstances sur lesquelles ils n'ont en fait que peu de pouvoir. *Une fois que les parents comprennent que le mal qui risque de détruire leur adolescent se trouve dans le cœur plutôt que dans les circonstances extérieures, ils changeront leurs objectifs.* C'est la réaction de l'adolescent à ses circonstances, et non les circonstances elles-mêmes, qui préoccupera les parents, et ils seront en mesure de l'aider à comprendre les réalités qu'il vit intérieurement et qui sont à l'origine de son désespoir.

Pour y parvenir, ils doivent amener leur enfant à exprimer ce qu'il ressent, notamment envers lui-même. Ils veilleront à instaurer un climat permettant au jeune de se sentir parfaitement accepté, quelles que soient les émotions auxquelles il donne libre cours. Ils profiteront de ce qu'il parle librement des sentiments que ses circonstances ont fait naître pour l'encourager à évoquer les désirs non satisfaits qui se dissimulent derrière ses sentiments, en particulier les désirs de type important et crucial. En l'écoutant, les adultes s'efforceront simplement de sentir et de partager son désespoir. Une fois qu'il aura commencé à révéler les aspirations profondes que personne n'a pu combler, il ne pourra que ressentir un sentiment croissant d'impuissance, sentiment contre lequel les parents ne devront pas lutter s'ils veulent que l'enfant découvre le Christ. *Ce n'est qu'en découvrant leur réelle incapacité à étancher leur soif profonde que les gens commencent à soupirer après Dieu.*

Inviter l'adolescent à réfléchir

Le désespoir offre à l'adolescent une de ses meilleures chances de regarder en lui-même et d'avoir un aperçu de ses désirs insatisfaits, de ses stratégies inefficaces pour les combler, et des convictions qu'il s'est forgées sur la manière d'amener son entourage à les réaliser ; il pourra voir comment ces convictions affectent sa façon d'entrer en relations avec autrui et comment les autres, ainsi que les événements, empêchent ses stratégies de réussir et de combler ses désirs.

Les parents doivent encourager l'adolescent à réfléchir à toutes ces questions. Tout en étant prudents pour ne pas adopter un ton de reproche ou de condamnation, ils devront combattre ses convictions et ses attentes selon lesquelles son entourage peut être manipulé pour obtenir le respect ou l'amour qu'il désire. Les parents qui confient eux-mêmes à ce moment-là certains de leurs désespoirs et de leurs faux raisonnements peuvent créer un climat favorable. C'est comme s'ils disaient : « Soyons sereins, car quelque chose s'est détraqué chez nous tous. Aucun d'entre nous ne sera jamais assez bon pour obtenir des autres ce qu'il désire par-dessus tout. »

Orienter l'adolescent vers le Christ

Finalement, une réaction biblique au désespoir de l'adolescent l'orientera vers celui qui seul pourra étancher sa soif ardente. Cela implique évidemment que les adultes lui expliquent le sens des mots « craindre le Seigneur ». Qu'ils ne le fassent surtout jamais sur un ton condescendant ou superficiel, mais comme le ferait une personne assoiffée disant à une autre où puiser l'eau qui désaltère.

Que les parents se préparent également, même lorsque l'adolescent est dans le plus profond désespoir, à ce qu'il rejette leurs instructions et continue de faire confiance à ses stratégies insensées. Les parents ont la responsabilité de transmettre en tout temps l'invitation que le Christ adresse à l'adolescent assoiffé à venir et à boire, sans savoir si celui-ci y répondra favorablement. S'il ne tient pas compte de leurs instructions et persévère dans ses voies tortueuses, les parents devront alors adopter un autre type de réaction. Cette fois-ci, ils devront réagir bibliquement non seulement à ses désirs insatisfaits, mais aussi aux desseins insensés de son cœur.

RÉSUMÉ

Mieux on saisit l'importance que la Bible attache à l'éducation dispensée aux enfants, plus il est facile de se sentir écrasé sous le poids de la responsabilité. Un père me raconta récemment comment il se représentait son rôle de parent d'une jeune fille de dix-sept ans qui traversait une période de grande turbulence. Il se voyait poussé par Dieu dans le poste de pilotage vide d'un Boeing 747 en plein vol. Les membres de la famille étaient les seuls passagers. Sa mission consistait à poser l'appareil sans autre instruction ni formation que l'ordre : « Ne t'écrase pas au sol ! »

Fort heureusement, Dieu ne place pas les parents dans une situation aussi critique ! Il ne leur confère pas le pouvoir de détruire la vie de leurs enfants. Même les pires parents ne peuvent pas priver leurs adolescents de la capacité de se transformer en adultes vraiment mûrs et capables d'aimer authentiquement. Même lorsqu'ils peuvent les priver de la vie physique par le meurtre, ils ne peuvent porter atteinte à leur existence éternelle.

La manière dont les parents réagissent au désespoir qui assombrit le cœur de l'enfant est très importante, mais sa survie ne dépend jamais d'une action particulière, comme si une seule erreur pouvait ruiner sa vie. Certes, la répétition de mauvaises réactions peut se révéler dévastatrice pour l'adolescent, mais jamais au point où Dieu ne pourrait plus lui venir en aide pour le guérir et le faire croître.

Au lieu de vous mettre dans la peau d'un pilote d'avion inexpérimenté sur le point de s'écraser, imaginez-vous plutôt assis avec votre adolescent dans le chariot de tête des montagnes russes les plus gigantesques et les plus terrifiantes du monde. Votre rôle consiste à serrer votre enfant très fort contre vous jusqu'à ce que Dieu amène le véhicule à s'arrêter en toute sécurité. À aucun moment, le chariot n'échappera au contrôle du Seigneur, même si parfois vous serez enclins à le penser. Je crois que cette image correspond mieux à ce que Dieu attend des parents qui découvrent et partagent le désespoir de leurs fils et de leurs filles qui entrent dans les turbulences de l'adolescence.

CHAPITRE 10

Comment réagir aux intentions du cœur de l'adolescent

J'étais dans mon bureau avec Jérôme, un lycéen de quatorze ans. Il venait d'être exclu temporairement de l'école pour comportement agressif et avait enfermé sa mère dans un placard pendant plusieurs heures parce qu'elle refusait de l'emmener dans son magasin préféré. Ses parents m'avaient demandé de les aider à trouver comment réagir d'une façon qui non seulement décourage ce type de comportement, mais également combatte les desseins insensés qui le sous-tendent.

Lorsque les parents réagissent à leur fils ou à leur fille uniquement en fonction de leur attitude extérieure, ils courent le risque de faire l'une des deux choses suivantes.

Premièrement, ils peuvent renforcer les mauvais desseins dans le cœur de leur adolescent. Supposons que Jérôme se soit comporté ainsi dans l'intention déclarée de bannir de sa vie tous ceux qui lui faisaient sentir son infériorité. Comme c'est souvent l'objectif d'un adolescent de type récalcitrant, Jérôme avait très bien pu choisir ce moyen pour lutter contre le désespoir qu'il ressentait face à ses handicaps physique, intellectuel et social qui faisaient de lui quelqu'un d'inférieur à ses semblables.

Quand Serge, le père de Jérôme, sollicita mon aide, il me déclara que son premier mouvement avait été de ne plus rien avoir affaire avec son fils. Il avait déjà pris ses distances avec lui, à la suite des nombreuses explosions de colère et des frasques du garçon. Après le dernier épisode, Serge aurait facilement pu céder à la tentation de couper tout lien affectif avec Jérôme, et traiter son fils comme un simple pensionnaire autorisé à prendre ses repas avec la famille aussi longtemps qu'il respecterait les règles établies. Si telle avait été la réaction des parents, les objectifs insensés de Jérôme auraient atteint leur but : exclure de sa vie les deux personnes qui avaient le pouvoir de le faire se sentir « vraiment inférieur ». Et sa volonté de continuer à agir de la même manière avec les autres n'en aurait été que raffermie.

Deuxièmement, les parents qui réagissent au comportement extérieur de l'adolescent courent un autre risque. Ils peuvent l'encourager à adopter de nouvelles attitudes, parfois plus destructrices, pour arriver à ses fins insensées. Supposons qu'en choisissant des actions de plus en plus rebelles, Jérôme ait cherché à avoir une influence sur son entourage en utilisant le seul moyen qui lui était accessible. Chaque fois qu'il déconcertait ou blessait quelqu'un, il se sentait fort, important. C'était surtout vrai quand il arrivait à faire perdre la maîtrise de leurs émotions à ses parents. Jérôme estimait qu'il valait la peine de subir les effets négatifs de son comportement parce qu'il avait au moins le sentiment qu'il comptait pour quelqu'un, ne fût-ce que l'espace d'un instant.

Si telle avait été l'intention de Jérôme, imaginez l'effet qu'aurait eu sur lui le détachement de ses parents. Une fois qu'il aurait compris que son comportement rebelle ne suscitait plus aucune réaction émotionnelle chez ses parents, et qu'au lieu de les rapprocher de lui, il ne faisait que les éloigner, il est plus que probable qu'il aurait cessé son comportement rebelle – surtout s'il pensait qu'en persistant dans cette voie, il risquait de perdre toute relation avec ses parents. Ceux-ci auraient sans doute considéré leur stratégie comme une victoire importante, puisqu'elle se serait révélée efficace pour modifier le comportement de leur fils. Ils n'auraient probablement pas imaginé un seul instant que le même mal (les mêmes objectifs insensés) aurait resurgi tôt ou tard sous une autre forme dans le comportement de leur fils.

Une fois la vie redevenue « normale » dans la famille de Jérôme, l'adolescent aurait conservé son désir d'avoir une certaine influence sur son entourage. Son plan pour y parvenir en trouvant un moyen par lequel il puisse se sentir important et fort aurait continué. Avec le temps, il aurait inventé de nouveaux comportements qui auraient reflété ses objectifs insensés – des comportements qui auraient été plus acceptables par ses parents (s'adonner à la mécanique automobile ou à l'haltérophilie), ou plus dissimulés (les fantasmes sexuels ou le vandalisme). Ces deux formes lui auraient permis de poursuivre les mêmes objectifs insensés, mais sans avoir à redouter des sanctions parentales immédiates. Si elles s'étaient révélées inefficaces pour procurer à l'adolescent le même sentiment d'importance que ses anciennes stratégies, il aurait alors pu choisir un troisième type de comportement, autodestructeur celui-là (tentatives de suicide, drogue).

Il est dangereux et risqué de réagir au comportement d'un jeune sans tenir compte des intentions cachées qui le sous-tendent. Une telle réaction sera presque toujours sans effets durables, car *elle encourage l'enfant à corriger ses actions, mais pas les intentions qui en sont à l'origine.*

COMMENT LES ADOLESCENTS VOIENT LEURS DIFFICULTÉS

En écoutant Jérôme me faire part de tous ses problèmes, je me demandais sans arrêt : « Qu'est-ce qui ne va pas ? » J'avais devant moi un garçon de quatorze ans, façonné à l'image de Dieu, créé pour chercher Dieu et aimer son prochain. Mais rien dans ses propos ne révélait quoi que ce soit de tout cela. Il ne manifestait aucun intérêt ni aucune envie de poursuivre ce pour quoi il avait été créé.

L'adolescent semblait complètement ignorer que son comportement résultait d'un choix personnel qui découlait des desseins de son cœur. Pour lui, s'il réagissait ainsi, c'était de la faute des autres et non de la sienne. Lorsqu'ils lui refusaient ce qu'il désirait, il croyait *ne pas avoir d'autre choix que de réagir comme il le faisait.* Il estimait n'être rien de plus qu'un « réacteur » à son environnement. Aussi longtemps qu'il ne comprendrait pas qu'il était responsable de ses choix, les exhortations que ses parents lui adressaient pour qu'il change d'attitude resteraient vaines. Après tout, est-ce raisonnable de demander à quelqu'un de changer une chose sur laquelle il croit n'avoir aucun pouvoir ?

Mais le fait que Jérôme ne se considérait pas comme un être responsable doué de volonté n'était qu'un des facteurs qui l'empêchaient de tendre vers l'équilibre et la maturité. L'autre était son refus de soumettre ses desseins à la volonté de Dieu. En l'écoutant décrire sa cruauté envers les autres, je ne percevais pas la moindre trace de compassion pour qui que ce soit, sinon pour lui-même. Tout gravitait autour du plaisir que lui procuraient ses activités. Il n'attachait aucune importance à ce que Dieu voulait pour lui ou pour les autres. Son plan pour jouir de la vie privilégiait tout ce qui mettait sa personne en valeur et ce qui lui procurait du plaisir, au détriment de tout ce qui exigeait le renoncement à soi ou le sacrifice de soi.

Jérôme se prétendait chrétien et ne manquait aucune activité à l'église. Il n'est pas rare que des enfants qui ont grandi dans des familles et des Églises apparemment très chrétiennes ne possèdent, pas plus que Jérôme, le sens des responsabilités dans leurs actions et leurs devoirs à l'égard du Christ. Et très souvent, ces jeunes peuvent agir ainsi pendant des années sans que personne ne les remette en question tant que leurs actions restent dans les limites acceptables établies par les chrétiens qui les entourent.

Toute approche biblique pour venir en aide à ces adolescents, par l'intermédiaire de l'Église ou de la famille, devra viser rien de moins que leur cœur et leur capacité de choisir. Bien qu'une telle approche tienne compte des comportements extérieurs des jeunes, elle reconnaît néanmoins que le type de comportement que Dieu désire ne peut être engendré que par un cœur dirigé par des priorités inspirées de l'Écriture. David reconnaissait que Dieu trouvait son plaisir dans les actions visibles de l'homme uniquement si elles émanaient d'un cœur soumis à sa volonté :

> *Car tu ne prends pas plaisir au sacrifice,*
> *Autrement, je t'en donnerais ;*
> *Tu n'agrées pas d'holocauste.*
> *Les sacrifices agréables à Dieu, c'est un cœur brisé :*
> *Un cœur brisé et contrit ;*
> *O Dieu, tu ne le dédaignes pas...*
> *Alors tu prendras plaisir aux sacrifices de justice,*
> *Aux holocaustes et aux victimes tout entières ;*
> *Alors on offrira des taureaux sur ton autel.*
> (Ps 51.18-19, 21)

L'idée d'aider un adolescent à avoir un cœur pour Dieu peut sembler inconcevable pour des parents qui n'ont même pas réussi à trouver le moyen de lui apprendre à mettre ses vêtements sales au bon endroit. Arriver à un résultat aussi noble que de l'amener à accomplir les desseins de Dieu dans ses relations peut paraître impossible. Personne n'est mieux placé que le papa ou la maman pour savoir combien l'égoïsme de l'enfant est profond et tenace. *Personne n'est mieux placé que les parents pour se demander s'il est vraiment possible de faire d'un adolescent qui ramène tout à soi, une personne capable d'aimer de façon désintéressée.* Il est donc très tentant pour les parents de rabaisser leurs exigences et de ne se fixer comme objectif que de survivre, et d'aider leurs enfants à traverser tant bien que mal ces années troublées. Les parents sont d'autant plus enclins à tomber dans ce piège qu'ils s'estiment responsables de produire de tels changements chez leurs adolescents. Il n'est donc pas étonnant que les adultes qui partent de cette hypothèse finissent tôt ou tard par être déçus et rongés par des sentiments de culpabilité, et qu'ils abandonnent la lutte. *Chaque fois que les parents essaient de combattre la dépravation dans le cœur de leurs enfants en comptant sur leur savoir et sur leur savoir-faire de parents, ils ont perdu d'avance.*

Quand j'ai affaire à des adolescents comme Jérôme, ou comme ma propre fille Christie, je serais vite découragé si je ne m'appuyais pas sur la promesse d'Éphésiens 3.20-21 :

> *Or, à celui qui, par la puissance qui agit en nous, peut faire infiniment au-delà de tout ce que nous demandons ou pensons, à lui la gloire dans l'Église et en Christ-Jésus, dans toutes les générations, aux siècles des siècles. Amen.*

Je sais que je ne suis pas un conseiller ou un père capable par lui-même de générer les profonds changements nécessaires dans le cœur des adolescents dont je m'occupe. En m'engageant avec des jeunes qui vivent la plupart du temps sans trop de conscience personnelle et de responsabilité morale, je me sens souvent écrasé par l'ampleur de ma tâche. Je me demande même parfois si je ne suis pas fou de penser que des gamins difficiles et troublés peuvent devenir des personnes spirituellement mûres. Dans ces moments-là, je suis tenté d'avoir recours à des expédients pour aider ces jeunes à ne plus souffrir et à échapper à leurs difficultés. Des promesses divines comme celle rappelée plus haut me convainquent alors de ne pas adopter ce genre de ministère auprès des adolescents.

Je crois que Dieu agit dans le cœur des jeunes. Et je crois aussi qu'il les appelle à rien de moins qu'à une vie consacrée à son service. Mon objectif est donc de leur offrir, dans ma relation avec eux et ma façon de réagir à leur égard, le genre de contexte dans lequel ils puissent devenir à la fois conscients et responsables de ce qu'ils font et des raisons pour lesquelles ils le font. Si je ne cherchais qu'à leur faire modifier leur comportement extérieur pour s'éviter des ennuis, ou qu'à changer leurs circonstances pour les arracher à leur souffrance, alors je leur faciliterais l'entrée dans l'âge adulte sans qu'ils aient eu besoin de se poser la question fondamentale : Qui suis-je censé servir par mes actions ?

LES DEUX DÉMARCHES D'UNE RÉACTION SANS COMPROMISSION

Lorsque les parents constatent la présence de tendances insensées chez leur adolescent, ils ont deux tâches à accomplir. Premièrement, ils doivent encourager l'enfant à prendre conscience des motivations sous-jacentes de ses actions et à en assumer l'entière responsabilité. Deuxièmement, ils doivent l'inviter à poursuivre des objectifs qui soient axés sur le service du Christ dans tout ce qu'il fait.

L'ordre de ces deux démarches a une grande importance. Il est impossible de demander à quelqu'un de renoncer à une chose tant qu'il n'a pas reconnu que cette chose est sienne. *Avant qu'un jeune soit en mesure d'abandonner son cœur au Seigneur, il faut qu'il reconnaisse que c'est son bien et qu'il est libre de le donner ou d'en faire ce qu'il lui plaît.* La plupart des adolescents n'ont pas conscience qu'ils sont maîtres de leur cœur, qu'ils sont des êtres libres de choisir leurs objectifs et les comportements qu'ils croient les mieux adaptés à la poursuite de ces objectifs. Les parents doivent d'abord permettre à l'adolescent de posséder son propre cœur (lui faire comprendre qu'il est maître de sa vie) avant de lui demander de livrer son cœur au Christ. Et ils le feront le mieux par des réactions sans compromission qui auront pour but de renforcer sa capacité de choisir et de l'encourager à mener une vie d'humilité.

Première tâche : encourager l'adolescent à être un agent libre

> *La justice des hommes droits les délivre,*
> *Mais par leur avidité, les traîtres sont pris au piège.*
> (Pr 11.6)

Les jeunes ont le légitime désir de se sentir en sécurité dans un monde hostile et imprévisible. Ils ont envie de se sentir importants quand les circonstances leur rappellent constamment leurs limites et leurs insuffisances, et ils veulent pouvoir se réfugier dans l'amour de quelqu'un alors qu'ils sont environnés de gens qui les déçoivent et les trompent. Toutefois, ces désirs deviennent illégitimes ou franchement mauvais quand les adolescents doutent des capacités du Christ à les satisfaire, et qu'ils s'efforcent d'y pourvoir par eux-mêmes.

Ce faisant, ils en arrivent à fixer leurs désirs sur des choses ou des êtres de leur entourage. Quand une fille fixe ses désirs sur des objets précis (voiture, vêtements, voyages, signes extérieurs de richesse), elle devient alors matérialiste. Lorsqu'elle les fixe sur des personnes, elle devient manipulatrice. *Quel que soit l'objet sur lequel l'adolescente portera ses désirs, celui-ci entraînera l'illusion qu'il a le pouvoir de la contrôler.* Elle commencera à se sentir poussée à tout faire pour ne pas perdre l'objet ou les relations dont elle dépend. Elle perdra alors le sentiment d'être un agent libre, quelqu'un qui est libre de poursuivre n'importe quel but et d'adopter n'importe quel comportement.

Ainsi, Jérôme se servait de ses relations avec des gens plus petits et plus faibles pour acquérir un sentiment de force et d'estime. Étant donné ses handicaps intellectuel, physique et social, il conclut qu'il ne se sentirait jamais en sécurité, valorisé et aimé dans le monde de ses pairs ou des adultes comme son père. Il décida que le seul univers dans lequel il pouvait obtenir ces avantages était celui des enfants plus jeunes que lui, soit dans le bus ou dans son quartier, ou avec des femmes comme sa mère et sa sœur. Il se sentait plus assuré avec ces personnes parce que sa taille physique et sa brutalité lui gagnaient le respect et la crainte. Pour conserver sa position dominante dans ces relations, Jérôme dut adopter un style relationnel intimidant. Tout ce qu'il faisait pour parvenir à ses fins dans ces relations lui paraissait davantage comme quelque chose qu'il se devait de faire, un réflexe plutôt qu'une décision réfléchie. Quand les autres lui tenaient tête, il sentait qu'il n'avait pas d'autre choix que de se montrer encore plus intimidant en utilisant sa force et sa colère. Choisir de ne pas agir de cette façon aurait signifié pour lui risquer de perdre la seule chose qui lui donnait un sentiment de valeur et d'assurance ; ce sort semblait pire que la mort aux yeux de cet adolescent de quatorze ans en manque total d'affection. À la lumière des conséquences qu'aurait entraîné le fait de choisir un autre style de relations, Jérôme ne voyait vraiment pas d'alternative.

Lorsqu'ils réagissent à leur adolescent, les parents peuvent d'emblée tenir pour acquis qu'il agit en ayant très peu conscience de sa liberté. Ils peuvent conclure qu'il se sent le plus souvent dominé par la chose ou la personne dont il dépend pour la satisfaction de ses désirs, et qu'il est convaincu qu'il n'a vraiment pas d'autre choix que de se comporter comme il le fait pour conserver ce qui lui procure un certain degré d'épanouissement.

Les parents devront fournir un effort soutenu pour que leur enfant prenne conscience qu'il est un être libre de choisir et pour qu'il voie les motivations qu'il y a derrière les choix qu'il fait.

L'adolescent doit comprendre qu'il dispose du pouvoir de choisir. Chaque action qu'il engage résulte réellement d'un choix qu'il a fait. Pourtant, une récente enquête auprès des lycéens a révélé que pendant 20 % de leur temps seulement, les adolescents faisaient vraiment ce qu'ils voulaient. Pendant les 80 % restants, ils n'avaient pas l'impression d'avoir choisi.

Les parents peuvent contribuer à développer chez leurs enfants le sentiment d'être maîtres de leurs choix en utilisant deux stratégies. Ils pourront d'abord *le souligner à l'enfant* chaque fois qu'ils l'auront vu exercer sa faculté volitive. Qu'ils soient d'accord ou non avec la décision prise par l'adolescent ou avec ses choix, il est important que les adultes les lui soulignent et l'appuient dans sa capacité de penser et de décider par lui-même. Ils devraient même manifester leur enthousiasme quand ils voient leur enfant exploiter cette faculté, et lui faire comprendre qu'ils se réjouissent de le voir l'exercer. Ils doivent cependant veiller à ne pas tomber dans le piège d'approuver le jeune uniquement lorsqu'il prend une décision conforme à leur goût. Car il aurait vite compris que le seul moyen de rendre ses parents fiers de lui consiste à faire les mêmes choix qu'eux, ce qui affaiblirait sa faculté volitive au lieu de la fortifier.

Une deuxième stratégie que les adultes peuvent utiliser est de *susciter le plus d'occasions possibles pour que l'adolescent exerce sa faculté de choisir* dans les limites fixées par Dieu dans la Bible. Plusieurs choix se présentent au jeune, certains sont en accord avec l'enseignement des Écritures, d'autres non. Les choix *que la Bible approuve* concernent les domaines de l'habillement (dans la mesure où il est décent), le choix d'une profession (dans la mesure où elle est honnête), les loisirs (dans la mesure où ils ne sont pas immoraux), etc. Tout ce qui est indécent, malhonnête, immoral est *bibliquement illégitime.*

Dieu a donné à tout le monde, y compris les adolescents, la liberté de choisir l'une ou l'autre voie. Il recommande à l'homme, toutefois, de ne pas utiliser sa liberté pour faire des choix qui s'opposent à l'Écriture, à cause des conséquences fâcheuses que de tels choix pourraient entraîner pour lui et pour les autres. Étant donné qu'ils sont créés libres, les humains ont évidemment envie de prendre leurs décisions de façon personnelle, d'orienter le cours de leur vie et de faire connaître leur volonté. Ils acceptent généralement de limiter l'exercice de leur faculté de choisir uniquement s'ils croient qu'un principe fondamental est en jeu.

Les problèmes volitifs surgissent lorsque les gens se mettent dans la tête de croire à l'une des deux idées fausses suivantes : en usant de leur liberté pour prendre des décisions bibliquement légitimes, ils menacent quelque chose d'essentiel à leur bien-être personnel ; en faisant usage de leur liberté en faveur de choix bibliquement illégitimes, ils ne compromettent en rien leur bonheur.

Les enfants souscrivent généralement à la première proposition avant même d'atteindre l'adolescence. Ils commencent à se sentir obligés d'être le genre de personne qui est le mieux récompensé ou, à la rigueur, le moins agressé par leur entourage, en particulier de ses proches. Le type de personne qu'ils sont devenus, en entrant dans l'adolescence, semble être le produit des choix des autres et non des leurs.

C'est ce que ressentait une lycéenne que je reçus un jour dans mon bureau. Maude avait grandi en ayant toujours cru qu'elle devait se conformer en tous points aux désirs de sa mère. Si elle s'écartait un peu du chemin tracé par sa maman, elle croyait qu'elle la ferait terriblement souffrir et qu'elle paraîtrait elle-même aux yeux des autres, notamment de ses parents, comme l'affreuse personne qu'elle s'imaginait être. Pour éviter qu'il en soit ainsi, elle laissa à sa mère le soin de sélectionner ses amies, de choisir ses vêtements, de lui dire comment gérer son temps et de lui imposer le collège qu'elle devrait fréquenter. Les décisions qu'elle pensait pouvoir prendre sans risquer l'anéantissement total de sa personne se limitaient à très peu de domaines.

Quand un adolescent ne se permet pas de faire usage de sa faculté de choisir dans des domaines bibliquement légitimes, il se sent de plus en plus sous pression. Il a le sentiment d'être enfermé dans une cage. Il perd peu à peu la concentration et la motivation dans ce qu'il accomplit. Finalement, il se sent poussé à chercher des moyens détournés pour exprimer son individualité et pour goûter au bonheur de pouvoir choisir par lui-même. Il essaie d'être ce qu'il a envie d'être, sans que les personnes importantes de son entourage le sachent.

C'est ainsi que Maude s'engagea dans deux activités secrètes : elle se mit à engloutir de grandes quantités de nourriture et à boire de l'alcool. Elle savait que ses parents condamneraient ces pratiques s'ils les découvraient. Quand elle était seule à la maison, elle se précipitait sur la nourriture et sur l'alcool qu'elle pouvait trouver. Elle se goinfrait et buvait jusqu'à en être malade au point de vomir tout ce qu'elle avait ingurgité. En mangeant et en buvant ainsi, elle savourait deux plaisirs : le bonheur d'accomplir une action qu'elle avait librement décidée, et un sentiment de vengeance contre ses parents en accomplissant volontairement quelque chose qui les choquerait et les ferait souffrir. Après ces expériences, Maude se sentait toujours mal en point physiquement, et psychiquement écrasée par un grand sentiment de culpabilité. Elle prenait beaucoup de précautions pour éviter que ses parents ne découvrent ses actes de rébellion.

Quand une adolescente comme Maude choisit une échappatoire secrète pour mettre en valeur sa faculté volitive, elle choisit souvent des actions qui nuisent à son corps ou le punissent. Peut-être arrive-t-elle ainsi en même temps à affirmer son droit à décider par elle-même, et à se punir pour la mauvaise décision qu'elle a prise. *Lorsque l'adolescent n'a le sentiment d'être libre de ses choix que lorsqu'il prend des décisions bibliquement illégitimes, il finit par perdre le désir d'être un agent libre.* Il en arrive à redouter que s'il procède à des choix plus nombreux, la personne qu'il est secrètement se révélera au grand jour. Les autres la verront et sa vie serait ruinée.

Les adolescents pourront éviter ces pièges seulement s'ils sont fortement aidés par leurs parents. Le but de chaque parent devrait être d'accorder à son enfant autant de liberté et d'occasions que possible pour qu'il puisse développer sa faculté volitive dans les domaines légitimes. Bien sûr, quand l'enfant est un préadolescent, il n'a pas encore le droit de choisir ce qu'il veut, quand bien même ce serait bibliquement légitime. En raison de son niveau de maturité, ses parents se réservent le droit de prendre un certain nombre de décisions à sa place (par exemple pour ses fréquentations, son permis de conduire, etc.). Il est toutefois impératif que lorsqu'il atteint l'adolescence, ses parents l'encouragent à exercer toujours davantage sa capacité de choisir dans des domaines légitimes jusqu'à ce que, devenu légalement majeur, il puisse assumer la pleine responsabilité de tous ses choix.

Pour les parents de Jérôme, que je reçus à leur tour dans mon bureau, cette suggestion constituait un réel défi pour eux. Nous commençâmes par dresser la liste de toutes les occasions de la semaine où Jérôme pouvait prendre des décisions légitimes par lui-même. L'inventaire fut vite fait ! Le garçon vivait en milieu rural où il n'y avait pas de jeunes de son âge. Comme il n'avait pas le permis et que ses parents étaient trop occupés à la ferme pour lui servir de chauffeur, l'adolescent ne pouvait pas rencontrer ses camarades quand il le désirait. Il n'avait aucun moyen de gagner un peu d'argent de poche ; il était donc totalement tributaire de ses parents pour le moindre achat. De plus, comme il devait s'acquitter d'un certain nombre de corvées avant de partir à l'école et à son retour, il ne disposait pratiquement pas de temps à lui. Compte tenu enfin des difficultés qu'il rencontrait sur le plan scolaire, il était obligé de consacrer chaque minute libre à l'étude. Jérôme s'était inscrit pour jouer dans l'équipe de football de l'école, mais il ne put y rester à cause de problèmes de santé. Comme ses notes étaient mauvaises, il n'eut pas la possibilité de suivre tous les cours auxquels ses camarades s'étaient inscrits.

Plus notre conversation se prolongeait, plus nous nous aperçûmes que le garçon n'avait pratiquement aucune possibilité de choix. Quand ses parents découvrirent combien cette situation était préjudiciable à l'équilibre de leur enfant, ils commencèrent à susciter des occasions permettant à Jérôme de s'exercer à faire ses propres choix. Ils prirent l'habitude de lui donner une allocation hebdomadaire et lui laissèrent l'entière liberté de la gérer. Ils lui accordèrent le droit de choisir ses corvées de ferme et veillèrent à ce qu'il disposât d'assez de temps pour lui. Ils s'arrangèrent pour qu'il puisse aller chez ses camarades en ville lorsqu'il en avait envie. Ils l'aidèrent à s'engager dans les activités qui l'intéressaient dans le groupe de jeunes de l'Église. Ils lui achetèrent un cyclomoteur dont il pouvait se servir quand il désirait faire un tour dans les environs.

Mais ce ne fut là que le début de leur travail pour communiquer à leur fils le sentiment qu'il était responsable de sa vie. Après avoir aidé leur fils à prendre conscience qu'il avait un certain droit de propriété sur sa vie, ils devaient aussi lui faire prendre conscience des motivations qui sous-tendaient ses choix.

En s'efforçant de cultiver chez leur adolescent la prise de conscience de son aptitude à faire des choix, les parents l'aident à voir que *ses choix sont vraiment les siens.* En s'efforçant de cultiver en lui la prise de conscience des motivations qui sont à la base de ses choix, ils l'aident à comprendre que *ses choix sont égoïstes.* La découverte par le jeune du caractère égocentrique de ses desseins est un préalable indispensable à la croissance de l'enfant vers la maturité et la ressemblance au Christ.

Les meilleures occasions qui s'offrent aux parents pour mettre en relief les desseins cachés de leur enfant se présentent quand celui-ci leur fait connaître ses requêtes ou ses décisions. Il faut alors que les adultes soient au courant de quelques stratégies fondamentales pour réagir sans compromission aux requêtes et aux décisions de l'adolescent.

Comment réagir aux requêtes d'un adolescent. Si nous pouvions remonter le temps avec Josiane, la mère de Jérôme, et revivre avec elle la conversation qu'elle avait eue avec son fils le matin où il l'avait enfermée dans le placard, nous aurions appris qu'elle avait commencé par une question toute simple : « Maman, voudrais-tu me conduire au magasin d'articles de loisir aujourd'hui ? »

N'importe quelle réponse sensée à cette requête aurait pu déclencher la même réaction chez le garçon. Toutefois, si Josiane avait eu une réaction sans faire de compromission, elle aurait retardé sa décision jusqu'à ce qu'elle ait pu clarifier deux choses : 1) tous les détails entourant la requête ; 2) les intentions qui motivaient cette requête de Jérôme.

Quelques questions non défensives auraient permis à Jérôme de fournir les explications nécessaires. Josiane aurait pu l'interroger ainsi : « Dis-moi ce que tu attends exactement de moi. » « Pourquoi est-ce si important de faire cet achat aujourd'hui ? » « Et si nous attendions la fin de ta période d'exclusion pour faire cette course ? »

Une réaction sans compromission aurait exigé de Josiane qu'elle distingue entre la nature de l'objet ou du privilège demandé (ce que Jérôme demandait était-il vraiment nuisible pour lui ?) et la nature du dessein derrière sa requête (était-ce tout à fait égoïste ?). En fonction de la nature de ces deux facteurs, Josiane aurait pu déterminer quelle était la réponse appropriée qu'il convenait de donner à la requête de son fils. Le schéma de la figure 16 (page suivante) peut aider les parents à trouver la bonne réaction.

En allant dans le sens inverse des aiguilles d'une montre, remarquez les quatre scénarios que les parents peuvent rencontrer.

FIGURE 16
RÉACTIONS SANS COMPROMISSION
AUX REQUÊTES DE L'ADOLESCENT

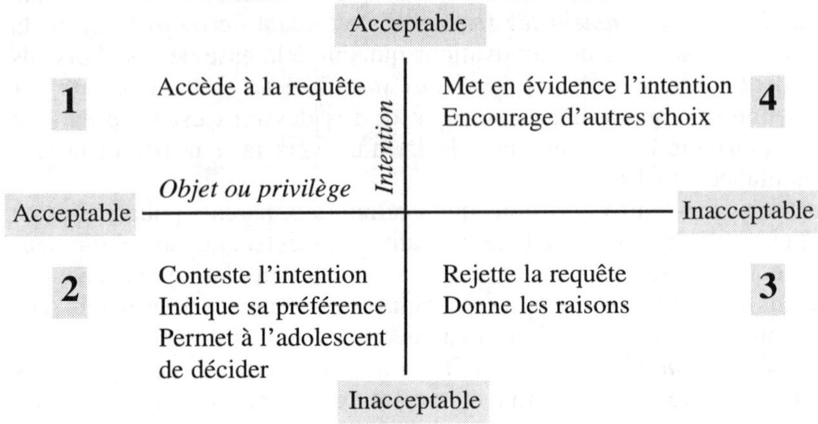

Premier cas. L'objet ou le privilège demandé par l'adolescent est acceptable, ainsi que l'intention sous-jacente. Il est normal de donner satisfaction au jeune et d'accéder à sa requête.

Deuxième cas. L'objet ou le privilège demandé est acceptable, mais l'intention qui se cache derrière ne l'est pas. Les parents doivent remettre en question la motivation de l'adolescent en lui expliquant ce qu'il y a d'égoïste et de destructeur dans la raison qui l'a poussé à formuler sa requête. Ils l'encourageront à rechercher un autre but. Mais en fin de compte, ils feront bien de laisser à l'enfant le soin de décider si sa requête doit tout de même être satisfaite, en fonction du jugement qu'il porte lui-même sur sa motivation.

Troisième cas. L'objet ou le privilège réclamé et l'intention qui le sous-tend sont inacceptables. La seule réponse valable des parents est le rejet de la demande, avec les explications appropriées à l'appui. Il est impératif qu'ils présentent à l'enfant non seulement la nature néfaste de la requête, mais également la nature néfaste de l'intention.

Quatrième cas. L'intention qui pousse l'adolescent à formuler sa requête est acceptable, mais l'objet ou le privilège demandé ne l'est pas. Dans ce cas, il est important que les parents soulignent au jeune la nature de ses desseins et prennent le temps de l'en féliciter. Puis, ils expliqueront minutieusement pourquoi ils ne peuvent accepter l'objet ou le privilège qu'il sollicite de leur part, et ils l'encourageront à trouver d'autres moyens pour accomplir les mêmes desseins.

Si Josiane avait adopté cette approche pour répondre à la requête de Jérôme, elle aurait vécu le quatrième scénario. L'intention de Jérôme était d'acheter un article pour le donner à un enfant du bus en remplacement de celui qu'il avait cassé. Il y avait quelque chose de noble dans ce dessein, et la mère aurait pu le souligner, tout en continuant à vouloir retarder cette course d'un jour ou deux pour mieux inculquer à son fils la gravité de la sanction d'exclusion qui l'avait frappé. Même si elle l'avait félicité pour l'excellente intention qu'il avait eue et l'avait encouragé à envisager une autre façon de la concrétiser, il est bien possible que Jérôme eût choisi d'essayer de contraindre sa mère à se plier à ses désirs. Dans ce cas l'intention et l'action devenaient inacceptables, et Josiane aurait alors dû sévèrement avertir son fils des conséquences auxquelles l'exposait son obstination.

Comment réagir aux décisions de l'adolescent. Les parents ont l'occasion de faire prendre conscience à l'adolescent de la nature de ses intentions non seulement lorsqu'il formule ses requêtes, mais également lorsqu'il annonce ses décisions. Le plus souvent, il ne les fera pas connaître par des mots, et pourra même être lui-même peu au clair sur les choix qu'il vient de faire. C'est pourquoi les parents devront être à l'affût des indices susceptibles de leur indiquer que leur enfant a pris une décision (changement soudain dans son comportement, de ses plans ou de ses préférences). Ils devraient alors l'inviter à parler de sa décision, et des circonstances et processus de réflexion qui l'ont conduit à la prendre. Mais inviter n'est pas forcer ! Pourtant, s'il refuse obstinément, ils feront bien de se demander s'ils ne créent pas involontairement un climat qui mette l'adolescent mal à l'aise en leur présence.

Quand un adolescent *est* disposé à parler à ses parents de la décision qu'il a prise, ils devront l'encourager à réfléchir aux intentions qui ont précédé son choix. Si les parents de Maude s'étaient rendu compte de la décision qu'elle avait prise de ne plus téléphoner à l'une de ses amies, et l'avaient invitée à en parler avec eux, ils auraient pu l'aider à discerner l'intention qui l'animait. L'adolescente avait décidé de ne plus appeler Marie afin de se protéger. Comme sa mère n'aimait pas Marie, Maude avait peur de perdre l'approbation de sa mère et de voir se creuser le fossé entre elles. Si ses parents avaient eu connaissance de cette idée, ils auraient pu discuter avec leur fille de certaines conclusions insensées qu'elle tirait à propos de la vie et de sa façon d'opter pour un style de relation docile en vue d'obtenir la satisfaction de ses désirs.

Que les parents ne s'imaginent pas que ce genre de conversation aura d'emblée du poids pour l'adolescent ! Il y a de fortes chances pour que ce dernier la trouve étrange et troublante, et qu'il se sente même attaqué. Toutefois, au travers de nombreux entretiens comme celui-ci, les parents auront la possibilité d'indiquer au jeune une sorte de schéma des raisons qui le conduisent à agir comme il fait ; l'adolescent se sentira alors peu à peu responsable de sa vie et comprendra que ses actions s'inscrivent dans une stratégie volontairement choisie pour obtenir satisfaction.

En fin de compte, ce que les parents souhaitent, c'est que leur enfant recherche l'aide de Dieu pour modifier l'orientation de sa vie et déplacer ses centres d'intérêt. Mais il ne le fera pas tant qu'il n'aura pas été éclairé honnêtement sur la folie de son cœur et sur l'égoïsme des objectifs qu'il s'est fixés. Une fois éclairé, il sera plus en mesure de considérer l'appel radical que le Christ lui adresse de se mettre au service de Dieu et de son prochain.

Deuxième tâche : exhorter l'adolescent à se faire serviteur d'autrui

La conséquence de l'humilité, de la crainte de l'Éternel,
C'est la richesse, la gloire et la vie. (Pr 22.4)

D'après le livre des Proverbes, le but de l'insensé est de s'exalter lui-même (Pr 30.32-33). Étant donné que tout enfant entre dans l'adolescence en agissant à la manière d'un insensé, il continuera de suivre son penchant naturel, qui est de rechercher tout ce qui peut accroître sa sécurité, sa valeur intrinsèque et l'amour qu'on lui porte. La tâche la plus ardue qui guette les parents est d'exhorter leur fils ou leur fille à ne pas s'aventurer dans ce genre de vie, mais à s'engager plutôt dans une existence caractérisée par le renoncement et le sacrifice de soi.

Lorsque l'enfant a tout loisir de rechercher l'exaltation de soi, il s'expose à des conséquences désastreuses. Jésus a souligné que celui qui chercherait à sauver sa vie la perdrait (Lc 9.24). Les parents appellent leur adolescent à une vie de service en lui faisant goûter à deux choses : aux conséquences de choisir des objectifs insensés pour sa vie, et aux bienfaits de choisir des desseins sages.

Les conséquences de choisir des objectifs insensés.

Ce n'est point par des paroles qu'on corrige un esclave ;
Même quand il comprend, il n'obéit pas. (Pr 29.19)

Même lorsque les parents excellent dans l'art de mettre en mots ce que leur adolescent ressent et de lui faire prendre conscience du genre de but qu'il poursuit, il peut ne pas être convaincu de la nécessité d'opérer des changements drastiques dans l'orientation de sa vie, tant qu'il n'aura pas eu l'occasion de subir les conséquences de certains de ses choix insensés.

Les parents peuvent faire en sorte que l'adolescent goûte à deux types de conséquences : celles qui sont *naturelles* et celles qui sont *planifiées*. Les deux sont essentielles pour communiquer à l'enfant le vrai relent d'une vie insensée.

Les conséquences naturelles sont le résultat direct d'un comportement ou d'un choix. L'exclusion temporaire de Jérôme de l'école ou la perte des amies à qui Maude refusait de téléphoner sont des exemples de conséquences naturelles. Il faut que les parents laissent leur enfant subir les conséquences naturelles des choix insensés qu'il a faits ou des desseins insensés qu'il a nourris. *La souffrance que cette expérience occasionne est souvent l'un des premiers moyens dont Dieu se sert pour amener l'adolescent à réexaminer sa façon insensée de vivre, et à la modifier.*

Lorsqu'un jeune subit les conséquences naturelles de ses choix, ses parents devraient profiter de cette occasion pour se rapprocher de lui, l'inviter à réfléchir avec eux à ce qu'il vit et à leur confier sa peine. Ils devraient également l'aider à faire le lien entre sa souffrance et le choix qu'il a fait. *Il est indispensable d'établir un rapport entre les motivations de son cœur et les déceptions qu'il rencontre dans le monde pour qu'il perde ses illusions à l'égard de sa folie.* Sans l'intervention de ses parents dans ce domaine, l'adolescent ne verra généralement pas le lien de cause à effet qui existe entre les conséquences douloureuses de ses choix et le caractère insensé de ceux-ci. Il risquerait de continuer à croire que ses stratégies insensées demeurent un moyen de découvrir réellement le bonheur et la vie.

Cependant, les conséquences naturelles seules ne suffisent généralement pas à convaincre l'enfant de la nécessité de se repentir de sa folie, car elles manquent de l'immédiateté et de la sévérité nécessaires pour ébranler l'opiniâtreté de l'adolescent (Pr 13.19). Quand les jeunes font des choix bibliquement illégitimes (en sortant des limites que Dieu et leurs parents leur ont fixées), les conséquences immédiates qu'ils subissent sont souvent plus agréables que déplaisantes ou pénibles. Les conséquences finalement destructrices de leurs choix (par exemple la décision d'avoir des relations sexuelles avant le mariage) peuvent n'intervenir qu'au bout de quelques semaines, quelques mois, voire quelques années. À cause de ce laps de temps prolongé, les adolescents pourraient facilement croire que la décision de transgresser les lois morales de Dieu n'est pas grave en soi.

En outre, lorsqu'elles sont immédiates, les conséquences naturelles sont rarement assez sérieuses pour faire comprendre à l'adolescent la gravité de ce qu'il a décidé de faire. Un jeune qui s'engage dans des relations sexuelles avant le mariage peut éprouver des difficultés émotionnelles et relationnelles croissantes, mais elles ne sont pas suffisamment importantes pour le persuader du caractère destructeur de la sexualité avant le mariage. Les conséquences naturelles du péché sont souvent trop aléatoires pour inciter le jeune à ne plus pécher.

Les parents sont donc responsables de faire subir à l'adolescent des conséquences de leur invention chaque fois que les conséquences naturelles se sont révélées inefficaces ou insuffisantes pour contrer la folie de son cœur. Il faut qu'ils établissent dans l'esprit de l'adolescent un lien entre la folie de ses desseins et l'importance réelle que Dieu leur attache. Dans ce but, les conséquences planifiées doivent donner à l'enfant un avant-goût des conséquences finales qu'entraîne sa folie : la perte de la liberté à laquelle il aspire tellement pour laisser sa marque dans le monde et pour nouer des relations de son choix. Les conséquences planifiées devraient toujours avoir pour but d'empêcher l'enfant de mettre à profit ses stratégies insensées pour satisfaire ses aspirations.

Bien que les stratégies malsaines de l'adolescent ne puissent jamais lui procurer l'influence et les relations saines nécessaires à sa pleine et durable satisfaction, elles peuvent néanmoins lui procurer un type d'influence et de relations perverti qui le satisferont temporairement.

Ainsi, Jérôme avait obtenu une forme pervertie d'influence en réussissant à intimider ceux qui étaient plus faibles que lui. Quant à Maude, elle jouissait d'une forme pervertie de relation en s'efforçant de plaire aux autres par ce qu'elle accomplissait. En aucun cas, la qualité de ce que les adolescents ont obtenu ne correspondait à celle après laquelle ils soupiraient, mais elle était suffisante pour qu'ils s'accrochent avec ténacité à leur style relationnel insensé.

Moins on permettra à ces stratégies de fonctionner pour des jeunes comme Jérôme ou Maude, et plus ils seront disposés à y renoncer. Une réponse sans compromission des parents impliquera la mise au point de sanctions visant à empêcher le plus possible que le style de relation de leur enfant ne lui procure les simulacres d'amitié et d'influence dont il a appris à se contenter.

Les parents ont besoin de bien réfléchir pour trouver la forme adéquate de sanctions qu'ils veulent imposer à leurs enfants. Les questions suivantes pourront les aider dans ce processus :

- Quels sont les besoins et les désirs de votre adolescent qui sont le plus susceptibles d'être comblés grâce à ses comportements et à ses choix insensés ?

Tandis que les parents de Jérôme et moi-même réfléchissions à cette question, il nous apparut que le plus grand besoin actuel de Jérôme était de se sentir important dans un monde qui lui rappelait sans cesse ses limites et ses insuffisances. Son comportement problématique lui procurait ce sentiment d'importance dans une certaine mesure. Il récoltait une forme d'attention et de respect chaque fois qu'il contraignait les autres à lui accorder ce qu'il désirait. Aucun des choix légitimes de Jérôme ne lui avait donné un juste sentiment d'influence et de maîtrise sur son univers ; c'est pourquoi il avait procédé au choix illégitime de dominer sur ceux qui étaient plus petits ou plus faibles que lui. Avant de mettre au point une réaction appropriée à cette stratégie insensée, il nous fallut d'abord rattacher le comportement de Jérôme au faux raisonnement qui le sous-tendait.

- Quel raisonnement insensé peut amener votre adolescent à vouloir satisfaire ses désirs de cette manière ?

Il fallut rappeler aux parents de Jérôme que leur réaction ne visait pas simplement à amener leur fils à changer son comportement, mais à remettre en question ses idées insensées à propos de la vie. Tandis que nous réfléchissions aux présuppositions qui avaient bien pu pousser Jérôme à se comporter comme il l'avait fait, j'encourageai Serge et Josiane à les condenser en deux ou trois phrases. Après un long moment de discussion, ils exprimèrent ainsi ce qu'ils croyaient résumer la logique de leur fils :

> *Pour vivre, il faut que je sois capable d'amener les autres à faire ce que je désire. Si j'y parviens, c'est que je possède une valeur intrinsèque et que je revêts une certaine importance. Si je ne me conduisais pas comme je le fais, je ne serais pas de ceux que les autres reconnaissent comme valables ou importants.*

Une fois que Serge et Josiane eurent ainsi traduit le faux raisonnement de Jérôme, ils étaient capables de réagir avec une sensibilité sans compromission. La pensée que leur fils puisse entrer dans l'âge adulte avec cette devise pour la vie les inquiétait beaucoup. Les conséquences auxquelles pouvait s'attendre Jérôme étaient dévastatrices. Il fallait donc qu'ils lui donnent un avant-goût de ces conséquences dans l'espoir que cela chasserait sa folie avant qu'il devienne adulte.

- Quel genre de réaction au comportement problématique de votre adolescent est susceptible de contrer la logique insensée dans son cœur au lieu de la renforcer ?

La plupart des parents ont tendance à réagir spontanément à leurs adolescents d'une manière qui les installe plus fortement dans leur folie. Le parent détaché, par exemple, sera enclin à réagir au comportement problématique de son enfant en s'éloignant encore davantage de lui et en exigeant encore moins de lui. Le premier mouvement de Serge fut de réagir ainsi. Il aurait alors accentué l'idée que se faisait le garçon déjà rebelle, de ne pas mériter que les autres lui consacrent de leur temps et de leur énergie.

Les parents d'adolescents comme Jérôme peuvent combattre les présuppositions insensées de leurs jeunes en commençant par s'engager plus ostensiblement à leurs côtés et en leur affirmant qu'ils voient en eux des êtres capables de laisser une marque significative et légitime dans leur entourage.

Pour Serge, cela voulait dire réagir à l'épisode de l'« enfermement de sa femme dans le placard » d'une manière qui ne lui était pas naturelle du tout. D'abord, il lui fallut s'engager plus intimement envers son fils. Auparavant, pour punir Jérôme de son inconduite, il avait peu à peu supprimé toutes les activités qu'il pratiquait avec lui (le désengagement n'est jamais une mesure disciplinaire appropriée pour un adolescent). Cette initiative ajouta aux désirs insatisfaits de Jérôme qui étaient à l'origine de sa mauvaise conduite, puisqu'elle le privait des moyens légitimes de sentir qu'il avait une certaine importance. Pour être davantage présent dans la vie de son fils, Serge institua de nouveau les activités qu'il avait supprimées, et fit comprendre à son fils qu'elles constituaient une priorité pour lui. *Le fait de s'impliquer davantage en réaction au mauvais comportement de l'adolescent est l'un des meilleurs moyens dont disposent les parents pour communiquer à leur enfant l'expérience de la grâce divine.* Cela devrait toujours faire partie des conséquences que les parents peuvent orchestrer.

Ensuite, Serge répondit au comportement rebelle de Jérôme en prenant une mesure énergique, ce qu'il n'avait jamais fait de peur d'entrer encore plus souvent en conflit avec lui. Jusque-là, Serge avait réagi à des incidents de ce genre en se mettant en colère, en hurlant, en privant son fils de certains privilèges et en tournant les talons, sans jamais discuter du problème. Cette fois-ci, il décida de faire un tour avec Jérôme. Il demanda à un agent de police du poste local la permission de faire une visite guidée des lieux et d'expliquer à son fils ce qui arrive aux gens qui utilisent la violence pour arriver à leurs fins.

Certains des détenus participèrent également à la démonstration en indiquant au garçon où il allait dormir si jamais il aboutissait là.

Après la visite, et alors qu'ils étaient encore sur l'aire de stationnement de la prison, Serge dit à son fils :

> *Jérôme, aujourd'hui je t'ai amené ici pour une bonne raison. J'ai voulu te montrer combien je t'aime. Je t'aime tellement que je suis décidé à faire tout mon possible pour que tu ne viennes jamais dans ce lieu que nous venons de visiter. Vois-tu, mon fils, la manière dont tu t'es comporté jusqu'à présent est précisément celle qui te conduirait ici. Mais comme je suis fermement décidé à ce que cela ne se produise jamais, la prochaine fois que tu useras de violence contre quelqu'un, j'appellerai l'agent de police et lui demanderai de t'arrêter. Je voudrais que tu saches vers quel avenir tu te diriges. Je reconnais que je porte une part de responsabilité dans ta conduite coupable. J'ai grandement négligé de me comporter comme un père envers toi. Mais cela va changer. J'ai l'intention d'être beaucoup plus présent dans ta vie. J'espère que nous pourrons redevenir de bons amis. Aurais-tu quelque chose à me dire ?*

La démarche de Serge avait pour but d'avertir clairement son fils des conséquences de sa folie, de lui faire comprendre fermement qu'au lieu de jouir de la liberté, il allait assumer les pénibles sanctions qu'il méritait s'il décidait de poursuivre dans la voie du comportement violent. Cette façon de réagir, associée à un engagement plus soutenu de ses parents, commencèrent à ébranler la conviction de Jérôme, à savoir que la seule façon de se sentir important était de se conduire en rebelle.

Aider un adolescent à vivre les conséquences de sa folie l'amène à se demander : « Que faire, si le genre de personne que j'ai voulu être ne mène nulle part ? Quel genre de personne devrais-je devenir pour trouver la vie ? » À ce moment-là, une réaction sans compromission de ses parents – réaction qui lui donne la saveur de ce qu'est la vie véritable s'il devient une personne qui nourrit des sages desseins – peut aider le jeune à trouver une réponse à sa question.

Les bienfaits de choisir des sages desseins.

Mais il fait grâce aux humbles ;
Les sages hériteront de la gloire,
Mais les insensés du plus grand mépris. (Pr 3.34-35)

Les jeunes sont rarement attirés par une vie d'humilité. Ils ne comprennent pas qu'il faut s'humilier soi-même pour être élevé. Ils ont du mal à saisir que pour obtenir la satisfaction de leurs désirs profonds, ils doivent renoncer à rechercher leur épanouissement. C'est pourtant ce choix-là que Dieu déclare sage et qu'il certifie aboutir à l'honneur et la vie.

Il y a fort peu de chance pour qu'un adolescent choisisse ce type de vie si personne ne lui donne la saveur d'une vie vécue au service du Christ. Les parents peuvent faire cela en adoptant trois mesures qui donneront à l'adolescent un aperçu des bienfaits que peut offrir une vie de service.

Soyez pour votre enfant un modèle de renoncement et de sacrifice. Au chapitre six, j'ai défini le renoncement à soi comme étant le fait d'accepter que ses désirs ne soient pas satisfaits par les autres, ce qui n'est possible que si on s'attend au Christ pour qu'il les comble en son temps et à sa manière. J'ai défini le sacrifice de soi comme étant la décision de courir les risques nécessaires pour développer chez les autres cette confiance en Christ. La nouvelle attitude que Serge décida d'adopter vis-à-vis de son fils incluait ces deux aspects.

Quand des parents font preuve de renoncement et de sacrifice d'eux-mêmes d'une manière qui laisse apparaître la piété dans leurs relations, en particulier au sein de la famille, leurs enfants ont une image plus claire de ce que signifie être serviteur ou servante. Ils ont devant eux l'exemple de personnes dont la façon de vivre exprime force, dignité et profonde satisfaction.

Enseignez à vos enfants ce qu'est le renoncement à soi et le sacrifice de soi. Les jeunes sont rarement exposés à des styles de vie qui prônent autre chose que l'égocentrisme comme but de l'existence ou comme approche relationnelle. Les parents doivent donc instruire leurs enfants sur la portée des façons de vivre égoïste et altruiste (voir chapitre six). Comme le modèle de service est étranger à la culture ambiante des adolescents, il est important que les adultes leur présentent des cas concrets de gens qui ont choisi de se mettre au service des autres, en puisant leurs exemples soit dans la Bible soit dans des biographies récentes. Mais s'ils s'attendent à ce que l'enfant réponde d'emblée positivement à cet enseignement, ils seront très déçus. En effet, pour que la vie de service commence à tenter les jeunes, il faut leur en parler souvent, de plusieurs manières et pendant de nombreuses années. C'est la méthode que Paul a utilisée pour exhorter Timothée à ce genre de vie (2 Tm 3.10-15).

Invitez votre adolescent à se joindre à vous dans des actions qui nécessitent le renoncement et le sacrifice de soi. Il n'existe probablement pas de meilleure méthode pour encourager une personne à suivre le modèle de service que de l'inviter à participer, elle aussi, à une activité altruiste qui exige le renoncement et le sacrifice. Quand les parents peuvent obtenir de leur enfant qu'il s'associe à eux dans un effort qui lui fait oublier ses propres besoins, ne serait-ce que quelques minutes, pour s'intéresser à ceux des autres, ils lui font découvrir le sens de l'expression « perdre sa vie pour le Christ ». Ce sera peut-être l'élément déclencheur qui l'incitera à s'engager sur cette voie nouvelle.

RÉSUMÉ

Colossiens 1.28-29 livre peut-être le meilleur condensé de ce que doit être l'éducation dispensée par les parents :

> *C'est lui [Christ] que nous annonçons, en avertissant tout homme et en instruisant tout homme en toute sagesse, afin de rendre tout homme parfait en Christ. C'est à cela que je travaille, en combattant avec sa force qui agit puissamment en moi.*

Pour qu'un parent puisse imiter Paul dans son ministère en faveur des gens, il faut que son ambition soit de rendre l'adolescent parfait en Christ, de l'aider à jouir de sa relation avec le Christ, et de l'amener à le considérer avec confiance comme le centre dont sa vie dépend. Lorsque cela devient l'objectif à long terme du parent, il peut être assuré de deux choses.

Premièrement, l'éducation qu'il dispense restera constamment un combat. Même les parents les plus spirituels et les plus mûrs doivent fournir des efforts durables pour offrir à leur adolescent l'engagement inconditionnel et la sensibilité sans compromission qui lui sont nécessaires. Ce genre d'éducation exige une énergie qui souvent dépasse celle que possède naturellement l'adulte. C'est pourquoi il doit s'approprier la deuxième grande vérité : la promesse que Dieu pourvoira à tous ses besoins pour qu'il soit en mesure de dispenser une éducation biblique.

Pour rendre les gens parfaits en Christ, Paul œuvrait en « combattant avec la force du Christ qui agissait puissamment en lui ». Si vous nourrissez le même projet à l'égard de vos adolescents, ayez confiance que le Christ vous donnera l'énergie dont vous avez besoin. Vous aurez des luttes. Parfois, vous serez blessés et vous souffrirez. Mais en vous engageant à aimer vos enfants d'une manière radicalement différente, vous vous embarquerez pour une aventure que vous ne regretterez jamais, car elle vous conduira dans la force et la grâce de l'Évangile, dans le cœur même de Dieu.

POSTFACE

Quand on fait face honnêtement à la vie, on ne peut s'empêcher d'adorer. Les réalités d'ici-bas forment une toile sombre sur laquelle vient se projeter la lumineuse grâce divine. Aveuglés par son éclat, il ne nous reste qu'à nous prosterner et à adorer.

Une fois que nous avons goûté à la grâce de Dieu, nous n'avons plus qu'un seul désir : la faire goûter aux autres. Nous n'avons pas de meilleure occasion de nous montrer gracieux – au sens le plus riche de ce vocable – que vis-à-vis de nos enfants.

Après la lecture du livre de Kevin, il est particulièrement important de garder cette vérité centrale présente à l'esprit. Je vais expliquer pourquoi.

Si vous êtes comme moi, vous êtes quelque peu étourdi par toutes les réflexions que ce livre a suscitées en vous. Vous avez reconnu votre propre famille dans certains exemples cités, et vous vous demandez si les solutions qui ont donné de bons résultats dans ces foyers se révéleront aussi performantes dans le vôtre. Peut-être avez-vous ressenti avec une acuité nouvelle la souffrance de votre enfant, et vous soupirez de tout votre être à atteindre son cœur avec beaucoup de tendresse. Peut-être avez-vous aussi découvert en vous des défauts qui mériteraient d'être corrigés.

Mais vous ne savez pas comment vous y prendre. Tout paraît si compliqué. Vous pourriez être tenté, comme je l'ai été, de tout envoyer promener et de revenir à une certaine forme de pédagogie de type : « Aimez-le, châtiez-le, et laissez la vie faire le reste. » Cette approche a été pratiquée par les générations précédentes qui ne connaissaient pas – et donc ne se préoccupaient pas – de choses comme les motivations cachées et les blessures émotionnelles. Vous pouvez également réagir en vous attachant tellement à tout ce que Kevin dit dans ce livre que l'éducation de vos adolescents deviendra une corvée compliquée, dénuée de naturel et de joie.

J'espère que ni vous ni moi ne céderons à ces tentations. En fondant consciencieusement sur la grâce tous nos efforts pour éduquer nos enfants, celle de Dieu envers nous et celle que nous reflétons à nos enfants, nous pouvons tirer un grand profit des conseils excellents – parfois difficiles – que donne Kevin dans son livre.

Nous partageons l'idée de l'auteur qu'une éducation efficace ne se limite pas à l'établissement de règles qui honorent Dieu, à leur respect scrupuleux, au maintien de la meilleure communication possible avec les adolescents qui s'entretiennent à longueur de temps avec leurs amis et se contentent de nous adresser tout juste quelques mots brefs. Une telle approche parentale fait plus qu'exiger des enfants qu'ils se tiennent bien sages – attentifs de surcroît – pendant le culte matinal quotidien, et quand les choses ne vont pas, que leur lancer des vérités bibliques à la figure lorsque des conflits nous opposent à eux.

Qui nous sommes, comment nous gérons des émotions comme la haine, la déception et le stress, et ce que nous voulons voir se produire dans nos enfants et en nous-mêmes, tout cela est très important. Nous ne pouvons pas ignorer ces aspects et nous contenter de poursuivre notre vie bien remplie, trop occupés et trop effrayés pour regarder sous la surface ce qui se passe peut-être dans notre famille.

Kevin nous propose des concepts clairs pour nous aider à mieux réfléchir sur nous-mêmes et sur nos enfants. Mais nous risquons quand même de trébucher en jetant un regard sur la vie telle qu'elle se déroule dans nos familles. Ce qui se passe chez nous risque de nous convaincre que nous ne sommes pas capables de contrôler ce qui nous tient le plus à cœur. La renonciation à ce contrôle (ou la découverte que nous ne l'avions jamais) nous épouvante. Nous avons besoin de nous convaincre que nous pouvons faire le nécessaire pour la réussite de tout ce qui nous est cher.

Or, la grâce exige justement que nous renoncions à contrôler. Pour recevoir la grâce de Dieu, nous devons reconnaître que nous sommes dans une impasse. Nous ne pouvons absolument rien faire pour nous améliorer ou améliorer les autres.

Aussi terrible que puisse paraître cet aveu (un aveu profond, pas simplement une confession du bout des lèvres d'une vérité religieuse), il nous offre une opportunité sans pareille. Lorsque nous nous présentons devant Dieu, nus, infirmes et impuissants, nous sommes alors transformés dans notre nature même par son engagement continuel. Il ne nous repousse pas avec dégoût. Il reste avec nous. Il nous fait savoir clairement qu'il est pour nous, quand bien même notre vie reste un gâchis et que nous ne savons pas comment nous purifier.

Lorsque nous recevons la grâce de Dieu, nous brûlons de la

transmettre aux autres. Nous la *communiquons* à nos enfants, lorsque nous comprenons que, comme nous, ils ne peuvent pas améliorer la qualité de leur vie. Tout ce qu'ils peuvent faire, c'est de se présenter honnêtement devant Dieu tels qu'ils sont, souillés, moralement impurs et n'ayant rien pour plaire. C'est souvent notre attitude gracieuse envers eux que le Saint-Esprit utilise pour les rendre sincères et les pousser à vouloir se présenter devant Dieu tels qu'ils sont.

Bien que nos enfants soient incapables de se rendre bons, ils sont néanmoins responsables de leur façon de vivre. Notre devoir de parents inclut les sanctions que nous devons leur infliger lorsque leurs actions reflètent indiscutablement une volonté de parvenir à leurs fins à tout prix, même au dépens des autres. Mais parallèlement, nous devons rester près d'eux d'une manière qui signifie pour eux : « Je t'aime vraiment, et quoi que tu fasses, j'ai confiance en toi ; tu es un précieux porteur de l'image divine, et tu peux devenir la personne merveilleuse que Dieu t'appelle à être. » Notre attitude, que nous leur interdisions toute sortie pendant deux semaines ou que nous leur achetions une moto, est déterminante.

Je me souviens d'un moment, il n'y a pas si longtemps, où l'un de nos garçons était impliqué dans une sale affaire. Pendant le trajet d'une heure en voiture pour aller le rencontrer, je priai : « Seigneur, aide-moi à manifester à mon fils la grâce que tu m'as donnée. » Jamais je n'ai ressenti avec autant d'enthousiasme le privilège d'avoir reçu la grâce et d'avoir pu la transmettre. Les heures que j'ai passées avec mon fils ont enrichi et bouleversé nos deux vies.

Plus que toute autre chose, je souhaite que nos garçons gardent le souvenir des instants où ils ont vu en moi, de façon inattendue, le prodige de la grâce. J'aimerais qu'ils se souviennent un peu moins des moments où mon regard lançait des éclairs de colère et où ma langue décochait des flèches blessantes avec une force inouïe. Communiquer la grâce est le privilège spécial des parents. Les temps difficiles et les jours heureux donnent l'occasion d'incarner la grâce dans une relation franche et ouverte, mais ce sont les moments pénibles qui lui facilitent l'accès au cœur de l'adolescent.

Votre appui, même quand il est repoussé, un esprit conciliant en réaction à la dureté, la volonté affectueuse de faire du bien à celui qui vous fend le cœur, la discipline imposée avec fermeté (mais sans haine), même à des moments où elle provoquera sans doute une réaction de rébellion chez votre adolescent, l'attitude paisible qui consiste à croire en quelqu'un, même après des échecs répétés, tout cela et bien d'autres choses encore, est inclus dans la grâce.

Il est plus important de se laisser transformer par la grâce que de comprendre l'action mystérieuse des forces psychologiques, que de pratiquer régulièrement son culte personnel ou que de consacrer du temps de qualité à ses enfants. Certes, ces choses sont importantes, mais si elles ne procèdent pas d'un amour inspiré par la grâce, elles ne servent à rien.

À la fin de mon commentaire, il vaut la peine de citer à nouveau l'argument central du livre de Kevin : *Pour devenir un parent plus efficace, il faut croître en piété et en spiritualité.* Comme la piété est plus une question de dispositions du cœur que d'activités à faire ou à ne pas faire, pour devenir un homme ou une femme spirituels, il faut prendre conscience de certaines émotions que nous préférerions ignorer, des réelles motivations qui président aux interactions avec nos enfants, et de tout ce que nous aimerions ne pas avoir remarqué dans notre for intérieur.

En nous aidant à mieux découvrir qui nous sommes en réalité, la grâce de Dieu nous poussera à adorer avec des cœurs reconnaissants et bien disposés. Car Dieu est pour nous. Il ne nous rejette pas. Notre vie a du prix. Au fur et à mesure que la grâce envahit toutes les parties intimes de notre être, nous chercherons de tout notre cœur, de toute notre âme, de toute notre force et de toute notre pensée à la partager avec autrui. Le parent qui veut faire découvrir à ses enfants la grâce de Dieu parce qu'il la savoure lui-même est un parent spirituel et mûr. Peut-être n'est-il pas capable de suivre dans le détail toute la pensée de Kevin exprimée dans ce livre, mais s'il saisit l'essentiel, cela suffit. Ses enfants sont promis à une riche bénédiction.

En voyant la grâce à l'œuvre dans nos rapports avec eux, nos enfants en viendront peut-être à croire profondément que tout ce qu'ils désirent ardemment se trouve auprès du Sauveur qui leur pardonne d'être ce qu'ils ne devraient pas être. Une telle foi engendre une vie faite d'humilité et qui honore Dieu. Voilà le type de caractère que tout parent chrétien aspire à voir se développer chez ses enfants.

Telle était la prière de Kevin en écrivant ce livre ; c'est aussi la mienne au terme de ces quelques remarques.

LARRY CRABB

INDEX BIBLIQUE

INDEX DES SUJETS

TABLE DES MATIÈRES

Ce livre fait partie de

LA COLLECTION SENTIER
SÉRIE 1996

LES AUTRES TITRES QUI FONT PARTIE DE LA COLLECTION 1996

La ville, notre territoire, nos appartenances : *L'incarnation de l'Évangile dans le tissu urbain d'hier et d'aujourd'hui*
Frédéric de Coninck

Nos difficultés : un chemin qui peut mener... ***À la découverte de Dieu***
Larry Crabb

LES TITRES QUI FONT PARTIE DE LA COLLECTION 1995

Se comprendre et comprendre les autres : *vers des relations profondes et solides*
Larry Crabb

Le chrétien à l'aube du XXIe siècle : *vivre aujourd'hui la Parole éternelle de Dieu (Vol. II)*
John R.W. Stott

L'environnement et le chrétien : *pistes de réflexion tirées des Écritures*
Calvin B. DeWitt

Prendre plaisir en Dieu : *réflexions d'un hédoniste chrétien*
John Piper

La trame de ce monde : *vocation, choix de carrière et finalité du travail humain*
Lee Hardy

Le cri du cœur : *les émotions révèlent nos questions essentielles sur Dieu*
Dan Allender et Tremper Longman

les éditions LA CLAIRIÈRE

Des ouvrages qui nourrissent la réflexion sur le bien-fondé de la foi chrétienne dans le monde d'aujourd'hui. Des auteurs qui encouragent chacun à vivre une foi fondée sur les Écritures, dans la joie de l'Évangile.

LES TITRES DE LA SÉRIE 1994 SONT ANNONCÉS À LA PAGE SUIVANTE

MARQUIS
ACHEVÉ D'IMPRIMER
EN NOVEMBRE 1996
SUR LES PRESSES DE L'IMPRIMERIE D'ÉDITION MARQUIS
MONTMAGNY (QUÉBEC)